Judith Barben

Spin doctors im Bundeshaus

D1717935

Judith Barben

Spin doctors im Bundeshaus
Gefährdungen der direkten Demokratie durch Manipulation und Propaganda

Eikos

© 2009 Eikos Verlag, CH-5401 Baden

Alle Rechte vorbehalten

verlag@eikos.ch
www.eikos.ch

eikôs (griechisch):
hohe Glaubwürdigkeit,
hoher Grad des Vertrauens
(nach Platon)

Gestaltung: R. Hofmann
Druck: Akeret Verlag + Druck AG, Andelfingen

ISBN 978-3-033-01916-4

Ich danke all jenen,
die mich während der Arbeit
an diesem Buch in vielfältiger Weise
inspiriert, ermutigt und unterstützt haben.

Prolog

Die Autorin dieses Buches war in Verhandlung mit einem grossen Schweizer Verlag über die Publikation ihres Manuskripts.
Der Programmleiter bekundete reges Interesse und stellte eine
baldige Publikation in Aussicht. Dann legte er das Buch einem
ehemaligen hohen Funktionär des Departements für Verteidigung, Bevölkerungsschutz und Sport (VBS) vor. Dieser ant-
wortete, das Buch weise «zu Recht auf bestehende Missstände
hin». Da es spannend geschrieben sei, werde es «viele Leser/
-innen […] finden» und habe «das Potential zu einem bemer-
kenswerten Erfolg». Doch die «deutliche und phasenweise so
massive» Kritik am Bund sei heikel für den Verlag. Daraufhin
zog dieser sein Angebot zurück …

Inhalt

Vorwort

Carlo S. F. Jagmetti,
ehemaliger Botschafter der Schweiz in den USA

Propaganda, Desinformation, Manipulation und die dazugehörigen Techniken sind weltweit praktizierte, berüchtigte, leider aber mitunter auch erfolgreiche Instrumente. Die Schweiz
ist davon auch nicht verschont. Dies legt die Autorin des vorliegenden Buches in überzeugender Weise dar. Sie erläutert die
Vorgänge anhand eingehend untersuchter Beispiele.

Besonders eindrücklich ist die Darstellung, wie bei Abstimmungen von grundlegender Bedeutung schon das Parlament
und sodann der Souverän von den obersten Behörden und deren
Verwaltung massiv manipuliert werden – oft mit Erfolg! Damit
solche Manipulationen überhaupt gelingen können, muss das
Stimmvolk empfänglich sein. Dies ist der Fall, wenn der Souverän Vertrauen hat in die politischen Behörden. «Spin doctors»
missbrauchen dieses Vertrauen, doch der Souverän kommt den
Manipulatoren langsam auf die Spur. Das Vertrauen bröckelt zu-
sehends ab und ist heute an einem Tiefpunkt angelangt, wie ihn
auch die ältesten Menschen in der Schweiz zeitlebens nie beob-
achtet haben. Viele Schweizerinnen und Schweizer fühlen sich
heute im Jahre 2009 angesichts der Krisen in Politik, Finanzen
und Wirtschaft verunsichert und manchmal im Stich gelassen.

Marschhalt, Rückbesinnung und Entwicklung neuer Strategien für die Zukunft drängen sich auf. Zu wichtigen innen-
politischen Fragen wie auch zur Aussen- und insbesondere
zur Sicherheitspolitik tut eine ehrliche Grundsatzdiskussion
not. Das vorliegende Buch von Judith Barben ist ein wertvol-
ler Beitrag zur «Aufklärung» der Bürgerschaft, die den künfti-
gen Generationen eine Schweiz übergeben möchte, die ihren
wichtigsten Grundsätzen wie Unabhängigkeit, Föderalismus
und direkter Demokratie verpflichtet bleibt.

Zollikon, März 2009

Warum dieses Buch nötig ist

«Die Garantie der politischen Rechte schützt die freie Willensbildung und die unverfälschte Stimmabgabe.» (Art. 34 Abs. 2 Bundesverfassung)

«Die Freiheit der Meinungsbildung schliesst grundsätzlich jede direkte Einflussnahme der Behörden aus, welche geeignet wäre, die freie Willensbildung der Stimmbürger im Vorfeld von Wahlen und Abstimmungen zu verfälschen.» (Schweizerisches Bundesgericht)[1]

Weltweit einzigartig hat die Schweiz eine direkte Demokratie. Bei Sachfragen können die Bürgerinnen und Bürger mitbestimmen. Wissenschaftliche Studien belegen, dass die direkte Demokratie zu tragfähigen politischen Lösungen führt und die Zufriedenheit des Einzelnen erhöht.[2] Insbesondere die Möglichkeit, sich durch Gesetzes- und Verfassungsinitiativen aktiv am politischen Geschehen zu beteiligen, steigert das Gefühl der Zufriedenheit des Einzelnen. Das Modell ist auch auf andere Länder übertragbar – angepasst an die dortigen Verhältnisse. Somit ist die direkte Demokratie «modern, erfolgreich, entwicklungs- und exportfähig».[3]

Personales Menschenbild und direkte Demokratie

Der direkten Demokratie liegt ein personales Menschenbild zugrunde. Dieses beinhaltet, dass der Mensch als ganzheitliches, soziales und vernunftbegabtes Wesen betrachtet wird.

---

[1] Bundesgerichtsentscheid BGE 114 Ia 427ff.

[2] Stutzer Alois & Frey Bruno S. Stärkere Volksrechte – Zufriedenere Bürger: eine mikroökonometrische Untersuchung für die Schweiz. In: Swiss Political Science Review 6(3) 2000:1–30

[3] Kirchgässner Gebhard, Feld, Lars P. & Savioz Marcel R. Die direkte Demokratie: Modern, erfolgreich, entwicklungs- und exportfähig. Basel 1999

Als willensfähige Person ist er in der Lage, ethisch verantwortungsvoll zu entscheiden und zu handeln. Dieses Menschenbild ist auch in der Bundesverfassung verankert:

«Die politischen Rechte in Bundessachen stehen allen Schweizerinnen und Schweizern zu [...] Alle haben die gleichen politischen Rechte und Pflichten. Sie können an den Nationalratswahlen und an den Abstimmungen des Bundes teilnehmen sowie Volksinitiativen und Referenden in Bundesangelegenheiten ergreifen und unterzeichnen.» (Art. 136 BV)

Ähnliche politische Rechte gelten auf Kantons- und Gemeindeebene. Mit dieser Form der Mitbestimmung aller Bürgerinnen und Bürger hat sich die Schweiz internationale Anerkennung erworben.

Doch die direkte Demokratie erhält sich nicht von selbst. Sie funktioniert nur, wenn wir sie mit Leben füllen. Der Einzelne muss seine Mitverantwortung für die Gestaltung des öffentlichen Lebens wahrnehmen. Dann können Fragen und Probleme des gesellschaftlichen Zusammenlebens gemeinsam und im Dialog gelöst werden. Das erfordert aktives Mitdenken sowie die Bereitschaft, Lösungen im Sinne des Gemeinwohls zu finden.

Gewaltenteilung als Schutz vor Willkür

Seit der Aufklärung haben die Menschen sich Gedanken gemacht, wie das Zusammenleben in Staat und Gesellschaft gerecht und der menschlichen Natur entsprechend zu gestalten sei. Als grundlegend ist dabei das Prinzip der Gewaltenteilung erkannt worden. Die Gewaltenteilung gehört zu jedem Rechtsstaat und ist ein Schutzwall gegen Diktatur. Denn die Trennung der Gewalten schützt vor Machtballung und Willkür.

Nur wenn die gesetzgebende, die ausführende und die richterliche Gewalt (Legislative, Exekutive und Judikative) voneinander getrennt und unabhängig sind, können sie sich gegenseitig kontrollieren.

In der direkten Demokratie der Schweiz stehen Volk und Stände (Kantone) über den anderen Gewalten. Volk und Stände sind der Souverän. Sie oder deren Vertreter im National- und Ständerat üben die oberste Gewalt im Staate aus:

> *«Die Bundesversammlung [National- und Ständerat] übt unter Vorbehalt der Rechte von Volk und Ständen die oberste Gewalt im Bund aus.» (Art. 148 BV)*

Volk und Stände als Legislative verabschieden die Gesetze und bestimmen über die Verfassung. Ebenso entscheiden Volk und Stände über wichtige Fragen der Staatsführung, wie etwa die Beteiligung an militärischen Bündnissen.

Der Bundesrat hingegen ist nur die ausführende Instanz. Als Exekutive vollzieht er den Willen von Volk und Ständen und ist dabei eng an Verfassung und Gesetze gebunden. In der Staatsführung hat er keine leitende Funktion; eine solche kommt ihm nur innerhalb der Verwaltung zu.[4]

Rolle des Bundesrates bei Abstimmungen

Die Rolle des Bundesrates bei Abstimmungen ist klar geregelt: Er arbeitet die Vorlagen aus und legt sie anschliessend dem Parlament vor. Diesem erläutert er Inhalt und Ziel der Vorlagen. Zu Beginn des Abstimmungskampfes tritt er an die Öffentlichkeit und informiert auch diese über die Vorlagen. Die Medienorientierung des Bundesrates wird von Zeitungen, Radio und Fernsehen in alle Landesteile verbreitet und hat eine grosse Wirkung:

---

[4] Letsch Hans. Wie viel Führung erträgt unsere Demokratie? Bülach 2005. Bestellung: Tel. +41 62 822 02 02 (Letsch war Ständerat und Titularprofessor an der Universität St. Gallen); Seiler Hansjörg. Der Bundesrat sollte nicht Partei sein. In: Neue Zürcher Zeitung, 16.7.2003 (Seiler ist Bundesrichter und Professor für Öffentliches Recht an der Universität Luzern)

«Die Wirkung dieser Medienorientierung ist gross. Die meisten Medien übernehmen die wichtigsten Aussagen der Mitglieder des Bundesrates, welche damit in einer zentralen Phase der Meinungsbildung grossräumig Präsenz markieren und ihre Argumente darlegen können.»[5]

Das Bundesbüchlein als wichtigste Informationsquelle

Ein zweites Mal informiert der Bundesrat sämtliche Stimmberechtigten mittels der Abstimmungserläuterungen («Bundesbüchlein»), die mit den Abstimmungsunterlagen verschickt werden. Das «Bundesbüchlein [ist] heute für viele Stimmbürgerinnen und Stimmbürger die wichtigste Informationsquelle», schreibt die «Neue Zürcher Zeitung».[6] Es sollte ausgewogen, sachlich und neutral sein, und der Bundesrat ist darin zu Kürze und Objektivität verpflichtet. Zudem muss er darin «den Auffassungen wesentlicher Minderheiten Rechnung» tragen.[7]

Im eigentlichen Abstimmungskampf muss sich der Bundesrat zurückhalten. Dieser wird unter den gesellschaftlichen und politischen Interessengruppen ausgetragen:

«Nach der Rechtsprechung des Bundesgerichts haben die Behörden im Vorfeld von Abstimmungen Zurückhaltung in ihrer Informationstätigkeit zu üben, weil die Willensbildung den gesellschaftlichen und politischen Kräften vorbehalten bleiben soll.»[8]

---

[5] Bundeskanzlei. Das Engagement von Bundesrat und Bundesverwaltung im Vorfeld von eidgenössischen Abstimmungen. Bericht der Arbeitsgruppe erweiterte Konferenz der Informationsdienste (AG KID). Bern 2001, S. 35 (im folgenden: «KID-Bericht»)

[6] Zwischen Ärgernis und Notwendigkeit. Umstrittene Informationstätigkeit von Bundesrat und Verwaltung. Neue Zürcher Zeitung, 6.5.2008

[7] Bundesgesetz über die politischen Rechte, Art. 11 Abs. 2: «Der Abstimmungsvorlage wird eine kurze, sachliche Erläuterung des Bundesrates beigegeben, die auch den Auffassungen wesentlicher Minderheiten Rechnung trägt. Die Abstimmungsvorlage muss den Wortlaut der auf dem Stimmzettel gestellten Fragen enthalten. Für Volksinitiativen und Referenden teilen die Urheberkomitees ihre Argumente dem Bundesrat mit; dieser berücksichtigt sie in seinen Abstimmungserläuterungen [...].»

[8] Stadtrat übt Zurückhaltung. Wiler Zeitung, 3.3.2008

Diese «Neutralitätsverpflichtung»[9] der Behörden beruht auf dem Recht auf freie, unbeeinflusste Meinungs- und Willensbildung der Stimmberechtigten:

> «Die Garantie der politischen Rechte schützt die freie Willensbildung und die unverfälschte Stimmabgabe.»[10]

Das Bundesgericht hält dazu fest:

> «Die Freiheit der Meinungsbildung schliesst grundsätzlich jede direkte Einflussnahme der Behörden aus, welche geeignet wäre, die freie Willensbildung der Stimmbürger im Vorfeld von Wahlen und Abstimmungen zu verfälschen [...]. Als verwerflich gilt unter anderem, wenn eine Behörde mit unverhältnismässigem Einsatz öffentlicher Mittel in den Abstimmungskampf eingreift.»[11]

Die «Neue Zürcher Zeitung» kommentiert:

> «Es ist [...] nicht Aufgabe des Bundesrates und übereifriger Verwaltungsstellen, Abstimmungskampagnen wortwörtlich gleich selber zu ‹führen›.»[12]

Bund verletzt Abstimmungsfreiheit

Früher hielten sich die Behörden in der Regel an diese Rechtsgrundsätze. Doch heute sind leider zunehmend Verstösse gegen die Gesetzes- und Verfassungsbestimmungen zur Abstimmungsfreiheit zu verzeichnen.

Ein Beispiel für die Verletzung der freien Meinungs- und Willensbildung war die eidgenössische Volksabstimmung über die neuen Verfassungsartikel zur Bildung vom 21. Mai 2006. Bei jener Abstimmung trug der Bundesrat den Auffassungen wesentlicher Minderheiten keine Rechnung, Im Gegenteil! Statt die Argumente der Kritiker angemessen zu würdigen,

---

[9]   Bundesgerichtsentscheid BGE 130 I 290
[10] Bundesverfassung Art. 34, Abs. 2
[11] Bundesgerichtsentscheid BGE 114 Ia 427ff.
[12] Zwischen Information und Propaganda. Neue Zürcher Zeitung, 10.4.2008

breitete er auf sechs vollen Seiten seine eigene Sichtweise aus. Der Gegenseite gewährte er keine einzige Zeile! Die Kritiker der neuen Bildungsartikel wurden mit der abfälligen Bemerkung bedacht, es handle sich ja nur um eine «sehr kleine Minderheit».[13]

Doch erstens sollten in der Schweiz auch Minderheiten Gehör finden, und zweitens steht vor einer Abstimmung noch gar nicht fest, wer die Minderheit ist. Drittens haben auch die Stimmbürger ein Recht, die Argumente der Gegenseite zu erfahren.

Mit seiner einseitigen «Information» über die neuen Bildungsartikel hat der Bundesrat das Recht auf freie Meinungsbildung eindeutig verletzt, und zwar mit dem Ziel, die Stimmberechtigten zur Annahme der Vorlage zu bewegen. Gerade das darf er aber nicht:

> «Eine Intervention der Behörden während des Abstimmungskampfes» ist nur in Ausnahmefällen zulässig […], «nicht aber [um] die Stimmberechtigten zur Annahme einer Abstimmungsvorlage zu bewegen.»[14]

Trotz dieser klaren Rechtslage – von der Bundeskanzlei bestätigt – greift der Bundesrat immer wieder massiv in den Abstimmungskampf ein und versucht, die Stimmberechtigten mit einseitiger Propaganda zur Annahme von Vorlagen zu bewegen. So im Februar 2008:

> «Am 2. Februar plädierte Verteidigungsminister Samuel Schmid vor der ‹Tagesschau› um 19.25 Uhr auf SF2 während fünf Minuten gegen die Kampfjetlärm-Initative. Am 5. Februar tat er dasselbe kurz nach 12 Uhr mittags im welschen Radio RSR La 1ère. Gleichentags machte sich Wirtschaftsministerin Doris Leuthard auf Radio DRS 1 zur selben Zeit für die Steuerreform stark. […] Und so geht das seit

---

[13] Volksabstimmung vom 21. Mai 2006 zur Neuordnung der Verfassungsbestimmungen zur Bildung. Erläuterungen des Bundesrates, Seite 9

[14] Bundeskanzlei. KID-Bericht, S. 5

Anfang Februar fast ununterbrochen: SP-Bundesrat Leuenberger im Radio DRS gegen die Kampfjet-Initiative, FDP-Bundesrat Merz im Tessiner Radio für seine Steuerreform […]. Kostenlose Staatswerbung. Doch von ‹umfassend informieren› kann bei den bundesrätlichen Vorträgen keine Rede sein. […] Da wird nur einfach fünf Minuten lang einseitig und unwidersprochen Propaganda gemacht.»[15]

Wenn Gemeinde- oder Kantonsbehörden derart manipulieren würden, könnte man Abstimmungsbeschwerde gegen sie erheben. Doch auf eidgenössischer Ebene ist das nicht möglich. Es gibt keine gerichtliche Instanz, bei der man Verletzungen der Abstimmungsfreiheit durch den Bund einklagen kann.

Das Beispiel Laufental

Das Beispiel Laufental zeigt, dass Abstimmungsbeschwerden beim Bundesgericht durchaus Aussicht auf Erfolg haben. Damals stimmten die Laufentaler über einen Kantonswechsel von Bern zu Baselland ab.

Die Berner Regierung wollte den Bezirk Laufental unbedingt behalten. Heimlich zweigte sie Gelder ab und beauftragte ein Werbebüro, verdeckte probernische Abstimmungspropaganda zu betreiben. In der Folge stimmten die Laufentaler für Bern.

Doch im nachhinein kam die verdeckte Abstimmungsmanipulation ans Licht. Als die Laufentaler davon erfuhren, war die Empörung gross. Stimmberechtigte erhoben Abstimmungsbeschwerde. Das Bundesgericht stellte nach eingehender Untersuchung fest, dass die Kampagne der Berner Regierung rechtswidrig gewesen war. Es rügte die Berner Regierung:

---

[15] Ramseyer Niklaus. Der «Behördenpropaganda» droht das Aus. In: Basler Zeitung, 14.2.2008. Auch im Januar 2009 machten gleich mehrere Bundesräte einseitige Abstimmungspropaganda: «Mit Micheline Calmy-Rey, Pascal Couchepin und Doris Leuthard weilten am letzten Wochenende gleich drei Mitglieder des Bundesrates im Wallis […] Alle drei weibelten in den letzten Wochen vehement für ein Ja zur Ausweitung der Personenfreizügigkeit.» Bieler Herold. Vieles spricht für den Status quo. In: Walliser Bote, 24.1.2009

«Derartiges Verhalten einer Behörde verdient […] keinen Schutz.»[16] Auf Anordnung des Bundesgerichts musste die Abstimmung wiederholt werden. Beim zweiten Mal stimmten die Laufentaler – unbeeinflusst – für Baselland. Die Stimmbeteiligung betrug einzigartige 93,6 Prozent! Heute gehört das Laufental zu Baselland.

Aus diesem Beispiel lassen sich mehrere Lehren ziehen. Zum einen macht es deutlich, dass Behörden stets die Tendenz haben, ihre Machtbefugnisse unzulässig auszudehnen; deshalb sind die dagegen aufgerichteten Schranken in der Verfassung und im Gesetz für die Demokratie lebenswichtig und müssen erhalten bleiben. Weiter zeigt das Laufentaler Beispiel, dass PR-mässig aufgezogene Abstimmungskampagnen durchaus in der Lage sind, Abstimmungen in eine bestimmte Richtung zu lenken. Und drittens macht das Beispiel durch die einzigartige Stimmbeteiligung beim zweiten Wahlgang deutlich, dass die Menschen sich nicht gerne über den Tisch ziehen lassen. Behördliche Einflusskampagnen wie diejenige der Berner Regierung im Bezirk Laufental werden nicht geschätzt. Sie stehen im Gegensatz zur direkten Demokratie.

Bundesratssprecher gibt Manipulation zu

Auch der Bundesrat und seine Behörden haben Abstimmungen immer wieder unzulässig beinflusst. Sogar Achille Casanova, ehemaliger Bundesratssprecher und Vizekanzler, gibt heute zu:

> *«Einige Kommunikationsbeauftragte der Departemente wenden ‹Spin doctoring›-Techniken [Manipulationstechniken] an, obwohl sie offiziell nicht zulässig sind.»*[17]

---

[16]   Bundesgerichtsentscheid BGE 114 Ia 427ff.

[17]   Ex-Vizekanzler Achille Casanova in einer E-Mail an eine Studentin am 29.7.2007: «Anche se le tecniche di spin doctoring non sarebbero ammesse dalla politica di comunicazione ufficiale, taluni addetti alla comunicazione dei dipartimenti federali talora le utilizzano.» (Übers. J.B.)

Allerdings verriet Casanova nicht, dass er selbst es war, der in seiner einflussreichen Stellung als Pressechef und Bundesratsprecher Abstimmungen unzulässig beeinflusst hat.[18] Es war nämlich ausgerechnet er, der das politische Totschlagwort «Maulkorbinitiative» in die Welt setzte, um eine Volksinitiative schlecht zu machen,[19] welche solche Praktiken gerade eindämmen sollte – eine Manipulation sondergleichen![20]

Casanovas gezielt ersonnene Negativetikette «Maulkorb» wurde von der Bundeskanzlerin Annemarie Huber-Hotz unverzüglich aufgegriffen und von den Medien willig verbreitet.[21] Die Manipulation hatte zur Folge, dass viele Stimmberechtigte glaubten, die Initiative wolle das «Bundesbüchlein» abschaffen.[22] In Wirklichkeit wollte sie nur die geltende Rechtslage auf Bundesebene festhalten.

Die genannten Manipulationsbeispiele und viele weitere, welche folgen, zeigen, dass dieses Buch nötig ist. Es deckt manipulative Praktiken auf, analysiert sie und schlägt Gegenmassnahmen vor.

---

[18] Einen Bundesratsprecher mit umfassenden Kompetenzen, welcher auch Vizekanzler ist, gibt es erst seit 2000. Er informiert in eigener Kompetenz die Öffentlichkeit über die Geschäfte des Bundesrates und koordiniert die Information zwischen Bundesrat und Departementen. Auch nimmt er an sämtlichen Sitzungen und Vorbereitungssitzungen des Bundesrates teil und kann sich dazu äussern, welche «Sprachregelungen» zu treffen sind und ob die Öffentlichkeit über ein bestimmtes Geschäft informiert werden soll oder nicht. Der Bundesratsprecher leitet die Informationskonferenz, wo sämtliche Informationen aus dem Bundeshaus geplant werden. Vgl. Pressemitteilung der Bundeskanzlei vom 23.8.2000, www.admin.ch/cp/d/39a3e344_1@fwsrvg.bfi.admin.ch.html (download 3.1.2009)

[19] Persönliche Mitteilung des heutigen Vizekanzlers und Bundesratsprechers Oswald Sigg, 13.5.2008: «Tatsächlich soll […] mein Vorgänger Achille Casanova [die Bezeichnung ‹Maulkorb›] als inoffiziellen Titel der Initiative [«Volkssouveränität statt Behördenpropaganda»] gewählt haben.»

[20] Eidgenössische Volksinitiative «Volkssouveränität statt Behördenpropaganda»; Volksabstimmung vom 1. Juni 2008

[21] Vanoni Bruno. Einstimmig gegen einen Maulkorb. In: Tages-Anzeiger, 11.11.2004

[22] Ergebnis einer privaten Umfrage der Autorin

I. Manipulatoren und ihre Methoden

1. Spin doctor – ein neues Wort für Wahrheits-verdreher

«Spin ist ein neues, höfliches Wort für Propaganda, für subtile Manipulation der Medien.»[23] (Frederick Forsyth, Publizist)

«Spin bedeutet, die Realität so darzustellen, wie es den eigenen Zwecken dient.»[24] (Michael Kinsley, Publizist)

Der aus Amerika stammende Begriff «Spin doctor» taucht seit einigen Jahren in unseren Medien auf. Das Wörtchen «Spin» heisst Drall oder Dreh. Im Tennis bedeutet es, dem Ball einen versteckten Dreh zu geben, um den Gegner darüber zu täuschen, in welche Richtung der Ball nach dem Aufprall springt. Ein Spin doctor tut etwas ganz Ähnliches. Er gibt einer Meldung einen «Spin» in eine bestimmte Richtung, um die Öffentlichkeit darüber zu täuschen, welche verdeckte Absicht er verfolgt.

Der Begriff «Spin doctor» wurde 1984 vom Journalisten William Safire geprägt, um den neuen Typ des skrupellosen politischen Public-Relations-Experten zu charakterisieren.[25] Als Vorläufer der Spin doctors gilt Ivy Lee (1877–1934), der sich angeblich für «strenge ethische Richtlinien»

---

23 Forsyth Frederick. Scotland Yard bei Tony Blair. In: Welt am Sonntag, 23.7.2000

24 Kinsley Michael. The Great Spin Machine. In: Time, 17.12.2000 (Übers. J.B.)

25 Foa Marcello. Gli stregoni della notizia. Da Kennedy alla guerra in Iraq o come si fabbrica informazione al servizio dei governi. (Die Hexenmeister der Nachrichten. Von Kennedy zum Irak-Krieg oder wie Informationen im Dienste von Regierungen produziert werden). Mailand: Guerini e Associati 2006, S. 23

der Public Relations (PR) einsetzte.[26] Gleichzeitig half Ivy Lee dem Erdölmagnaten John D. Rockefeller, ein Blutbad an streikenden Arbeitern und ihren Familien in Colorado zu vertuschen.[27]

Edward Bernays, ein US-Amerikaner und Neffe Sigmund Freuds, wird als «historischer Ideologe» der Spin doctors bezeichnet.[28] Zugleich gilt er als «Vater der Public Relations».[29] Bernays verfasste ein Lehrbuch für Public Relations mit dem Titel «Propaganda». Er beriet die US-Regierung beim Eintritt in den Ersten Weltkrieg und beteiligte sich zusammen mit der CIA am Sturz des demokratisch gewählten Präsidenten von Guatemala, Jacobo Árbenz Guzmán.[30]

Wie die Beispiele zeigen, ist eine klare Unterscheidung von «Manipulation» und «Propaganda» inhaltlich und historisch kaum zu leisten. Deshalb werden die Begriffe im Folgenden fast gleichbedeutend verwendet. Auch die Abgrenzung zu den Begriffen «Public Relations», «Öffentlichkeitsarbeit» und «Kommunikation» bleibt notwendigerweise unscharf, denn diese Begriffe werden oft von Manipulatoren und Spin doctors in Anspruch genommen.

Public Relations als «unsichtbare Regierung»

Bernays propagierte, dass die Welt im Chaos versinken würde,

---

[26] Chopard Mélanie. Comunicazione pubblica del Governo Svizzero e Spin doctoring (Öffentliche Kommunikation des Bundes und Spin doctoring). Bachelor-Arbeit. Universität Lugano. Lugano 2005, S. 12

[27] 1914 streikten Arbeiter der Fuel & Iron Company des Erdölmagnaten John D. Rockefeller in Colorado. Rockefeller engagierte daraufhin die Colorado Guards, welche auf die Streikenden schossen. Es gab zahlreiche Todesopfer, darunter auch Frauen und Kinder. Nun heuerte Rockefeller den PR-Mann Ivy Lee an, welcher Lügen verbreitete, um die allgemeine Empörung niederzuhalten. Vgl. http://www.sourcewatch.org/index.php?title=Ivy_Lee (3.1.2009)

[28] Foa Marcello, a.a.O., S. 19

[29] Becker, Jörg & Beham Mira. Operation Balkan. Werbung für Krieg und Tod. Baden-Baden 2006, S. 13

[30] Becker, Jörg & Beham Mira, a.a.O., S. 13/15

PROPAGANDA

By
EDWARD L. BERNAYS

New York
HORACE LIVERIGHT
1928

Edward Bernays (1891–1995), erster Spin doctor	Erstausgabe von Bernays' Buch «Propaganda» (New York 1928)

wenn die Politik nicht von PR-Experten gelenkt würde:[31]

«Die bewusste und intelligente Manipulation der Angewohnheiten und Meinungen der Massen ist ein wichtiges Element in einer demokratischen Gesellschaft. Diejenigen, welche die versteckten Mechanismen der Gesellschaft manipulieren, stellen eine unsichtbare Regierung dar und sind die echte herrschende Macht. [...] Wir werden von einer relativ kleinen Gruppe von Personen beherrscht, welche die Denkvorgänge und sozialen Modelle der Massen kennen. Sie ziehen die Fäden und kontrollieren das öffentliche Bewusstsein.»[32]

Schamlos brüstete sich dieser Bernays: «Goebbels hatte alle meine Bücher.»[33]

---

[31] Kunczik Michael. Politische Kommunikation als Marketing. In: Jarren Otfried, Sarcinelli Ulrich & Saxer Ulrich. Politische Kommunikation in der demokratischen Gesellschaft. Opladen 1998, S. 331

[32] Bernays Edward. Propaganda (Erstausgabe 1928). New York: Ig Publishing 2005, S. 37f. (Übers. J.B.)

[33] Vgl. Der Spiegel. Public Relations – Meister der Verdrehung. 31/2006

Pseudoereignisse

Ein wichtiges Element des «Spinning» sind «Pseudo-Ereignisse». Dabei werden ganze «Events» inszeniert, um die öffentliche Meinung zu steuern. So überreichte Präsident Bush, als seine Popularität wegen der vielen getöteten US-Soldaten stark gesunken war, den Soldaten im Irak an Thanksgiving einen Truthahn. «Man kann sich die Freude der Soldaten vorstellen», schrieben die Medien. In Wirklichkeit war der Truthahn aus Plastik und diente einzig dazu, ein «Pseudoereignis» zu produzieren, um den Ruf des Präsidenten wieder zu verbessern.[34]

Spin doctors sind als angeheuerte Propaganda-Fachleute stets damit beschäftigt, «Situationen und Sachverhalte durch ihren Spin [so] zu beeinflussen», dass es den Interessen ihrer Auftraggeber dient.[35] Sie erzeugen ein Trugbild der Realität, das sie mit Hilfe der Medien verbreiten. Spin doctors könnte man demnach auch als Spezialisten für Desinformation und Propaganda oder als Wahrheitsverdreher bezeichnen. Welch rücksichtsloser Zynismus oft dahinter steckt, zeigt das folgende Beispiel.

PR-Agentur fälscht Kriegsgründe

1990, kurz vor dem Einmarsch der Amerikaner in Kuwait zu Beginn des ersten Irak-Krieges, bezeugte die 15jährige kuwaitische Krankenschwester Nayirah unter Tränen, irakische Soldaten in Kuwait hätten vor ihren Augen Babys aus Brutkästen gerissen und zu Boden geworfen. Der Film ging um die Welt. Er wurde von unzähligen TV-Stationen ausgestrahlt. Präsident Bush sen. benutzte die Geschichte mehrfach, um den Krieg ge-

---

[34] International tätige PR-Firmen wie die britische Bell Pottinger Public Affairs erhielten in jener Zeit Millionenaufträge, um das Image des Irak-Krieges zu verbessern. Vgl. Bill Berkowitz in: www.workingforchange.com/article.cfm?ItemID=16641 (download 26.09.2006)

[35] Piotrowski Christa. Die Wahrheit drehen und wenden. In den USA floriert das Geschäft der Schönfärber. In: Neue Zürcher Zeitung, 16.7.2000

gen den Irak zu propagieren.[36]

Später erfuhr man, dass das Ganze eine Lüge gewesen war! Die kuwaitische Krankenschwester Nayirah hatte es nie gegeben. «Nayirah» war in Wirklichkeit die Tochter des kuwaitischen Botschafters in den USA, welche die Heulszene unter Anleitung einer PR-Managerin von Hill & Knowlton eingeübt und vor laufender Kamera vorgespielt hatte. Die britische Firma Hill & Knowlton, eine der weltgrössten PR-Konzerne, hatte den Auftrag erhalten, Kriegsgründe gegen den Irak zu erfinden![37]

Eine weitere PR-Fälschung zur Propagierung des Angriffes auf den Irak waren die amerikanischen Fähnchen, die den US-Panzern entgegenwehten, als sie in Kuwait einrollten. Diesen Job hatte John Rendon, Chef des PR-Konzerns Rendon Group, persönlich übernommen. Die Rendon Group erhält regelmässig Aufträge vom Pentagon.[38] Rendon war eigens nach Kuwait gereist, um die mitgebrachten amerikanischen Fähnchen an angeheuerte Statisten zu verteilen und die Szene medienwirksam filmen zu lassen. Mit der unerträglichen PR-Aktion sollte fingiert werden, die Kuwaiter würden den Einmarsch der Amerikaner begrüssen.[39]

---

[36] Wanniski Jude. The (Bogus) Case against Saddam. Interview. In: O'Huallachain D. Liam & Sharpe Jon Forrest (Eds.). Neo-Conned! Just War Principles: A Condemnation of War in Iraq. Norfolk: IHS 2005. S. 3–81; Rampton Sheldon & Stauber John. The Mother of all Clients. In: O'Huallachain D. Liam & Sharpe Jon Forrest (Eds.). Neo-Conned! Again: Hypocrisy, Lawlessness, and the Rape of Iraq. Norfolk: IHS 2006, S. 831–841; Forster Peter. Die verkaufte Wahrheit. Wie uns Medien und Mächtige in die Irre führen. Frauenfeld: Huber 2005, S. 111/116; Der Spiegel, a.a.O.

[37] Becker Jörg. Medien im Krieg. In: *Zeit-Fragen*, 17.2.2008

[38] Public Relations – Meister der Verdrehung. Der Spiegel 31/2006

[39] Clark Ramsey. Wüstensturm. US-Kriegsverbrechen am Golf (englische Originalausgabe 1992). Viöl: Ganzheitliche Forschung 2003 (Clark ist ehemaliger Justizminister der USA)

Spin ist heimtückischer als Lügen

Michael Kinsley, ein bekannter Publizist und ehemaliger Herausgeber des Wall Street Journal, schreibt:

«Spin wird von manchen als blosse Beschönigung für Lügen abgetan. Es ist aber weit mehr. Spin ist heimtückischer als Lügen, denn Spin bedeutet Gleichgültigkeit gegenüber der Wahrheit. Es bedeutet, die Realität so darzustellen, wie es den eigenen Zwecken dient. Ob diese fiktive Realität mit der tatsächlichen Realität, die wir alle kennen und teilen, übereinstimmt – diese Frage stellen sich die Spin doctors gar nicht.»[40]

Spin doctors bezeichnen sich selbst gerne als «Fachleute für Öffentlichkeitsarbeit», «Fachleute für Kommunikation» oder «Kommunikationsberater». Kritiker beurteilen sie allerdings weniger schmeichelhaft als «neue Einflüsterer», «Marionettenspieler der Macht», «Teppichleger für heikle Geschäfte», «Schönfärber» oder «Informationsverhinderer».[41]

Spin doctoring gilt zwar als anrüchig, wird aber in der Politik ständig praktiziert. Der breiten Öffentlichkeit ist dies im ganzen Ausmass nicht bekannt. Sonst wäre es nicht möglich, dass sich diese Methoden so ausbreiten könnten.

Moralisches Vakuum

Ein häufiges Tummelfeld für Spin doctors sind politische Diskussionsrunden und Talkshows am Fernsehen, wo sie die Kunst des Manipulierens «weitaus besser [beherrschen] als die Kunst des Überzeugens». Ihre Methoden sind aus dem

---

[40] Kinsley Michael: The Great Spin Machine. Time, 17.12.2000 (Übers. J.B.). Michael Kinsley, ehemals Herausgeber des Wall Street Journal ist heute Herausgeber der Los Angeles Times; er publiziert regelmässig in prominenten Medien wie Washington Post, Time Magazine, Times, New Yorker und Reader's Digest

[41] Zurlinden Urs. Spin Doctors. Den richtigen Dreh zur richtigen Zeit. In: Facts, 52/1996; Rachmanova Tania & Mitchell Paul. Spin-Doktoren. Marionettenspieler der Macht. Fernsehdokumentation über die Geschichte der politischen Public Relations. In: Arte, 22./29.6. 2005; Piotrowski Christa, a.a.O.; Lüthi Sabine: Und wieder zwei Frontenwechsel. In: Tages-Anzeiger, 26.4.2001

Know-how der Public Relations, der Medienwissenschaften, der politischen Soziologie und Sozialpsychologie zusammengeschmolzen und bilden ein heimtückisches Manipulationsinstrument. In einem «moralischen Vakuum» betätigen sich Spin doctors als politische Berater, Redenschreiber, Kampagnenleiter für Politiker, Parteien oder Firmen. Zuweilen treten sie auch als «Meinungsforscher» oder Journalisten auf. [42]

Spin doctors haben keine Bedenken, bei einer Wahl dem einen Kandidaten zur Präsidentschaft zu verhelfen und vier Jahre später seinem Gegenspieler. Ob ein Spin doctor Pepsi Cola, ein politisches Projekt, einen Präsidenten oder einen Krieg verkauft – er benutzt immer die gleichen Methoden: «Für eine politische Kampagne gilt dasselbe Prinzip wie für ein Unternehmen. Alle müssen pausenlos dieselbe Message einhämmern.»[43]

«Grassrooting»

Spin doctors arbeiten ohne Skrupel auch für Militärregierungen und Diktatoren. So beriet Harold Burson, Chef der renommierten internationalen PR-Firma Burson-Marsteller, in den siebziger Jahren den chilenischen Diktator Augusto Pinochet und machte – in Absprache mit der US-Regierung – Werbung für die argentinische Militärjunta.[44] Noch heute preist er das Folterregime als «Organisation der Befreiung»![45]

---

[42] Piotrowski Christa, a.a.O.; zum Einsatz von politischen Meinungsumfragen als Beeinflussungsinstrument siehe: «Pferderennen-Journalismus» ohne Halfter. Neue Zürcher Zeitung, 23.2.2002; zur Rolle von Journalisten als Spin doctors vgl. Programm zur Konferenz «A Complicated, Antagonistic & Symbiotic Affair: Journalism, Public Relations and their Struggle for Public Attention» (Eine komplizierte, gegensätzliche und symbiotische Affäre: Journalismus, Public Relations und ihr Kampf um öffentliche Aufmerksamkeit) in Luzern, 17./18.3.2006. Veranstalter: Schweizer Journalistenschule MAZ (Luzern) und Fakultät für Kommunikationswissenschaften der Universität der italienischen Schweiz (Lugano)

[43] Public Relations – Meister der Verdrehung. Der Spiegel 31/2006; Bernays wird auch «Father of Spin» genannt. Vgl. Im Schatten des Präsidenten. Neue Zürcher Zeitung, 23.6.2005; Politischer Berater – ein Metier ohne Grenzen. Le Monde diplomatique, 6.8.1999

[44] Boos Susan. Die Meistermanipulatoren. In: WOZ. Wochenzeitung, 51 und 52/2006

[45] Public Relations – Meister der Verdrehung. Der Spiegel 31/2006

Eine heutige Spezialität der Firma Burson-Marsteller ist das «Grassrooting». Mit dieser Technik werden künstliche «Bürgerproteste» («Graswurzelbewegungen») inszeniert, die in Wirklichkeit den Interessen von Wirtschaftskonzernen dienen. Harold Burson rechtfertigt die Methode – ähnlich wie Bernays – mit dem zynischen Argument, Grassrooting sei ein Beitrag zum «demokratischen Prozess»![46]

«Grassrooting» wird beispielsweise betrieben, um den Verkauf und die Abgabe des umstrittenen Psychopharmakons Ritalin an Kinder zu fördern. In den USA finanzierte die Ritalin-Herstellerfirma Novartis eine «Selbsthilfegruppe Aufmerksamkeitsgestörter und Hyperaktiver» (CHADD: Children and Adults with ADHD). Diese Gruppe war sehr gut organisiert und hatte Hunderte von Sektionen in mehreren US-Bundesstaaten. Publizistisch geschickt propagierte sie, Ritalin sei die einzig wirksame Therapie bei Konzentrationsproblemen und Hyperaktivität. Auch setzte sich die angebliche Selbsthilfegruppe CHADD dafür ein, dass das Psychopharmakon von der Liste der harten Betäubungsmittel genommen und in eine harmlosere Kategorie umklassifiziert wurde. Dies konnte zum Glück verhindert werden. Denn im Anhörungsverfahren wurde die Finanzquelle von CHADD offengelegt. Daraufhin wurde das Umklassifizierungsverfahren gestoppt.[47]

«Greenwashing»

Eine weitere Spin-doctor-Technik ist das «Greenwashing». Mit dieser Methode wurde die Firma Chiquita in einen umweltfreundlichen Konzern verwandelt. Menschenrechtsorganisationen hatten herausgefunden, dass Chiquita giftige Pilzbekämpfungsmittel über Plantagen versprühte, auf denen Kinder arbeiteten. Die Information löste weltweit Empörung

---

[46] Public Relations – Meister der Verdrehung. Der Spiegel 31/2006

[47] Suter Lotta. Die Pille für das Kind. Die Psychodroge Ritalin von Novartis drängt auf den globalen Markt. In: Die Wochenzeitung, 4.11.1999; Barben Judith und Bau Andreas: Ritalin – die verkannte Gefahr. In: Zeit-Fragen, 11/2000

aus. Als Gegenmassnahme heuerte Chiquita die New Yorker PR-Agentur Edelman an, die ihr angeschlagenes Image aufpolieren sollte. Edelman entschloss sich zur Gegenoffensive. Die PR-Firma fädelte Kontakte zu grünen Nichtregierungsorganisationen ein. Mit deren Hilfe sorgte sie dafür, dass Chiquita auf einer grossen Presskonferenz in Hamburg für ihren «nachhaltigen Einsatz für Mensch und Tier in Lateinamerika» gelobt wurde, insbesondere für ihr Engagement in der «Rainforest Alliance». So wurde Chiquita «grüngewaschen».[48]

Medienberichte mehrheitlich aus PR-Agenturen

Die Beeinflussung der Medien ist das Hauptgeschäft der Spin doctors. Diese kennen sämtliche Tricks, um «die Macht der Presse zum eigenen Vorteil zu nutzen».[49] Tatsächlich wird heute ein grosser Teil der Medienberichte in PR-Agenturen produziert.[50] Gemäss einer Studie stützen sich über 50 Prozent der Medienberichte über Behördengeschäfte ausschliesslich auf PR-Texte ab. In vielen Fällen werden die PR-Texte ohne jede Eigenrecherche übernommen.[51]

Eine verbreitete Manipulationsmethode ist das «Embedding». Der Begriff besagt, dass bei wichtigen politischen Ereignissen die «professionelle Begleitung» oder «Einbettung» der Journalisten im Vordergrund steht. Die «Realitäten», über welche die «eingebetteten» Journalisten berichten, werden von den Spin doctors nicht selten selbst produziert («Pseudoereignisse»). So organisierte der Pressechef eines Politikers mit angeschlagenem Ruf für seinen Chef mehrere Auslandreisen mit Journalisten. Diese berichteten anschliessend wunschgemäss

---

[48]   Public Relations – Meister der Verdrehung. Der Spiegel 31/2006

[49]   Piotrowski Christa, a.a.O.

[50]   Oft bloss nachgeplappert. Starke Wirkung politischer Öffentlichkeitsarbeit auf die Medien. Neue Zürcher Zeitung, 2.2.2007

[51]   Sigg Oswald. Behördenkommunikation und politischer Journalismus. Immer mehr staatliche Information – immer weniger Politik in den Medien. In: Neue Zürcher Zeitung, 14.2.2007

positiv über den Politiker. Dessen Ruf verbesserte sich daraufhin rapide.[52]

Vermittlungskompetenz statt Sachkompetenz

Wie das Beispiel zeigt, funktioniert die «Zusammenarbeit» zwischen Spin doctors und Journalisten gut. Ein Spin doctor meinte herablassend: Die Journalisten sind «alle Babys, mit denen wir es zu tun haben».[53] Etwas höflicher, aber nicht weniger deutlich formulieren es die «Kommunikationsberater» des Bundes:

> *«Regierungen und ihre Vertreterinnen und Vertreter verfügen im Prinzip über eine privilegierte Ausgangsposition im Kampf um die Aufmerksamkeit der Medien (Prominentenstatus, hohe Glaubwürdigkeit). Die Medien lassen sich vom Ereignismanagement (Pseudoereignisse, symbolische Politik) der politischen Akteure in der Berichterstattung ein Stück weit determinieren. Dabei verdrängt die Vermittlungskompetenz teilweise die Sachkompetenz.»[54]*

Im Klartext heisst das, dass viele Medien die Aussagen der bundesrätlichen PR-Berater kritiklos übernehmen. Damit werden diese Medien aber zum Sprachrohr staatlicher Propaganda. Zum Glück sind nicht alle Medienvertreter mit solchem Gefälligkeitsjournalismus einverstanden. So forderte Norbert Neininger, Chefredaktor der «Schaffhauser Nachrichten», die Presse müsse unabhängig und der Wahrheit verpflichtet bleiben.[55]

---

[52] Zurlinden Urs. Spin Doctors. Den richtigen Dreh zur richtigen Zeit. In: Facts 52/1996

[53] Schadt Thomas. Der Kandidat. Gerhard Schröder im Wahlkampf 98. Dokumentarfilm über den Wahlkampf von Gerhard Schröder. Ausgestrahlt von SWR und ARD I. Odyssee-Film 1998

[54] Bundeskanzlei. KID-Bericht, S. 21

[55] Lüthi Sabine: Und wieder zwei Frontenwechsel. In: Tages-Anzeiger, 26.4.2001

2. Manipulation der Sprache

«Die Sprache […] ist eine gemeinsame Schöpfung der Mensch-heit […], nicht eine Privatfunktion.» (Alfred Adler, Begründer der Individualpsychologie)[56]

Ist die Sprache einmal «neutralisiert gegen die Wahrheits-norm», wird sie zum «Werkzeug, das [nur] darauf wartet, von einem Machthaber in die Hand genommen und für beliebige Gewaltzwecke ‹eingesetzt› zu werden.» (Joseph Pieper, Philosoph)[57]

Wie dargestellt, kümmern sich Spin doctors kaum um die Wahrheit. Um dies zu verschleiern, berufen sie sich auf wohl-klingende Theorien wie den «Konstruktivismus», eine in den Medienwissenschaften modische Theorie. Diese will den Be-griff Wahrheit schlicht abschaffen. Konstruktivisten behaup-ten, eine Wirklichkeit, die für alle gleichermassen existiere, gebe es nicht, sie sei nur eine «Konstruktion unserer Gehirne». Solcher Unsinn wird allen Ernstes vertreten.

Martin Kriele, Rechtsprofessor und Experte für Rechtsphi-losophie, charakterisiert den «Konstruktivismus» als «verstie-gene Theorie, die man in abstrakt-akademischen Diskussio-nen, nicht aber in der Lebenswelt ernst nehmen» könne. Der Autor führt aus:

«Man muss hoffen, dass diesen Medien-Wissenschaftlern nicht das Missgeschick widerfährt, durch irreführende Indizien in den Ver-dacht eines Mordes zu geraten und angeklagt zu werden. Sollte das aber geschehen, darf man sicher sein, dass sie sich auf das klassische Wahrheitskriterium besinnen werden».[58]

---

[56]   Adler Alfred. Wozu leben wir? Frankfurt, 1999, S. 200
[57]   Pieper Joseph. Missbrauch der Sprache – Missbrauch der Macht. Zürich: Arche 1970, S. 32
[58]   Kriele Martin. «Wahrheit» in Funk und Fernsehen. Köln 1992, S. 9–15.

Das wirkungsvollste Gegenmittel – die Wahrheit!

Die Behauptung, es gebe keine objektive Realität, ist reine Manipulation. Spin doctors glauben, sich damit ihrer Verpflichtung auf Wahrheit entledigen zu können. Das können sie aber nicht. Denn wenn die Wahrheit an den Tag kommt, werden auch ihre Lügen offenbar. Tatsache ist, dass die Menschheit gar nicht existieren würde, wenn wir nicht fähig wären, die Realität zu erkennen und uns mit ihr auseinanderzusetzen.

Wohin die Verachtung der Wahrheit führt, zeigt das Beispiel von Adolf Hitlers «Reichsminister für Volksaufklärung und Propaganda», Joseph Goebbels, der verkündet hat:

> *«Wenn eine Lüge gross und ungeheuerlich genug ist und ständig wiederholt wird, beginnen die Leute allmählich an sie zu glauben […]. Aber die Lüge kann nur so lange aufrechterhalten werden, wie es dem Staat gelingt, ihre politischen, wirtschaftlichen und militärischen Folgen vor dem Volk zu verbergen. Deshalb ist es absolut notwendig, dass der Staat seine ganze Macht einsetzt, um Andersdenkende zu unterdrücken. Die Wahrheit ist der tödlichste Feind der Lüge und – wenn sie verbreitet wird – des Staates.»*[59]

Das gilt allerdings nur für den totalitären Staat. Damit ist aber auch gesagt, was eines der wirkungsvollsten Gegenmittel gegen Lüge und Propaganda ist: das Verbreiten der Wahrheit.

Sprache und Wahrheit sind untrennbar miteinander verbunden. Denn Wahrheit ist im Grunde nichts anderes als der Bezug der Sprache zur Realität, wie der Philosoph Joseph Pieper aufzeigt.[60] Pieper betont, dass die Sprache immer auch einen Bezug zum Mitmenschen hat. Durch Sprechen will man einem anderen etwas mitteilen, ihm ein Stück der Realität deutlich machen. Nach Pieper ist die Sprache «das Medium

---

[59] Goebbels Josef. Zitiert nach Carmichael Michael, a.a.O, S. 125 (Übers. J.B.). Goebbels besass die Bücher des PR-Spezialisten und Manipulators Edward Bernays; man kann davon ausgehen, dass er sie gelesen und studiert hat. Vgl. Public Relations – Meister der Verdrehung. Der Spiegel 31/2006

[60] Joseph Pieper, a.a.O., S. 17

unserer gemeinsamen geistigen Existenz schlechthin». Der Bezug zur Realität und zum Mitmenschen sind die grundlegendsten Wesenszüge der Sprache.

Sprache ist gemeinsame Schöpfung der Menschheit

Diese Auffassung des Philosophen wird von der Entwicklungspsychologie geteilt und bestätigt. Lange bevor das Kind sprechen kann, kennt es die Stimme der Mutter. Die Sprache ist ein Grundelement der innigen Bindung zwischen Mutter und Kind. Für dessen geistige, körperliche und seelische Entwicklung ist es unabdingbar, dass die Mutter mit ihm spricht.

Alfred Adler, der Begründer der Individualpsychologie, nannte die Sprache einen Ausdruck der Gemeinsamkeit zwischen den Menschen:

> *«Die Sprache selbst ist eine gemeinsame Schöpfung der Menschheit […], nicht eine Privatfunktion. Verstehen heisst […], uns in einer gemeinsamen Bedeutung mit anderen zu verbinden.»*[61]

Gerade weil die Sprache ein Band des Vertrauens und der Gemeinsamkeit zwischen den Menschen bildet, ist ihr Missbrauch so verwerflich. Lüge und Manipulation sind, so Pieper, keine Mitteilungen im eigentlichen Sinne. Wenn Sprache Wahrheit ausser acht lässt, wird nicht nur ihr Realitätsbezug zerstört, sondern auch ihr mitmenschlicher Bezug. Der andere wird nicht als gleichwertiger Partner respektiert, sondern als Objekt behandelt, das durch die Sprache in eine bestimmte Richtung gelenkt oder zu einer bestimmten Handlung gebracht werden soll. Damit wird die Würde des anderen verletzt.

Vorbereitung zur Tyrannei

Schon im antiken Griechenland wurde die Auseinandersetzung um Ethik und Sprache geführt. Die Sophisten feilten als raffinierte Wortkünstler die politisch einflussreiche Rede bis

---

[61]   Adler Alfred, a.a.O., Seite 200

zur höchsten Perfektion aus und kümmerten sich nicht um den Wahrheitsgehalt dessen, was sie sagten. Mit rhetorischer Brillanz konnten sie gute Gründe für die schlimmsten Dinge finden. Plato und Sokrates hingegen, die grossen Philosophen der Antike, warnten vor den Sprachverdrehungen der Sophisten.

Der Missbrauch der Sprache zum Zweck der Manipulation ist nach Pieper bereits eine untergründige Vorbereitung zur Tyrannei. Denn ist die Sprache einmal neutralisiert gegen die Wahrheitsnorm, dann wird sie schnell zum Werkzeug, das nur darauf wartet, von einem Machthaber in die Hand genommen und zur Propaganda «für beliebige Gewaltzwecke» eingesetzt zu werden.[62] Goebbels ist ein Beispiel dafür.

In der Propaganda fehlt auch nie das «Element der Drohung». Die Drohung kann in all ihren Formen und Graden der Diffamierung, der öffentlichen Belächelung und des Übergangenwerdens auftreten. Sie dient der Einschüchterung. Die «Meisterschaft» besteht, so Pieper, darin, die Drohung «nicht nackt hervortreten zu lassen, sondern sie zu verhüllen». Die Drohung muss zwar durchaus wahrnehmbar bleiben, aber zugleich wird es dem Bedrohten leicht gemacht zu glauben, er tue, indem er sich einschüchtern lasse, in Wirklichkeit das Vernünftige und Richtige und übrigens auch das, was er sowieso tun wollte.[63]

---

[62] Pieper Joseph, a.a.O., S. 32
[63] Pieper Joseph, a.a.O., S. 33

3. Politische Manipulation von Machiavelli bis heute

«Milde, Treue, Menschlichkeit, Redlichkeit und Frömmigkeit zur Schau tragen und […] vor dem Schlechten nicht zurückschrecken.» (Niccolo Machiavelli. Der Fürst)[64]

«Psychologische Operationen sind ein zusätzliches Waffensystem, um eine Mission zu erfüllen, die ein militärischer Kommandant befiehlt.»[65] (Larry Dietz, Verantwortlicher für Psychologische Operationen bei der US-Armee und der Nato)

In der Geschichte haben autoritäre Regime und Diktatoren verschiedene Praktiken entwickelt, um die Menschen willfährig zu machen. Dass sie es für nötig befanden, die Menschen mit Manipulation und Propaganda zu beeinflussen, zeigt, dass Zwangsmittel allein nicht genügen.

Machiavelli – ein politischer Manipulator

Vor 500 Jahren verfasste Niccolo Machiavelli seine Schrift «Der Fürst». Damit stellte er den Despoten der Renaissance eine Sammlung von Ratschlägen und Belehrungen zur Verfügung, wie sie ihre Macht vergrössern und trotzdem als Wohltäter dastehen konnten. Für Machiavelli bedeuteten Macht und Ruhm alles, Güte und Menschlichkeit nichts. Er lobte diejenigen Despoten als mächtig und erfolgreich, «die es mit der Treue nicht genau nahmen und es verstanden, durch List die Menschen zu umgarnen». Ein Herrscher müsse, so schrieb er, «Milde, Treue, Menschlichkeit, Redlichkeit und Frömmigkeit zur Schau tragen», diese Eigenschaften aber wenn nötig brutal «in ihr Gegenteil verkehren». Auch dürfe er «vor dem Schlech-

---

[64] Machiavelli Niccolo. Der Fürst (1513). Stuttgart: Reclam 1961, S. 103–105

[65] «Psychological Operations in the military context is another weapons system to accomplish the mission set by the commander.» Dietz Larry. Psychological Operations. Interview von Naef Wanja Eric in: Infocon Magazine Issue One, October 2003. www.iwar.org.uk/infocon/psyop-dietz.htm, 31.12.2008

ten nicht zurückschrecken» und müsse fähig sein, «sich zu drehen und zu wenden nach dem Winde».[66]

Machiavellis «Der Fürst» wird auf gewissen Managerseminaren und PR-Schulungen immer noch als Grundlagentext verwendet. Der Ratgeber aus dem 16. Jahrhundert wurde sogar für die «moderne» politische Praxis umgeschrieben.[67] Heutige Spin doctors benutzen Machiavellis Rezepte; sie werfen dem Renaissance-Autor lediglich vor, er sei zu offen gewesen. Sie ziehen es vor, verdeckt vorzugehen und ihre Vorgehensweisen mit Worthülsen wie «Kommunikation» zu bemänteln.

Machiavellis Machtverherrlichung wird oft als Ausdruck seiner Zeit entschuldigt. Das mag zum Teil zutreffen, scheint aber zu kurz gegriffen. In derselben Epoche lebten auch humanitär gesinnte, mutige Persönlichkeiten, wie etwa der spanische Jurist und Dominikanermönch Bartolomé de Las Casas, der sich für eine menschliche Behandlung der Indianer einsetzte.[68] Unerschrocken nahm er gegen Folter und Sklaverei Stellung. Persönlichkeiten wie de Las Casas sind es, die zum Fortschritt der menschlichen Kultur und Gesellschaft beitragen.

Die Stasi-Richtlinien Nr. 1/76

Auch das Zwangsregime der ehemaligen Deutschen Demokratischen Republik (DDR) hatte seine Methoden, um die Bürgerinnen und Bürger gefügig zu machen. «Operative Psychologie» hiess das psychotechnische Steuerungsinstrument. Das Ministerium für Staatssicherheit, kurz Stasi, setzte ein ganzes Arsenal manipulativer Psychotechniken ein, um Kritiker auszuschalten. Dissidenten wurden systematisch unter Druck gesetzt, isoliert und verunsichert – «zersetzt», wie es im Stasi-Jargon hiess. Das Ziel war, regimekritische Personen und Gruppen zum Schwei-

---

[66] Machiavelli, Niccolo, a.a.O., S. 103 ff.

[67] Kappeler Beat. Warum tappen Manager stets ins Fettnäpfchen? In: Weltwoche 1/2000

[68] Bordat Josef. Gerechtigkeit und Wohlwollen. Das Völkerrechtskonzept des Bartolomé de Las Casas. Dissertation. Aachen 2006

gen zu bringen. Die Stasi-Richtlinie Nr. 1/76 aus dem Jahre 1976, «Zur Entwicklung und Bearbeitung Operativer Vorgänge (OV)», empfiehlt folgende Techniken als «bewährte anzuwendende Formen der Zersetzung»:[69]

- *«systematische Diskreditierung des öffentlichen Rufes, des Ansehens und des Prestiges auf der Grundlage miteinander verbundener wahrer, überprüfbarer und diskreditierender sowie unwahrer, glaubhafter, nicht widerlegbarer und damit ebenfalls diskreditierender Angaben […]*
- *systematische Organisierung beruflicher und gesellschaftlicher Misserfolge zur Untergrabung des Selbstvertrauens einzelner Personen*
- *die gezielte Verbreitung von Gerüchten über bestimmte Personen einer Gruppe, Gruppierung oder Organisation […]*
- *zielstrebige Untergrabung von Überzeugungen im Zusammenhang mit bestimmten Idealen, Vorbildern […]*
- *Erzeugen von Misstrauen und gegenseitigen Verdächtigungen innerhalb von Gruppen, Gruppierungen und Organisationen*
- *Erzeugen bzw. Ausnutzen und Verstärken von Rivalitäten innerhalb von Gruppen, Gruppierungen und Organisationen durch zielgerichtete Ausnutzung persönlicher Schwächen einzelner Mitglieder […]*
- *das Heranführen bzw. der Einsatz von IM [«inoffiziellen Mitarbeitern» = Agenten], legendiert als Kuriere der Zentrale, Vertrauenspersonen des Leiters der Gruppe, übergeordnete Personen, Beauftragte von zuständigen Stellen aus dem Operationsgebiet, andere Verbindungspersonen usw.»*

Im Buch «Zersetzung der Seele. Psychologie und Psychiatrie im Dienste der Stasi» werden die zerstörerischen Auswirkungen dieser menschenverachtenden Techniken auf die menschliche Seele und auf die menschlichen Beziehungen beschrieben.[70]

---

69 Richtlinie Nr. 1/76 zur Entwicklung und Bearbeitung Operativer Vorgänge. Ministerium für Staatssicherheit der Deutschen Demokratischen Republik. Berlin 1976

70 Behnke, Klaus & Fuchs Jürgen (Hrsg.). Zersetzung der Seele. Psychologie und Psychiatrie im Dienste der Stasi. Hamburg 1995

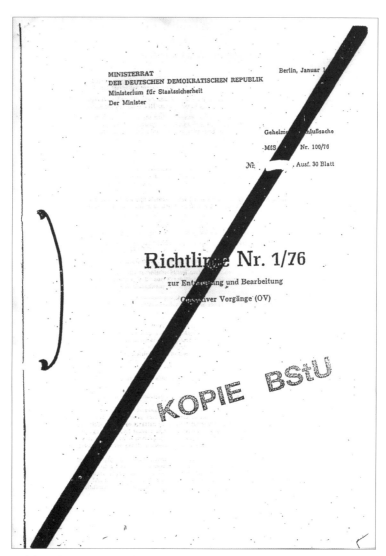

Richtlinie des Ministeriums für Staatssicherheit der ehemaligen DDR zur «Entwicklung und Bearbeitung Operativer Vorgänge». Berlin 1976

Zersetzungsmaßnahmen können sich sowohl gegen Gruppen, Gruppierungen und Organisationen als auch gegen einzelne Personen richten und als relativ selbständige Art des Abschlusses Operativer Vorgänge oder im Zusammenhang mit anderen Abschlußarten angewandt werden.

Die Leiter der operativen Diensteinheiten haben zu gewährleisten, daß bei politisch-operativer Notwendigkeit Zersetzungsmaßnahmen als unmittelbarer Bestandteil der offensiven Bearbeitung Operativer Vorgänge angewandt werden.

Zersetzungsmaßnahmen sind insbesondere anzuwenden: .

- wenn in der Bearbeitung Operativer Vorgänge die erforderlichen Beweise für das Vorliegen eines Staatsverbrechens oder einer anderen Straftat erarbeitet wurden und der jeweilige Operative Vorgang aus politischen und politisch-operativen Gründen im Interesse der Realisierung eines höheren gesellschaftlichen Nutzens nicht mit strafrechtlichen Maßnahmen abgeschlossen werden soll;

- im Zusammenhang mit der Durchführung strafrechtlicher Maßnahmen, insbesondere zur Zerschlagung feindlicher Gruppen sowie zur Einschränkung bzw. Unterbindung der Wirksamkeit feindlichnegativer Handlungen;

- zur wirksamen vorbeugenden Bekämpfung staatsfeindlicher Tätigkeit und anderer feindlich-negativer Handlungen, wie z. B.

  zur Verhinderung des staatsfeindlichen Wirksamwerdens negativer Gruppierungen,

  zur Einschränkung der Wirksamkeit politisch zersetzender Auffassungen bzw. von schadensverursachenden Handlungen,

  gegen Organisatoren und Hintermänner staatsfeindlicher Tätigkeit im Operationsgebiet;

- gegen Personen, Personengruppen und Organisationen, von denen Aktivitäten zur Verbreitung bzw. Forcierung der politisch-ideologischen Diversion und anderer subversiver Maßnahmen gegen die DDR ausgehen.

2.6.2. Formen, Mittel und Methoden der Zersetzung

Die Festlegung der durchzuführenden Zersetzungsmaßnahmen hat auf der Grundlage der exakten Einschätzung der erreichten Ergebnisse der Bearbeitung des jeweiligen Operativen Vorganges, insbesondere der erarbeiteten Ansatzpunkte sowie der Individualität der bearbeiteten Personen und in Abhängigkeit von der jeweils zu erreichenden Zielstellung zu erfolgen.

Bewährte anzuwendende Formen der Zersetzung sind:

- systematische Diskreditierung des öffentlichen Rufes, des Ansehens und des Prestiges auf der Grundlage miteinander verbundener wahrer, überprüfbarer und diskreditierender sowie unwahrer, glaubhafter, nicht widerlegbarer und damit ebenfalls diskreditierender Angaben;

- systematische Organisierung beruflicher und gesellschaftlicher Mißerfolge zur Untergrabung des Selbstvertrauens einzelner Personen;

— zielstrebige Untergrabung von Überzeugungen im Zusammenhang mit
bestimmten Idealen, Vorbildern usw. und die Erzeugung von Zweifeln
an der persönlichen Perspektive;

— Erzeugen von Mißtrauen und gegenseitigen Verdächtigungen innerhalb
von Gruppen, Gruppierungen und Organisationen;

— Erzeugen bzw. Ausnutzen und Verstärken von Rivalitäten innerhalb
von Gruppen, Gruppierungen und Organisationen durch zielgerichtete
Ausnutzung persönlicher Schwächen einzelner Mitglieder;

— Beschäftigung von Gruppen, Gruppierungen und Organisationen mit
ihren internen Problemen mit dem Ziel der Einschränkung ihrer
feindlich-negativen Handlungen;

— örtliches und zeitliches Unterbinden bzw. Einschränken der gegenseitigen Beziehungen der Mitglieder einer Gruppe, Gruppierung oder
Organisation auf der Grundlage geltender gesetzlicher Bestimmungen,
z. B. durch Arbeitsplatzbindungen, Zuweisung örtlich entfernt liegen-
der Arbeitsplätze usw.

Bei der Durchführung von Zersetzungsmaßnahmen sind vorrangig zuver-
lässige, bewährte, für die Lösung dieser Aufgaben geeignete IM einzusetzen.

Bewährte Mittel und Methoden der Zersetzung sind:

— das Heranführen bzw. der Einsatz von IM, legendiert als Kuriere der
Zentrale, Vertrauenspersonen des Leiters der Gruppe, übergeordnete
Personen, Beauftragte von zuständigen Stellen aus dem Operations-
gebiet, andere Verbindungspersonen usw.;

— die Verwendung anonymer oder pseudonymer Briefe, Telegramme,
Telefonanrufe usw.; kompromittierender Fotos, z. B. von stattgefun-
denen oder vorgetäuschten Begegnungen;

— die gezielte Verbreitung von Gerüchten über bestimmte Personen
einer Gruppe, Gruppierung oder Organisation;

— gezielte Indiskretionen bzw. das Vortäuschen einer Dekonspiration
von Abwehrmaßnahmen des MfS;

— die Vorladung von Personen zu staatlichen Dienststellen oder gesellschaftlichen Organisationen mit glaubhafter oder unglaubhafter Begründung.

Diese Mittel und Methoden sind entsprechend den konkreten Bedingungen des jeweiligen Operativen Vorganges schöpferisch und differenziert
anzuwenden, auszubauen und weiterzuentwickeln.

2.6.3. Das Vorgehen bei der Ausarbeitung und Durchführung von Zersetzungsmaßnahmen

Voraussetzung und Grundlage für die Ausarbeitung wirksamer Zersetzungsmaßnahmen ist die gründliche Analyse des Operativen Vorganges,
insbesondere zur Herausarbeitung geeigneter Anknüpfungspunkte, wie
vorhandener Widersprüche, Differenzen bzw. von kompromittierendem
Material.

Nach dem Mauerfall und dem Zusammenbruch der Sowjetunion hofften viele, solche Methoden würden verschwinden. Dies war leider nicht der Fall. Sie haben aber nur ihr Gesicht verändert.

«Soft Power» – die amerikanische Methode

Amerikanische Spin doctors setzen auf «Soft Power» (sanfte Gewalt). Diese Form der Propaganda ist im Vergleich zu den kommunistischen Methoden diskreter, subtiler und «gefälliger» geworden. Joseph S. Nye, amerikanischer Regierungsberater und Harvard-Professor, führte den Begriff «Soft Power» ein.[71] Er bezeichnet sie als ein ausgezeichnetes Instrument, um die Welt dazu zu bringen, «freiwillig» das zu tun, was Amerika wolle. «Soft Power» beruht, so Nye, auf «Glaubwürdigkeit», weshalb die Träger einer «Soft Power»-Kampagne Glaubwürdigkeit ausstrahlen müssten. Auf keinen Fall dürfe das Pentagon als Urheber in Erscheinung treten. «Soft Power» muss von unverdächtigen Quellen wie kulturellen Programmen, Austauschprogrammen für Studenten, Radio- oder Fernsehsendungen ausgehen.[72]

Auch Hollywoodfilme seien hervorragend für «Soft Power» geeignet, schwärmt der US-Berater, denn sie transportieren, zusammen mit Konsumismus, Sex und Gewalt, amerikanische Werte wie Individualismus und Freiheit – auch für Frauen, ohne als Kriegspropaganda erkennbar zu sein. Unterhaltungsfilme

---

71   Nye Joseph S.: Bound to Lead. The Changing Nature of American Power. New York 1992

72   Nye Joseph S. Propaganda isn't the Way: «Soft Power». In: The International Herald Tribune, 10.1.2003. www.ksg.harvard.edu/news/opeds/2003/nye_soft_power_iht_011003.htm, 18.08.2006. Offensichtlich hat die US-Regierung Nyes Vorschläge umgesetzt. 2006 stellte die Bush-Administration einen dringenden Antrag an den Kongress, das Propaganda-Budget für Iran(!) von 10 auf 75 Millionen Dollar zu erhöhen, um iranische Dissidenten-Netzwerke aufzubauen, Iranern ein Studium in Amerika zu ermöglichen und ein Farsi-Programm (Farsi = Persisch) der «Voice of America» (VOA) rund um die Uhr in den Iran zu senden. Vgl. The Guardian, 17.2.2006. Ausserdem wird das US-gesponserte arabische Fernsehprogramm al-Hurra ausgebaut. Vgl. Mehr US-Beiträge für Arabien. Programmausbau der Voice of America. Neue Zürcher Zeitung, 10. Februar 2006

seien als Träger von unterschwelligen Propagandabotschaften besonders geeignet, unterstreicht der Autor, weil durch sie junge Menschen in der ganzen Welt angesprochen und für die amerikanische Kultur und für amerikanische Ziele gewonnen würden. Denn Teenager rund um den Globus würden Hollywoodfilme schauen, auch wenn diese Filme in den betreffenden Ländern verboten seien.[73]

Die öffentliche Meinung «formen»

Die Gesinnung, die hinter «Soft Power» steckt, ist alles andere als «soft». «Soft Power» ist nur eine Begleitmassnahme zur «Hard Power», der «harten Macht», also zu militärischen Interventionen und wirtschaftlichen Druckmitteln. Sowohl «Soft Power» als auch Hard Power seien nötig, schreibt Nye, «um anderen [Ländern] den eigenen Willen aufzuzwingen» und «das zu bekommen, was man wolle». «Soft Power» und Hard Power sind wie «Zuckerbrot und Peitsche». Im «Krieg gegen den Terrorismus» brauche es beides, propagiert der Spin doctor, nur sei «Soft Power» billiger:

> «Verlocken und Überzeugen ist billiger als militärische und wirtschaftliche Machtausübung. Deshalb muss das Mittel der «Soft Power» ständig gepflegt und weiterentwickelt werden.»[74]

Mit «Soft Power» sei es möglich, so der Autor, die öffentliche Meinung in einer Weise zu formen, wie das blosse Propaganda nie könnte.

«Soft Power» kommt schmeichlerisch und ansprechend daher, ohne Gegensätze und Härten. Weil sie von unverdächtigen Quellen ausgeht, wird sie im allgemeinen nicht als Propaganda erkannt. Die Methode wirkt unterschwellig wie Hypnose, das kritische Denken wird umgangen. Das macht die Methode so heimtückisch.

---

[73] Nye Joseph S.: Propaganda isn't the Way, a.a.O.
[74] Nye Joseph S.: Propaganda isn't the Way, a.a.O. (Übers. J.B.)

US-Bataillone für psychologische Kriegsführung

Der Begriff ««Soft Power»» benennt eine Praxis, welche das US-Militär seit dem Zweiten Weltkrieg betreibt. Während des Vietnam-Krieges war ein ganzes Bataillon damit beschäftigt, die öffentliche Meinung für den Krieg zu beeinflussen.[75] Nur dank entschlossenen und unabhängigen Persönlichkeiten wurden die Greueltaten des Vietnam-Krieges aufgedeckt.[76] Doch im Pentagon ist man heute noch der Meinung, das Problem des Vietnam-Krieges sei in erster Linie «ungenügende Kommunikation» gewesen.[77]

Um die «Kommunikation» zu optimieren, wurde die «PsyOp»-Gruppe der US-Armee laut offiziellen Quellen auf 1300 «Kommunikationsprofis» ausgebaut und soll bis ins Jahr 2011 auf 2300 Mitarbeiter erhöht werden.[78] Laut AP-Recherchen verfügt das Pentagon allerdings bereits heute über eine «globale Propaganda-Maschine» mit 27 000(!) Mitarbeitern, welche «die Meinung der Weltöffentlichkeit [...] steuern». Zudem arbeite ein ganzer Stab von Hollywood-Studios mit dem Pentagon zusammen, um Propagandafilme und TV-Serien für die US-Kriege zu produzieren.[79]

Die «4th Psychological Operations Group» auf Fort Bragg (North Carolina) wird von 3700 Reservisten unterstützt, welche den Vollzeit-Spin doctors im Rahmen militärischer Einsätze zuarbeiten.[80] Auch im Irak sind solche «PsyOp»-Reservisten im Einsatz. Dies wurde publik,weil neun von ihnen bei einem

---

[75] A Brief History of Special Operation Forces. www.soc.mil/sofinfo/history.shtml (13.11.2006)

[76] Der Investigativjournalist Seymour Hersh brachte 1969 das Massaker des amerikanischen Militärs an der vietnamesischen Zivilbevölkerung in My Lai ans Licht

[77] Lying for the commander in chief. International Herald Tribune, 29.4.2008

[78] www.globalsecurity.org/military/agency/army/4psyopgp.htm (13.11.2006)

[79] Brupbacher Marc. 27 000 PR-Berater polieren Image der USA. In: Tages-Anzeiger online, 11.2.2009; Roder Alexandra. USA baute riesigen Propagandaapparat auf. In: www.20min.ch/news (12.2.2009)

[80] www.psywarrior.com/ReserveRole.html (13.11.2006) www.globalsecurity.org/military/agency/army/4psyopgp.htm (13.11.2006)

Anschlag auf ein Munitionsdepot ums Leben kamen und auf der offiziellen Opferliste aufgeführt waren.[81]

«PsyOp» – ein zusätzliches Waffensystem

Larry Dietz, ein hochrangiger, auf psychologische Kriegsführung spezialisierter US-Militär, betreute die Nato-«Informationskampagne» im Bosnien-Krieg. Er definiert «PsyOp» so:

> *«Psychologische Operationen sind ein zusätzliches Waffensystem, um eine Mission zu erfüllen, die ein militärischer Kommandant befiehlt […]. Das Ziel von PsyOp besteht darin, das Verhalten [von Zielpersonen] im Sinne des militärischen Kommandos zu beeinflussen.»*[82]

«PsyOp» wird sowohl im eigenen Land als auch auf andere Länder angewendet. Auf die eigenen Bürger zielte eine Manipulationskampagne des Pentagons, als es eine Gruppe von 75 pensionierten hohen Militärs anheuerte, darunter mehrere ehemalige Generäle und Admiräle. Diese traten als «Experten» im Fernsehen auf und machten Propaganda für die «Linie des Pentagons» im Irak-Krieg.[83] Sie wurden wegen ihres hohen Prestiges ausgewählt, da pensionierte hochrangige Militärs eine Aura von Unabhängigkeit und Kompetenz haben. Die gekauften Experten war aber alles andere als unabhängig. Viele hatten Geschäftsbeziehungen zum Pentagon und Beraterverträge mit der Rüstungsindustrie. Doch nicht genug, das Pentagon heuerte zusätzlich Schauspieler an, die in vorgetäuschten «Nachrichtensendungen» als Journalisten auftraten und positive Meldungen über den Irak-Krieg verbreiteten. Als der Be-

---

[81] Folgen eines Angriffs – 300 US-Soldaten getötet oder verletzt? www.freace.de/artikel/200610/221006a.html (13.11.2006)

[82] Dietz Larry. Psychological Operations. Interview. Infocon Magazine I, October 2003. www.iwar.org.uk/infocon/psyop-dietz.htm (13.11.2006)

[83] They «could best market the pentagon line, particularly on television […] [and] sell the war». Vgl. Lying for the commander in chief. International Herald Tribune, 29.4.2008

trug aufflog, scheute das Pentagon sich nicht, weiter zu lügen, das Ziel der Aktion sei gewesen, «die Öffentlichkeit ehrlich [!] über die Zusammenhänge im Irak zu informieren».[84]

Kontrolle über Radio- und Fernsehstationen

In Ländern, die von US-Truppen besetzt werden sollen, ist es laut Dietz unerlässlich, die Bevölkerung psychologisch «vorzubereiten». Zu diesem Zweck müsse man, so Dietz, möglichst schnell die Kontrolle über die Radio- und Fernsehstationen erlangen und den rechtmässigen Eigentümern der Sender den Zugang zum Publikum verwehren. Denn nur dann könne man wirksam Einfluss auf die öffentliche Meinung nehmen.

Bei der Planung der Propagandamassnahmen sind laut Dietz stets drei Zielgruppen zu unterscheiden: Rot, Gelb und Grün. Die rote Gruppe ist den Invasoren gegenüber feindlich gesinnt und kaum zu beeinflussen. Die grüne Gruppe hasst vor allem die rote Gruppe und entscheidet meist im Gegensatz zu dieser. Ihr muss eine gewisse Aufmerksamkeit geschenkt werden. Wichtig ist aber in erster Linie die gelbe Gruppe, welche bezüglich ihrer Einstellung in der Mitte zwischen rot und grün liegt. Sie ist in ihrer Meinung oft schwankend. Die gelbe Gruppe ist die zentrale Zielgruppe der Propaganda. Der «PsyOp»-Experte betont: «Die gelbe Gruppe ist diejenige mit dem grössten Potential. Diese Leute müssen Sie beeinflussen!»[85]

Psychologische Operation «Killerspiele»

Eine weitere Zielgruppe von «PsyOp» sind Kinder und Jugendliche – ein besonders finsteres Kapitel. Um die Tötungsraten bei militärischen Einsätzen zu erhöhen, setzt das Pentagon Simulatoren ein, an denen das routinemässige Töten geübt wird. Mit diesen wird den Soldaten die natürliche Tötungs-

---

[84]   Zwielichtige Medienfunktion pensionierter US-Militärs. Neue Zürcher Zeitung, 25.4.2008

[85]   Dietz, a.a.O.

hemmung abtrainiert. Sie üben das schnelle und automatische Töten möglichst vieler Menschen.

Vor einigen Jahren schloss das Pentagon Verträge mit Hollywood ab.[86] Die Film- und Unterhaltungsindustrie versah die militärischen Mordsimulatoren mit einem «attraktiven» Design und vermarktete sie als «Kinderspiele».[87] Heute findet man «Killerspiele» in grosser Zahl und unzähligen Varianten in fast jedem Spielwarengeschäft oder Warenhaus auf der ganzen Welt. Globale Konzerne wie «Electronic Arts» und andere verdienen damit gigantische Summen – es handelt sich um einen der grössten Wachstumsmärkte in einer stagnierenden globalen Wirtschaft.[88] Pädagogikprofessoren werden von der Computerindustrie bezahlt, den Eltern und Lehrern einzureden, «Killerspiele» seien harmlos.[89]

In Wirklichkeit bewirken diese «Spiele» bei Kindern und Jugendlichen genau das gleiche wie bei den Soldaten: Sie gewöhnen sie ans Töten und verrohen das Gefühl.[90] Nicht selten bilden Szenen wie aus Abu Ghraib, Guantánamo oder dem Irak-Krieg die Kulisse. An den Bildschirmen wird systematisches und exzessives Töten geübt mit Waffen vom Maschinengewehr bis zur Kettensäge; Menschen werden gedemütigt, gefoltert, verstümmelt, zerstückelt, erschossen und zersägt.

Man kommt fast nicht umhin, den weltweiten Einsatz der «Killerspiele» als grossangelegte psychologische Operation

---

[86] War Games: The Pentagon Wants What Hollywood's Got. The Nation, 3.4.2000

[87] Ostbomk-Fischer Elke. Menschenbild und Medienbildung. Killerspiele im Diskurs zwischen Wissenschaft und Praxis. *Zeit-Fragen*, 7.7.2008 (Ostbomk-Fischer ist Professorin für Sozialpädagogik an der Fachhochschule Köln)

[88] Wie kommt der Krieg in die Köpfe – und in die Herzen? Kölner Aufruf gegen Computergewalt. Prof. Dr. Maria Mies. Blumenstrasse 9, 50670 Köln. koelner.aufruf@gmx.de

[89] Zum Beispiel Jürgen Fritz von der Fachhochschule Köln, Institut für Medienpädagogik. Vgl. Mies Maria. Verharmlosung von Gewaltspielen muss aufhören! Komplizenschaft der Hochschulen mit der Medienindustrie, in: *Zeit-Fragen*, 31.3.2008

[90] Grossmann Dave. Warum töten wir? Interview mit dem Militärpsychologen Colonel Dave Grossmann. Kinder sind wie Soldaten: man kann sie lehren, Menschen umzubringen. Die Zeit, 23.9.1999; Grossman Dave & DeGaetano Gloria. Wer hat unseren Kindern das Töten beigebracht? Stuttgart 2002

einzuordnen, mittels welcher die heranwachsende Generation auf geplante Kriege vorbereitet und ans Töten gewöhnt werden soll. Wenn der politische Wille vorhanden wäre, könnte man diese «Spiele» sofort verbieten.

Ergänzender interpersonaler Kontakt

Nicht immer genügt es, die Menschen über die Medien zu beeinflussen. In vielen Fällen ist der «ergänzende interpersonale face-to-face Kontakt» erforderlich, um die Medienbotschaften wirksam werden zu lassen. Soziologen formulieren das so:

> *«Die Forschung lässt erkennen», dass ein «ergänzender interpersonaler (face-to-face) Kontakt» oft hilfreich ist, um «eine publizistische Aussage wirksam [zu] übertragen.»*[91]

In städtischen Gebieten, wo viele Menschen relativ isoliert leben und vermehrt auf die Medien angewiesen sind, genügt in der Regel die Beeinflussung über diese.

In ländlichen Gemeinden und Gebieten hingegen, wo vielfach intakte soziale Netze und Familienstrukturen vorhanden sind, tauschen sich die Menschen vermehrt aus. Sie erfahren mehr darüber, wie andere leben und denken. Deshalb sind sie weniger beeinflussbar durch die Medien. Im Spin-doctor-Jargon wird das so formuliert:

> *«Die Agenda-Setting-Kraft der Medien ist dann relativ gering, wenn die Mediennutzer sich verstärkt auf enge Sozialkontakte und informelle, nicht mediatisierte Kommunikation verlassen.»*[92]

Deshalb greifen Spin doctors in solchen Regionen auf den «er-

---

[91] Lazarsfeld Paul F. & Merton, Robert K.: Massenkommunikation, Publikumsgeschmack und organisiertes Sozialverhalten. In: Aufermann Jörg et al. (Hrsg.): Gesellschaftliche Kommunikation und Information. Frankfurt 1973, S. 447–470

[92] Rybarczyk Christoph: Great Communicators? Der Präsident, seine PR, die Medien und ihr Publikum. Eine Studie zur politischen Kommunikation in den USA. Hamburg: LIT 1997, S. 36. Mit «Agenda-Setting» ist gemeint, dass die Medien darüber entscheiden, welche Themen diskutiert werden und welche nicht.

gänzenden interpersonalen Kontakt» zurück. Sie fädeln beispielsweise Kontakte mit lokalen Verantwortungsträgern ein, um ihre Botschaften an gut besuchten und beliebten Anlässen wie 1.-August-Feiern, lokalen Parteiversammlungen oder Firmenveranstaltungen zu verbreiten. Referate an solchen Anlässen haben eine viel grössere Überzeugungskraft als dieselben Referate in Radio oder Fernsehen. Denn sie finden «face-to-face» und im vertrauten Rahmen statt. Die Referenten werden oft von lokalen Vertrauenspersonen wie Gemeinderäten, Parteipräsidenten oder Firmenchefs eingeladen.

Gelenkte «Publikumsdiskussion»

Auch die Kommunikationsberater des Bundesrates machen von der Face-to-face-Technik Gebrauch. Regelmässig vor wichtigen Abstimmungen schicken sie die Bundesräte auf Werbetournee. Dabei überlassen sie nichts dem Zufall. Die meist eingeplante Publikumsdiskussion soll vorführen, dass der Bundesrat das Gespräch mit dem Volk sucht.

In Wirklichkeit wird an solchen Anlässen oft alles unternommen, damit gerade keine Diskussion aufkommt. Mit eigenartigen Vorgaben wie: «Bitte sprechen Sie nur eine Minute!», «Bitte keine Statements!» oder «Es dürfen nur Fragen gestellt werden!», wird das Publikum von Anfang an eingeschüchtert und diszipliniert. Zuweilen werden auch Begleitpersonen des Podiums im Publikum verteilt, welche bevorzugt zu Wort kommen und mit vorher abgesprochenen Beiträgen Stimmung im Sinne des Bundesrates machen. Kritiker werden nicht selten lächerlich gemacht oder sogar beschimpft. So rief Bundesrat Joseph Deiss an einer solchen Veranstaltung ins Publikum: «Fort mit den Protektionisten, den Barrikadeuren und Betonneuren!»[93] Wenn zu solchen Methoden gegriffen wird, fragt man sich, um was es wirklich geht.

---

[93] Deiss warb für ein Ja bei den Abstimmungen über die Verträge mit der Europäischen Union über die Ausdehnung der Personenfreizügigkeit und die Schengen/Dublin-Abkommen. Vgl. Aargauer Zeitung, 7.2.2005. Bericht über die Delegiertenversammlung der CVP in Auvernier, 5.2.2005

4. Manipulative Psychotechniken

«Neurolinguistisches Programmieren ist das beste Manipulationsmodell, das ich kenne. Haben Sie ein Problem mit Manipulation?[94] (John Grinder, Mitbegründer des Neurolinguistischen Programmierens)

«Psychologinnen und Psychologen […] achten die Rechte und Würde des Anderen; sie […] hüten sich davor, das Selbstbestimmungsrecht von Mitmenschen einzuschränken.»[95] (Ethische Richtlinien der Schweizerischen Gesellschaft für Psychologie)

Wissenschaft ohne Ethik kann zum gefährlichen Herrschaftsinstrument werden. Dies belegen Beispiele aus der Geschichte. Auch die Psychologie lässt sich zur Machtausübung missbrauchen. So wenden Spin doctors Erkenntnisse der Psychologie an, um politische Propaganda zu betreiben. Solcher Missbrauch ist besonders verwerflich, weil die Psychologie als Instrument der Hilfeleistung für den Einzelnen geschaffen wurde. Dort hat sie ihren Platz. Zudem kann sie wertvolle Beiträge zu einer humaneren Gestaltung des menschlichen Zusammenlebens leisten. Psychologische Erkenntnisse dürfen nur dazu dienen, den Menschen ein Zusammenleben in Würde und Frieden zu ermöglichen. Manipulation und Propaganda verletzen das Selbstbestimmungsrecht und die Würde des Menschen.

NLP – eine Manipulationsmethode aus Amerika

«Neurolinguistisches Programmieren» (NLP) ist eine manipulative Psychotechnik aus Amerika, welche von einem Informatiker und einem Linguisten entwickelt wurde. Die bei-

---

[94] «NLP is the best manipulation model I know. Is there a problem with manipulation?» TV-Dokumentation «Vom Umgang mit der Wirklichkeit». 3sat, 30. Januar 2006

[95] Ethische Richtlinien der Schweizerischen Gesellschaft für Psychologie (SGP). Angenommen durch die Generalversammlung am 14.10.2003, S. 2 (www.ssp-sgp.ch/pdfs/Eth_Richtl_SGP_2003.pdf)

den Begründer propagieren ihre Technik als «therapeutische Methode».[96] Doch in der Fachwelt ist sie wegen ihres manipulativen Potentials sehr umstritten.[97] John Grinder, einer der Begründer, gab in zynischer Offenheit zu: «NLP ist das beste Manipulationsmodell, das ich kenne. Haben Sie ein Problem mit Manipulation?»[98]

Allein diese Aussage zeigt, wie fragwürdig das Verfahren ist. Wirkliche psychotherapeutische Hilfeleistung hat nichts mit Manipulation zu tun. Sie beruht auf Gleichwertigkeit und stärkt die Eigenständigkeit des Menschen.[99]

Die Bezeichnung «Neurolinguistisches Programmieren» will besagen, dass der Mensch über die Wahrnehmung («Neuro») mittels sprachlicher Botschaften (linguistisch) «programmiert» (beziehungsweise umprogrammiert) werden soll. Zu diesem Zweck verwendet NLP verschiedene Techniken. Die Hypnose spielt dabei eine wichtige Rolle. Im NLP wurde eine ganze «Sammlung höchst wirksamer Kommunikations- und Veränderungstechniken» zu einem Manipulationsinstrument zusammengeschmolzen,[100] mit dem man «die Persönlichkeit [angeblich] auf Wunsch bis in den Kern der Identität hinein» verändern könne.[101] Diese Behauptung eines NLP-Vertreters ist zwar stark übertrieben, zeigt aber die Haltung, welche hinter der Methode steht.

---

[96]   Richard Bandler (Informatiker) und John Grinder (Linguist)

[97]   NLP wird auch zur Selbstentspannung eingesetzt. Diese Anwendung ist unbedenklich

[98]   TV-Dokumentation «Vom Umgang mit der Wirklichkeit». 3sat, 30. Januar 2006

[99]   Personale Ansätze der Psychotherapie sind beispielsweise die Individualpsychologie nach Alfred Adler, die Ich-Psychologie (z.B. nach Stavros Mentzos), die Neo-Psychoanalyse (z.B. nach Frieda Fromm-Reichmann und Harry Stack Sullivan), die Logotherapie nach Viktor E. Frankl, die Daseinsanalyse (nach Ludwig Binswanger und Medard Boss) und weitere. Vgl. Arbeitsgemeinschaft für Personale Psychologie. Grundlagen einer Personalen Psychologie. Wattwil 2001 (zu beziehen bei der Autorin)

[100]   Stahl Thies: Neurolinguistisches Programmieren (NLP). Was es kann, wie es wirkt und wem es hilft. Mannheim: PAL 1992, S. 13

[101]   Stahl Thies (NLP-Trainer), zitiert nach: Kobler Hans Peter. Neue Lehrer braucht das Land – Kommunikation & Lernen. Paderborn 1995, S. 20

Fragwürdige Glaubenssätze

Das Neurolinguistische Programmieren beruht auf verschiedenen «Glaubenssätzen». Einer davon lautet, die Realität sei nicht wichtig, denn jeder Mensch habe seine eigene Realität.[102] Ein zweiter besagt, es gebe keine Fehler und kein Versagen, und ein dritter behauptet, hinter jedem Verhalten stecke eine positive Absicht.[103]

Diese Glaubenssätze sind nicht ungefährlich. Denn wenn es keine Realität, keine Fehler und keine schlechten Absichten gäbe, dann gäbe es auch keinen Massstab, an dem Recht und Unrecht gemessen werden könnten. Opfer von Gewalttaten und Unrecht könnten keine Hilfe oder Wiedergutmachung mehr erwarten, denn die Realität ihrer Wahrnehmung würde grundsätzlich in Frage gestellt. Damit entlarven sich die scheinbar liberalen Glaubenssätze letztlich als Wegbereiter für die Macht des Stärkeren.

Ein weiterer, ebenso fragwürdiger Glaubenssatz des NLP besagt, die Sprache sei nicht als Medium der Mitteilung und Verständigung zu nutzen, sondern ausschliesslich zur Ablenkung und Beeinflussung. Sprache solle dabei auf keinen Fall ihre eigentliche Funktion erfüllen, «nämlich die, zu verstehen». Im Gegenteil solle sie dazu dienen, psychische Zustände «quasi mit Schallwellen zu formen».[104]

Somit fehlt den Worten im Neurolinguistischen Programmieren der reale Bezug. NLP-«Therapeuten» werden geschult, die sprachlichen Ausdrucksweisen ihrer Zielpersonen zu studieren, aufzugreifen und ähnliche Formulierungen zu benutzen. So sollen die Zielpersonen in eine vertrauensvolle Stimmung eingelullt werden. Worte werden damit zu inhaltsleeren «hypnotischen Worthülsen».

---

[102] Dasselbe vertritt auch der «Konstruktivismus»; siehe oben

[103] «Die Glaubenssätze im Wortlaut», in: Stahl Thies. Neurolinguistisches Programmieren, a.a.O., S. 14–19

[104] Stahl Thies. Neurolinguistisches Programmieren, a.a.O., S. 83 f.

Hypnotische Worthülsen

Solche Worthülsen spielen im NLP eine zentrale Rolle. Zwei Vorgehensweisen, das «Pacing» (Im-Gleichschritt-Gehen) und das «Leading» (Führen) beruhen auf ihnen. Beim «Pacing» werden die Zielpersonen mit hypnotischen Sprachmustern in einen entspannten, aufnahmebereiten Gemütszustand versetzt, während das «Leading» ihre Gedanken in die gewünschte Richtung lenkt.[105]

Bestimmte Worte eignen sich speziell als hypnotische Worthülsen, etwa die Begriffe «erfreulich», «gemeinsam», «Engagement» oder «Zukunft». Genau solche Worte tauchen regelmässig in der politischen Propaganda auf. Dies verweist auf die Tatsache, dass NLP in der Politik systematisch verwendet wird.

Eine weitere Anwendung der hypnotischen Technik ist der «juristische Spin». Hier werden Formulierungen mit juristischem Beiklang verwendet wie «rechtliche Grundlagen vorhanden» oder «Vorschriften eingehalten». So verleiht man einer Sache den Anschein von Vertrauenswürdigkeit und Seriosität, so fragwürdig sie auch sein mag. Die genannten Wendungen sind zwar inhaltlich völlig unverbindlich, dienen aber dazu, allfällige Bedenken zu zerstreuen und Widerstand zu lähmen.

Umgekehrt werden mit dem juristischen Spin Vorhaben bekämpft, welche gewissen Politstrategen nicht ins Konzept passen. Solche Vorhaben werden mit demoralisierenden Formulierungen wie «juristisch aussichtslos» oder «juristisch nicht machbar» belegt. So werden Initiativen gezielt geschwächt und deren Träger entmutigt.

Begriffe mit neuem Inhalt füllen

Hypnotische Worthülsen können auch dazu benutzt werden, Begriffe und Wertvorstellungen auszuhöhlen und mit einem neuen Inhalt zu füllen. Diese Methode heisst «Reframing»

---

105 Stahl Thies. Neurolinguistisches Programmieren, a.a.O., S. 20/23

(«In-einen-neuen-Rahmen-Stellen»).[106] Worte mit einer be-stimmten emotionalen Tönung werden in einen neuen Rah-men (frame) gestellt, wo sie etwas völlig anderes bedeuten. Trotzdem bleibt der Gefühlston der eigentlichen Bedeutung an ihnen haften.

Ein Beispiel für Reframing ist die heutige Bedeutungsver-schiebung des Wortes «Kommunikation». Kommunikation bedeutet eigentlich ein gleichwertiges Hin und Her, ein Aus-tausch zwischen Partnern. Doch in der aktuellen Sprachrege-lung heisst der Begriff häufig etwas ganz anderes. Nicht selten soll das Wort «Kommunikation» verschleiern, dass ein attrak-tives «Image» für ein beliebiges «Produkt» aufgebaut wird – sei es für eine Firma, für einen Präsidenten, für ein politisches Projekt oder für einen Krieg. Doch die ursprüngliche positive Gefühlstönung bleibt am Begriff haften.

Reframing im Einsatz

Reframing kam auch im Jahr 2005 bei der Propagandakam-pagne des Bundesrates für die «Erweiterte Personenfreizügig-keit mit der europäischen Union» zum Einsatz. Damals führte Bundesrat Joseph Deiss ständig die Worte «Wachstum» und «Chance» im Munde. An einer Propagandaveranstaltung ver-kündete er: «Mehr Wachstum ist das vordringlichste Ziel!» «Packen wir die Chance!»[107]

Diese Begriffswahl war kein Zufall. Beide Begriffe, «Wachs-tum» und «Chance», sind typische hypnotische Worthülsen. Das Wort «Wachstum» ruft Bilder und Gedanken an spriessen-de Natur und Frühling, an Bäume, junge Menschen und Tiere wach, während das Wort «Chance» an erfreuliche Gelegen-heiten denken lässt, bei denen man etwas Interessantes oder Schönes erleben oder etwas Wertvolles – eine geliebte Person,

---

[106] Bandler Richard & Grinder John. Reframing. Ein ökologischer Ansatz in der Psycho-therapie (NLP). Paderborn 1995

[107] An der Delegiertenversammlung der CVP (vgl. Aargauer Tagblatt, 7.2.2005) und in einem Interview mit «Facts der Wirtschaft» vom Juni 2005 (Hrsg. économiesuisse)

viel Geld oder eine gute berufliche Stellung – gewinnen kann. Der Gefühlston beider Wörter wurde vom Bundesrat durch die Manipulationstechnik gezielt auf die Abstimmungsvorlage übertragen.

Kurz vor der Abstimmung wurden die bundesrätlichen Schlagworte durch Bildbotschaften verstärkt. In der ganzen Schweiz erschienen grossflächige Plakate,[108] auf denen ein in zwei Hälften geteilter Apfelbaum zu sehen war. Die linke Hälfte – sie stand für ein Ja – zeigte einen gesunden, kräftigen Apfelbaum mit rotbackigen Früchten und grünen Blättern vor leuchtend weissem Hintergrund. Auf der rechten Hälfte dagegen – sie stand für ein Nein – war ein kärglicher, ausgetrockneter Baum mit kahlen Ästen und ohne Früchte vor tristem Grau abgebildet. Über der Ja-Hälfte prangte das verführerische Wort «Gewinnen», während rechts das Wort «Verlieren» drohte.

Mit solchen emotionalisierenden Methoden wird die demokratische Auseinandersetzung erstickt. Diese wäre aber bei der betreffenden Abstimmungsvorlage wichtig gewesen – beispielsweise zur Frage, welches «Wachstum» der Bundesrat meinte: ein Wachstum der Wirtschaft im Sinne des Gemeinwohls oder die Gewinnsteigerung für Manager und Konzerne?

Ankern

Auch Sinnesreize wie Bilder, Farben oder Melodien dienen als hypnotische Reize, etwa bei der Manipulationstechnik «Ankern». Beim Ankern werden gewisse sinnliche Reize in Verbindung mit bestimmten Inhalten gebracht. So sollen

---

[108] Die Abstimmung über die «Ausdehnung des Personenfreizügigkeitsabkommens auf die neuen EU-Staaten» fand am 25. September 2005 statt. Die «Kernbotschaften» wurden von scheinbar verschiedenen Quellen verbreitet: vom Bundesrat, von der Wirtschaftslobbyorganisation économiesuisse und von diversen kantonalen Abstimmungskomitees. Die Kampagne war offensichtlich zentral gesteuert. Dieselben Bildbotschaften und Schlagworte kamen im Vorfeld einer weiteren Abstimmung im Februar 2009 erneut zum Einsatz.

diese Inhalte im Unbewussten der Zielpersonen «verankert» werden.[109]

In der Propaganda des Bundesrates für die neue Bundesverfassung diente ein ständig wiederkehrendes Muster von weissen Kreuzchen auf rotem Grund als Anker. Das Logo vermittelte die hypnotische Botschaft, die Werte und Traditionen der Schweiz würden erhalten. Dieses Logo wurde während der ganzen mehrjährigen Abstimmungskampagne eingesetzt, um stets den Vertrauen stiftenden «Déjà-vu-Effekt» zu erzeugen.[110]

Es können auch negative Anker gesetzt werden. So können etwa unangenehme Töne oder hässliche Farbkombinationen in Verbindung mit einer bestimmten Person gebracht werden, welche man in den Augen der Öffentlichkeit schlecht machen will. Da die Ankerungstechnik das Denken unterläuft, spielt sich der Vorgang meist unbewusst ab. Das Perfide daran ist, dass man vielleicht gar nicht darüber nachdenkt, warum man eine Person, deren Meinung man vorher teilte, plötzlich unsympathisch findet.

Eine Handreichung für Spin doctors

In den USA verfasste ein neurolinguistisch geschulter Politberater namens Newt Gingrich eine Handreichung für politische Manipulatoren. Der Spin doctor erklärt darin an die Republikanische Partei gerichtet, wie die Sprache zur Beeinflussung der Wähler zu nutzen sei.[111] Seine Anleitung enthält eine Liste von positiv besetzten Worthülsen wie «Reform», «Vision», «Chance», «mutig» oder «freiheitlich». Diese Begriffe sollen laut Anweisung bei sämtlichen Auftritten und Publikationen

---

[109] Bandler Richard. Time for a Change. Lernen, bessere Entscheidungen zu treffen. Neue NLP-Techniken. Paderborn 1995, S. 54 f., 65, 83 f., 145 f.

[110] Bundeskanzlei. KID-Bericht, S. 44/66

[111] Gingrich Newt. Language: A Key Mechanism of Control (Sprache: ein Schlüsselmechanismus der Kontrolle). Information Clearing House 1996. www.informationclearinghouse.info/article4443.htm, 3.1.2009

der eigenen Partei verwendet werden. Eine zweite Liste dient der Anschwärzung des Gegners. Sie besteht aus Negativ-Begriffen wie «Betrug», «Krise», «intolerant», «obsolet» oder «gefährden». Diese Ausdrücke haben den Zweck, beim Zielpublikum negative Gefühle gegenüber den angegriffenen Personen zu erzeugen.

Gingrich empfahl, bei der Ausarbeitung von Texten und Reden beide Listen systematisch zu verwenden, da die Wirkung dieser Worte machtvoll sei. Dass der Gebrauch solcher Begriffe auch bei uns inflationär ist, zeigt, dass Gingrichs Rat auch bei uns umgesetzt wird.

Künstlicher Gruppendruck durch vorgetäuschten Konsens

Eine weitere manipulative Psychotechnik ist das «Vortäuschen von Konsens zur Erzeugung von künstlichem Gruppendruck». Die Methode wurde in sozialpsychologischen Labors entwickelt und getestet. Der erwähnte Spin doctor Bernays nannte eines seiner Bücher «The Engineering of Consent» – künstliches Herstellen von Konsens.[112] Man stellte fest, dass Versuchspersonen in Gruppen dazu neigen, ihre Meinung einem wahrgenommenen Gruppenkonsens anzupassen. Diese Neigung wird von politischen Manipulatoren skrupellos ausgenutzt. Mit PR- und Propagandamethoden spiegeln sie ihrem Zielpublikum einen «Gruppenkonsens» vor – mit der Absicht, dessen Meinung und Verhalten in eine bestimmte Richtung zu lenken.

Dies wird etwa durch das Einstreuen von Negativ-Worthülsen bewerkstelligt, wie «veraltet», «rückständig» oder «alte Zöpfe». Solche Formulierungen rufen den Eindruck hervor, eine Sache sei nicht mehr zeitgemäss und werde von einer Mehrheit abgelehnt oder belächelt. In Wirklichkeit handelt es sich nicht selten

---

[112]   Bernays, Edward (Ed.) The Engineering of Consent. Bernays. Norman: University of Oklahoma Press 1955

2.1.2 Das Experiment von Asch (1951) zur sozialen Konformität

Ablauf des Experiments:

Eine Gruppe von männlichen Kolleg-Studenten (z.B. bestehend aus 7 Teilnehmern) erhielten mehrere Durchgänge, wobei in jedem Durchgang 2 Karten (A und B) wie in Abb. 2.5 gezeigt wurden. Die Teilnehmer der Gruppe gaben einzeln ihr Urteil darüber ab, welche der Striche auf Karte B identisch zu jenem von Karte A war.

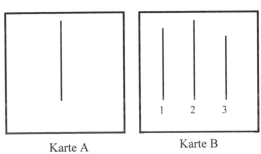

Karte A   Karte B

Abb. 2.4: *Material, wie es von Ash (1951) verwendet wurde..*

Alle Teilnehmer einer Gruppe, mit Ausnahme der Vp waren Mitarbeiter des Vl. In 12 kritischen Durchgängen (den »Konformitätsdurchgängen«) gaben alle Mitarbeiter des Vl übereinstimmend ein falsches Urteil ab. In diesen Durchgängen, hatte die Vp ihr Urteil immer als letzte Person, d
Von Interesse war, wie oft eine Vp sich in den kritischen Durchgängen sich dem eindeutig falschen Urteil der anderen Teilnehmer anschloss, d.h. konform reagierte.

Ergebnis:

Ca. 30% verhielten sich in mehr als der Hälfte der 12 »Konformitätsdurchgänge« konform.
Ca. 70% verhielt sich in mindestens einem kritischen Durchgang konform.

Variation des Experiments:

In jenen kritischen Durchgängen, in den mindestens ein (instruierter) Teilnehmer aus der Gruppe von der Meinung der anderen abwich, verhielten sich nur noch 6% der Vpn konform.

Beschreibung des Experiments von Solomon E. Asch (USA) zum künstlich erzeugten Gruppendruck

I. Manipulatoren und ihre Methoden   **53**

um vernünftige und gut begründete Standpunkte, die von einer Mehrheit geteilt werden. Gleichzeitig preisen die Spin doctors ihre eigene Sicht mit verklärenden Worthülsen, wie «fortschrittlich», «weltoffen» oder «modern», an. Mit der Psychotechnik gaukeln sie der Mehrheit vor, sie befinde sich in der Minderheit! Der so erzeugte Gruppendruck soll die inhaltliche Diskussion niederhalten und die Meinungsbildung in die von den Spin doctors beabsichtigte Richtung lenken.

Des Kaisers neue Kleider

Das Märchen «Des Kaisers neue Kleider» illustriert die Methode treffend. Das Märchen zeigt, wie durch Vortäuschen von «Gruppenkonsens» künstlicher Gruppendruck erzeugt wird:

Der Kaiser wollte sich für viel Geld kostbare neue Gewänder weben lassen. Doch die beiden Weber waren Betrüger. Sie stellten gar keine Kleider her, sondern behaupteten, der Stoff, aus dem sie die Kleider weben würden, hätte die wunderbare Eigenschaft, für diejenigen unsichtbar zu sein, die für ihr Amt nicht taugten oder die unverzeihlich dumm seien. Als der Kaiser die Kleider anprobierte, erschrak er sehr. Er sah sie nicht! Um nicht als Dummkopf oder als unfähig dazustehen, schwieg er – und trat ohne Kleider vor das Volk. Da auch dieses Kunde von der wunderbaren Eigenschaft des Stoffes erhalten hatte, priesen viele die prächtigen Gewänder des Kaisers. Nur ein kleines Kind getraute sich, laut zu rufen, was alle sahen: «Der Kaiser hat ja gar keine Kleider an!» Mit dem spontanen Ausruf des Kindes war der Bann gebrochen. Die Manipulation verlor ihre Wirkung. Nun wagten auch andere, zu sagen, was sie sahen: Der Kaiser hatte gar keine Kleider an.[113]

Damit ist auch das wirkungsvolle Gegenmittel zum künstlichen Gruppendruck genannt: Oft genügt es, wenn ein einzelner aufsteht und sich getraut, eine abweichende Meinung

---

[113] Erzählt nach: Andersen Hans Christian. Des Kaisers neue Kleider und andere Märchen. Frankfurt am Main 2005

zu äussern. Dadurch fühlen andere sich ermutigt. Erleichtert erkennen sie, dass sie mit ihrer Meinung gar nicht so allein dastehen, wie die Spin doctors ihnen weismachen wollen. Die lähmende Wirkung der Manipulation löst sich in Luft auf.

Das Tina-Prinzip

Ein weiterer Psychotrick ist das Verwenden von Begriffen wie «Aufbruch» oder «Wandel». Diese Worte enthalten die hypnotische Botschaft, eine Sache sei im «Umbruch» oder müsse erneuert werden. In Wirklichkeit sind beide Wörter häufig nur Tarnbegriffe für eine verdeckte Agenda.

Das Wort «Aufbruch» lässt an freudige und erregende Zukunftsperspektive denken, während das Wort «Wandel» die Vorstellung hervorruft, man sei mit einem praktisch unabänderlichen Ablauf konfrontiert, mit einer Art Naturgeschehen, welches nach vorgegebenen Gesetzen ablaufe – wie etwa das Voranschreiten der Jahreszeiten oder das Anschwellen eines Flusses.

Das ist das «Tina»-Prinzip – «Tina» als Abkürzung für «There is no alternative», es gibt keine Alternative. Mit der manipulativen Botschaft, eine Sache vollziehe sich sowieso und es gebe keine Alternative dazu, wird Kritikern ein Ohnmachtsgefühl eingeträufelt, Widerstand wird gelähmt.

Globalisierungskritiker verwenden den Begriff, um ein bestimmtes propagandistisches Muster zu bezeichnen, mit dem Politiker Entscheidungen begründen. Margaret Thatcher, die britische Premierministerin, benutzte die Formulierung, es gebe keine Alternative, sehr häufig. Doch die behauptete Alternativlosigkeit ist nur ein propagandistischer Trick, um Kritik zu entwerten und die Diskussion zu unterbinden. Kritiker halten dem «Tina»-Prinzip den Begriff «Tata» entgegen: «There Are Thousand Alternatives», es gibt tausend Alternativen! Damit soll dem «Tina»-Prinzip widersprochen werden.[114]

---

[114] http://de.wikipedia.org/wiki/Tina-Prinzip

Auch der Bundesrat machte vom «Tina»-Prinzip Gebrauch, als er behauptete, ein bestimmter internationaler Vertrag sei eine «Schicksalsbestimmung» der Schweiz. Mit diesem PR-Trick wollte er die Stimmberechtigten dazu bringen, den Vertrag an der Urne abzusegnen.[115] Die manipulative Formulierung dürfte aus der «Kommunikationszentrale» des Bundes stammen.

Manipulation mit Meinungsumfragen

Nicht selten treten Spin doctors auch als Meinungsforscher auf.[116] Denn mit manipulierten Meinungsumfragen lässt sich Konsens vortäuschen und künstlicher Gruppendruck erzeugen. Mit Meinungsumfragen kann man fast alles «beweisen», vorausgesetzt, man befragt die «richtigen» Personen, stellt die «richtigen» Fragen und interpretiert die Antworten so, wie es ins politische Konzept passt.

So wurde vor einiger Zeit behauptet, eine Meinungsumfrage habe ergeben, dass die Bedeutung des Eigentums in den Augen der Schweizerinnen und Schweizer abgenommen habe. Eine Person, welche diese Aussage anzweifelte, ging der Sache nach und fand heraus, welche Frage tatsächlich gestellt worden war: «Würden Sie Anzeige erstatten, wenn ihnen das Fahrrad gestohlen würde?» Die obige Interpretation der verneinenden Antwort ist offensichtlich abwegig. Die negative Antwort war wohl eher darauf zurückzuführen, dass viele schon die Erfahrung gemacht hatten, dass solche Anzeigen sinnlos sind, weil sie als «Bagatellfälle» abgetan werden. Aus der Antwort lässt sich keinesfalls der obige Schluss ziehen. Doch genau so oder ähnlich kommen viele «Ergebnisse von Meinungsumfragen» zustande.

Ein Spezialist für wenig transparente Meinungsumfragen ist Claude Longchamp, ein «Meinungsforscher» aus Bern, der vom Bund laufend Aufträge erhält. Fachkollegen kritisieren Longchamp als unseriös, weil er seine Daten und

---

[115] Vgl. Berner Zeitung, 17.8.2005. Deiss: «Lasst solche Flausen sein»
[116] Piotrowski Christa, a.a.O.

seine Methodik nicht offenlegt. Er selbst behauptet, dies sei nicht möglich, da sonst die «Konkurrenz» mit den Daten arbeiten könnte. Das Offenlegen der Daten sei zudem – so Longchamp – «eine Forderung aus der wissenschaftlichen Grundlagenforschung». Das stimmt nicht. Eine Richtlinie des Schweizer Pressekodex besagt, dass bei veröffentlichten Meinungsumfragen dem Publikum alle wesentlichen Informationen, insbesondere die konkreten Fragen, mitgeteilt werden müssen.[117] Tatsache bleibt, dass niemand Longchamps Behauptungen überprüfen kann. Deshalb können sie nicht als wissenschaftlich gelten. Denn ein Kriterium für Wissenschaftlichkeit ist die Überprüfbarkeit der Aussagen durch Fachkollegen. Diesem Kriterium genügt Longchamp nicht. Man muss sich fragen, warum gerade er vom Bund so grosszügig mit Aufträgen versorgt wird.[118]

Drohen mit Ausschluss

Eine weitere Manipulationstechnik ist das «Drohen mit Ausschluss». Ähnlich wie beim vorgetäuschten Gruppendruck ist auch hier die Gemeinschaft, aus der man angeblich ausgeschlossen werden soll, nur vorgetäuscht. Der angeblich drohende Ausschluss wird mit Wendungen heraufbeschworen wie «Insel-Dasein» oder «Aussenseiterrolle». Auch der Satz von alt Bundesrat Ogi: «Man steht abseits und gehört vielleicht bald nicht mehr dazu», ist eine solche Ausschlussdrohung.[119]

Bei dieser Methode handelt es sich um einen weiteren propagandistischen Trick, um Zielpersonen zu drängen, etwas zu tun, was sie eigentlich nicht tun wollen, oder einer Sache zuzustimmen, die sie eigentlich nicht bejahen. Es ist ein Skandal, dass ein Bundesrat solche Methoden anwendet.

---

[117] «Pferderennen-Journalismus» ohne Halfter. Neue Zürcher Zeitung, 23.2.2002

[118] Bolzli Marina. Heikle Analysen im Kommabereich. Kritik an GFS-Leiter Claude Longchamp. Zeitung im Espace Mittelland. 25.10.2007

[119] Adolf Ogi, Vorsteher des Verteidigungsdepartements VBS: Nationalratsdebatte vom 14.3.2000

Negative Campaigning

«Verunglimpfen und blossstellen» ist eine weitere Methode, um Kritiker einzuschüchtern. Die Methode heisst auch «Negative campaigning» oder «Naming and shaming» (Benennen und blossstellen). Dabei werden Personen oder Gruppen mit Negativ-Schlagwörtern wie «fanatisch», «gehässig» oder «Sektierer» belegt.

Bundesrat Joseph Deiss wandte die Methode an, als er – wie erwähnt – bei einer Abstimmungsveranstaltung ins Publikum rief: «Fort mit den Protektionisten, Barrikadeuren und Betonneuren!»[120]

Psychiatrisieren

Das «Psychiatrisieren» ist eine besonders verwerfliche Variante des «Negative Campaigning». Andersdenkende werden dabei mit Begriffen aus dem psychiatrischen Formenkreis belegt, wie «Gespenster sehen»,[121] «verstört sein», «fixe Ideen …» Hirngespinste …» oder «diffuse Ängste haben».[122] So werden sie als nicht voll urteilsfähig abqualifiziert. Auch der Ausdruck «goldener Käfig» ist eine Psychiatrisierung. Wer in einem «goldenen Käfig» sitzt, hat den Kontakt zur Realität verloren und braucht psychiatrische Hilfe.[123]

Damit werden Personen als psychisch auffällig hingestellt, die eine bestimmte Meinung vertreten. Solche Formulierungen sind keine Ausrutscher, sondern gezielte Einschüchterungen.

---

[120] Aargauer Zeitung, 7.2.2005. Bericht über die Delegiertenversammlung der CVP in Auvernier, 5.2.2005

[121] Diese Psychiatrisierung erlaubte sich FDP-Nationalrat Karl Tschuppert gegenüber seiner Ratskollegin Valérie Garbani, als sie gegen die «Armee XXI» Stellung nahm: «Frau Garbani hat hinter diesem Artikel schon irgendwo Gespenster gesehen.» Vgl. Nationalratsdebatte, 11.6.2002

[122] Eine Person, die Gespenster sieht, leidet unter Trugwahrnehmungen, was Ausdruck einer schweren psychischen Störung ist. Vgl. Spoerri Theodor. Kompendium der Psychiatrie. Basel: Karger 1975, S. 79–89 (Schizophrenie). Auch Verstörung und Ängste sind ernste psychiatrische Symptome

[123] Bruch Hilde. Der goldene Käfig. Das Rätsel der Magersucht. Frankfurt 1982

Spalten

Um Widerstand zu brechen, wird ein weiteres Mittel angewendet, das «Spalten». Dabei versucht man, kritische Personen und Gruppen gegeneinander auszuspielen und voneinander zu isolieren – entsprechend dem Prinzip des «Teile und herrsche».

Tatsache ist, dass ein Bündnis von Vertretern unterschiedlicher weltanschaulicher und politischer Standpunkte in einem gemeinsamen Anliegen ungeahnte Kräfte freisetzen kann, welche den Plänen politischer Strategen durchaus gefährlich werden. Deshalb sind Spin doctors so darauf erpicht, Bündnisse zu verhindern oder schlecht zu machen – etwa mit der Formulierung «unheilige Allianz».

Das «Spalten» kommt meist dann zum Einsatz, wenn sich eine Annäherung rechter und linker Gruppen oder Personen in einem gemeinsamen Anliegen anbahnt oder zu erwarten ist. Nicht selten wird in solchen Situationen die Meinung der rechten Seite negativ überzeichnet dargestellt und mit Etiketten wie «rechtspopulistisch» oder «rechtsaussen» verunglimpft. Stellungnahmen von links und aus dem übrigen Meinungsspektrum hingegen werden totgeschwiegen. So wird die Illusion erzeugt, nur wenige «rechte Aussenseiter» seien einer bestimmten Meinung.

Der Trick zielt vor allem auf die Linken. Denn kein Vertreter der Linken möchte als «rechtslastig» gelten. Durch die Psychotechnik «Spalten» gelingt es leider immer wieder, Widerstand gegen zweifelhafte Vorhaben zu brechen. Doch die Manipulation kann leicht durchbrochen werden, wie das folgende Beispiel zeigt.

Spaltung greift nicht

Am 13. Juli 2008 stimmte das Parlament einem unglaublichen Bundesbeschluss zu: Ab März 2010 sollen laut dem Bundesbeschluss alle Schweizerinnen und Schweizer gezwungen werden, sensible Personendaten wie Gesichtsbild, Fingerabdrücke, Unterschrift und weitere Angaben auf ihren Pässen und Identitätskarten elektronisch speichern und auf einem Zentralcomputer in Bern erfassen zu lassen. Die Daten sollen an Private wie Transportfirmen, Flughafenbetreiber und weitere «geeignete Stellen» weitergegeben werden können. Das Vorhaben erinnert ungut an den Überwachungsstaat à la Orwell.[124] Es ist fast unbegreiflich, dass die Mehrheit beider Räte der Vorlage zustimmte.[125] Denn der Biometriezwang steht im Gegensatz zu linken und bürgerlichen Grundanliegen.

In dieser desolaten Situation suchte ein Jungparlamentarier der SVP das Gespräch mit anderen Ratsmitgliedern – quer durch alle Parteien.[126] In der Folge gelang es, jenseits von links und rechts ein breit abgestütztes Referendumskomitee zusammenzustellen.[127] Das Referendum wird von Vertretern fast aller Parteien unterstützt. Die lange Liste und das weitgefächerte Spektrum von Personen und Gruppen, welche das Referen-

---

[124] Orwell George. 1984. Berlin 1976. George Orwell hätte sich wohl kaum träumen lassen, dass man ausgerechnet in der Schweiz seiner grausigen Zukunftsvision so nahe kommen würde.

[125] Bundesbeschluss vom 13. Juni 2008 über die Genehmigung und die Umsetzung des Notenaustauschs zwischen der Schweiz und der Europäischen Gemeinschaft betreffend die Übernahme der Verordnung (EG) Nr. 2252/2004 über biometrische Pässe und Reisedokumente (Weiterentwicklung des Schengen-Besitzstands)

[126] Lukas Reimann (SVP)

[127] www.freiheitskampagne.ch, 13.9.2008

I. Manipulatoren und ihre Methoden

dum mittragen, sind eindrücklich.[128]

Dieser Einigungserfolg zeigt: Die Spaltung zwischen links und rechts ist kein Naturgesetz, sondern sie wird künstlich geschürt, um Solidarität zu verhindern. Wenn aber Vertreter verschiedener Gruppen und Standpunkte ohne Vorurteile miteinander sprechen, so stellen sie oft fest, dass sie mehr gemeinsam haben, als sie dachten. Zahlreiche Anliegen sind nämlich weder links noch rechts, sondern ganz einfach vernünftig.

Sanfter Druck

Eine nächste Psychotechnik, die «autoritative Lenkung», wird vor allem gegenüber Prominenten angewendet: Sie verbindet «milden Druck», «emotionale Zuwendung» und «rationale Begründung» mit dem «Gefühl von Freiwilligkeit». Mit diesem Instrument können Personen zur «Kooperation» gebracht werden, die auf autoritäre Beeinflussungsversuche empfindlich reagieren würden.

---

[128] Auf der Website www.freiheitskampagne.ch ist das Referendumskomitee aufgeführt. Es ist wie folgt zusammengesetzt: Margrit Kiener Nellen, Nationalrätin SP, Bern; Junge SVP Kanton Luzern; Josef Zysiadis, Nationalrat «A Gauche toute/POP», Waadt; Grüne Partei der Schweiz; Dr. Dominique Baettig, Nationalrat SVP, Jura; POP&Gauche en Movement; Lukas Reimann, Nationalrat SVP, St. Gallen; Junge Grüne Schweiz; Christian Waber, Nationalrat EDU, Bern; Daniel Vischer, Nationalrat Grüne, Zürich; Geistige Landesverteidigung; Geri Müller, Nationalrat Grüne, Aarau; Alternative Liste Schaffhausen; Fredy Gerber, Nationalrat SVP, Basel-Land; Patriot.ch; Pirmin Müller, Präsident Junge SVP Luzern; Grüne Aargau; Carlo Sommaruga, Nationalrat SP, Genf; Alternative Liste Winterthur; Dr. Rudolf Jucker, Grossrat FDP, Basel-Stadt; Jeunesse socialiste vaudoise; Samuel Ramseyer, Kantonsrat SVP, Zürich; Grüne Winterthur; Dr. Luc Recordon, Ständerat Grüne, Waadt; Solidarité sans frontière, Zusammenschluss von AKS und BODS; Bernhard Zahner, Präsident JSVP Schweiz; Schweizer Demokraten; Michael Kreuzer, Präsident JSVP Oberwallis; CCCZH; Aargauische Vaterländische Vereinigung; JULIA junge linke alternative; Stefanie Looser-Freis, Vizepartei- und Fraktionspräsidentin SP Langenthal, Bern, und Stadträtin Langenthal; Grüne Aargau; Demokratische Juristinnen und Juristen Zürich; Anian Liebrand, Vize-Präsident JSVP Luzern; les communistes; Grüne Partei Bern; Demokratische Alternative; JUSO Luzern; EDU/UDF; Demokratisches Nidwalden; Muttenzerkurve; AGB Antigenozidbewegung; Roland Schöni, Zentralsekretär SD, Bern; Grüne Partei Davos; JungsozialistInnen Aargau; Katholische Volkspartei Schweiz; grundrechte.ch; Humans Hope; Stefan Keller alt Grossrat Grüne, Aargau und Einwohnerrat Baden; Kinder ohne Rechte; Alternative Liste Zürich; Dharma Ethik Partei; junge grüne bern; Christoph Landolt, Präsident Jungfreisinnige, St. Gallen

Die autoritative Technik wurde in sozialpsychologischen Labors erprobt und ausgefeilt. Durch die Kombination der genannten vier Faktoren brachte man in einem ethisch fragwürdigen Experiment Schulkinder dazu, «freiwillig» von einer ekelhaft riechenden Suppe zu essen und sich eine Injektionsspritze verpassen zu lassen – Dinge, die Kinder normalerweise nie freiwillig tun würden.[129]

Ein Beispiel für die autoritative Lenkung ist der Brief von Bundesrat Arnold Koller an die Chefredaktoren der Schweizer Zeitungen und weitere «Opinionleaders». Kurz vor der Abstimmung über die neue Bundesverfassung wollte der Bundesrat die Adressaten dazu bringen, Stimmung für die Vorlage zu machen. Hätte er sie unverblümt dazu aufgefordert, wären sie empört gewesen, denn die Medienvertreter sehen sich gerne als «Wächter der Demokratie». Mit der autoritativen Lenkungsmethode hingegen gelang es dem Bundesrat, diese Hürde zu nehmen. Unter gewichtigem Absender schrieb er:

---

[129] Beauvois Jean-Léon. Rationalization and internalization: The role of internal explanations in attitude change and the generalisation of an obligation. Swiss Journal of Psychology 60 (4), 2001, 215–230 (der Vorgang wird als «disgusting soup paradigm» bezeichnet)

Der Vorsteher des Eidgenössischen
Justiz- und Polizeidepartements

Bern, 12. April 1999

Sehr geehrter Herr [Name des Chefredaktors]
Die Kampagne um die neue Bundesverfassung [...] war gekennzeich-
net durch eine erfreulich grosse Zahl von fundierten, konstruktiven
Beiträgen sämtlicher Medien [...] Dieses Interesse ist nicht zuletzt
auf [...] Ihre **wohlwollende Unterstützung zurückzuführen. Ich**
möchte Ihnen für das Engagement herzlich danken.

In den letzten zwei, drei Wochen hat sich – vor allem in Leserbrie-
fen, Inseraten und **Pamphleten** *– leider eine* **gehässige Opposition**
gegen das Verfassungswerk zu Wort gemeldet. [...] bedauerlich ist
[...], dass vor allem die **rechtspopulistische Gegnerschaft** *mit Vor-*
urteilen, Unterstellungen und Unwahrheiten *operiert. [...] Es wäre*
schlimm, *wenn es den fanatischen Gegnern gelänge, ein überzeu-*
gendes Ja zu diesem **sorgfältig erarbeiteten Konsens-Werk** *zu hin-*
tertreiben.

Dem wäre wohl am ehesten **mit einer guten Stimmbeteiligung** *zu*
begegnen. Und deshalb wende ich mich nochmals an Sie: Ich wäre
Ihnen dankbar, wenn Sie bei Ihrem **journalistischen «Endspurt»**
diesen Aspekt in geeigneter Form hervorheben könnten. Ich danke
Ihnen nochmals für Ihre Unterstützung und grüsse Sie freundlich.

Arnold Koller[130]

---

[130] Brief von Arnold Koller an die Chefredaktoren, 12.4.1999 (Hervorhebungen J.B.)

Bern, 12. April 1999

Herrn
███████████
Chefredaktor
Neue Mittelland Zeitung
Zuchwilerstr. 21
4501 Solothurn

Sehr geehrter ███████████,

Die Kampagne um die neue Bundesverfassung geht diese Woche zu Ende. Sie war gekennzeichnet durch eine erfreulich grosse Zahl von fundierten, konstruktiven Beiträgen in sämtlichen Medien. Die Nachfrage nach persönlichen Stellungnahmen und Auftritten war so gross wie bei keiner anderen Vorlage in meiner 12jährigen Amtszeit. Dieses Interesse ist nicht zuletzt auf Ihren Einfluss und Ihre wohlwollende Unterstützung zurückzuführen. Ich möchte Ihnen für das Engagement herzlich danken.

In den letzten zwei, drei Wochen hat sich - vor allem in Leserbriefen, Inseraten und Pamphleten - leider eine gehässige Opposition gegen das Verfassungswerk zu Wort gemeldet. Die vorher allzu lange andauernde Gleichgültigkeit der Befürworter hat so einer intensiven, radikalen und unsachlichen Anfeindung von rechts und links aussen Platz gemacht. Diese Auseinandersetzung wäre an sich positiv zu werten; bedauerlich ist jedoch, dass vor allem die rechtspopulistische Gegnerschaft mit Vorurteilen, Unterstellungen und Unwahrheiten operiert. Diese Art von Kampagne erinnert fatal an die Mobilisierungsversuche im Vorfeld der EWR-Abstimmung von 1992.

Brief von Bundesrat Arnold Koller an die «Opinionleaders» kurz vor der Abstimmung über die neue Bundesverfassung vom 18. April 1999

Die Befürworter der Vorlage dagegen fühlten sich offensichtlich ihrer guten Sache lange Zeit zu sicher, so dass ein ebenso engagiertes Einstehen für die Vorlage weitgehend ausgeblieben ist. Es wäre schlimm, wenn es den fanatischen Gegnern gelänge, ein überzeugendes Ja zu diesem sorgfältig erarbeiteten Konsens-Werk zu hintertreiben.

Dem wäre wohl am ehesten mit einer guten *Stimmbeteiligung* zu begegnen. Und deshalb wende ich mich nochmals an Sie: Ich wäre Ihnen dankbar, wenn Sie bei Ihrem journalistischen "Endspurt" diesem Aspekt in geeigneter Form hervorheben könnten.

Ich danke Ihnen noch einmal für Ihre Unterstützung und grüsse Sie

freundlich

A. Koll

Arnold Koller

Spin doctors als Verfasser von Bundesratsbrief?

Dieses Schreiben, das Arnold Koller wohl kaum selbst verfasst hat, stellte den Chefredaktoren die exakten Formulierungen zur Verfügung, mit welchen sie die Öffentlichkeit manipulieren sollten. Als «mildes Druckmittel» genügte der hochoffizielle Absender, dessen Wirkung durch die namentliche Anrede und die persönliche Unterschrift verstärkt wurde. Die «emotionale Zuwendung» wurde in Form von einschmeichelnden Worten gegeben, wie «wohlwollende Unterstützung» oder «Ich möchte Ihnen für das Engagement herzlich danken». Als «rationale Begründung» diente die Behauptung, die Medien würden ja gar nicht manipulieren, sondern nur zu einer «guten Stimmbeteiligung» aufrufen, und das «Gefühl der Freiwilligkeit» wurde mit dem Ansporn zum «journalistischen Endspurt» hergestellt.

Der Brief enthält weitere Psychotechniken. Mit den verunglimpfenden Begriffen «Pamphlet», «gehässig», «rechtspopulistisch», «Unwahrheit», «schlimm», «fanatisch» und «hintertreiben» wird «Negative Campaigning» gegen die Kritiker betrieben, während die Ausdrücke «sorgfältig erarbeitetes Konsens-Werk» und «fundierte Beiträge sämtlicher Medien» einen Konsens zugunsten der Vorlage vortäuschen und künstlichen Gruppendruck erzeugen.

Tatsächlich funktionierte die Methode bei vielen. Am nächsten und übernächsten Tag waren die Zeitungen voll mit wortwörtlichen Wiederholungen der Formulierungen des Bundesratsbriefes. «Der Bund» lamentierte, es habe sich eine «gehässige Opposition» gegen die Abstimmungsvorlage gebildet und die Zeitungen würden «mit einer Flut von Leserbriefen» aus «rechtspopulistischen Kreisen» überschwemmt; diese seien voll von «Vorurteilen, Unterstellungen und Unwahrheiten».[131] Ins gleiche Horn stiessen die «Neue Zür-

---

[131] Bundesrat in die Offensive. Der Bund, 15. April 1999

cher Zeitung» und andere Medien.[132]

Es kann davon ausgegangen werden, dass dieser Brief nicht der einzige seiner Art ist. Ein Chefredaktor tat genau das Richtige und machte den unsäglichen Brief publik. Damit trat er der Manipulation des Bundesrates entgegen.

Der feministische Spin

Eine nächste Manipulationstechnik ist der «feministische Spin». Sie ist zwar plump, funktioniert aber bei vielen Männern. Spin doctors wenden sie an, um in Diskussionen zu dominieren, von heiklen Fragen abzulenken oder um Machtinteressen durchzusetzen. Das folgende Beispiel illustriert die Methode:

In einer Podiumsdiskussion behauptete ein PR-Profi – um ein Unrecht zu vertuschen –, es gebe keine Wahrheit.[133] Da fragte ihn ein anderer Podiumsreferent, ob er so etwas auch dann noch behaupten würde, wenn er zu Unrecht des Mordes angeklagt wäre. Auf diese Frage ging der Spin doctor nicht ein, sondern griff zum feministischen Spin. Um sein männliches Gegenüber zu verunsichern, fragte er zurück, ob es Mord oder nicht vielmehr Selbstverteidigung wäre, wenn eine Frau einen Mann umbringen würde. Nun war der Fragesteller so sehr mit der absurden Frage des Spin doctors beschäftigt, dass er übersah, dass dieser seine Frage gar nicht beantwortet hatte.

Der Psychotrick beruht – wie die meisten Manipulationstechniken – darauf, die Schwächen des Gegenübers zu kennen und auszunützen. Da die meisten Männer, vor allem aus dem akademischen Milieu, auf keinen Fall als Machos oder Frau-

---

[132] Bundesrat kritisiert Gegner der Verfassungsrevision. Aufruf zum Urnengang. Neue Zürcher Zeitung, 15. April 1999

[133] Der Vorfall spielte sich auf der Konferenz vom 17./18. März 2006 in Luzern ab mit dem Titel «A Complicated, Antagonistic & Symbiotic Affair: Journalism, Public Relations and their Struggle for Public Attention» (Eine komplizierte, gegensätzliche und symbiotische Affäre: Journalismus, Public Relations und ihr Kampf um öffentliche Aufmerksamkeit), organisiert von der Schweizer Journalistenschule und der Fakultät für Kommunikationswissenschaften der Universität Lugano

enfeinde dastehen wollen, sind sie anfällig für die Methode. In der Regel genügt eine Andeutung in dieser Richtung, um sie aus dem Konzept zu bringen. Ein PR-Profi erklärte den Mitgliedern eines mehrheitlich weiblichen Berufsverbandes die Methode so:

> «Ich kann Ihnen sagen, es gibt eigentlich nur ein Thema, bei dem in Bern alles zusammenzuckt. Ja, man hat Angst vor Ihnen, meine Damen. Und nicht nur die Herren haben Angst, sondern auch die einflussreichen Frauen haben Angst vor Ihnen. Und daraus muss Kapital geschlagen werden! [...] Wir müssen eine Einflussbasis schaffen und dieser Einflussbasis eine Machtbasis geben.»[134]

Die unverblümte Handlungsanweisung bringt eine erschreckende Gesinnung zum Ausdruck. Emotionen und Einschüchterung werden benutzt, um beliebige Ziele durchzusetzen.

Im geschilderten Beispiel war es eine Frau, welche die Manipulation durchbrach. Sie hielt dem Spin doctor entgegen: «Das ist eine Manipulation. Das ist der feministische Spin. Den haben Sie vorher schon einmal gebracht, um abzulenken.» Die Bemerkung genügte, um den Manipulator zu entlarven und die Wirkung der Psychotechnik verpuffen zu lassen.

Ablenken von Widersprüchen durch sprachliche Manipulation

Als letzte manipulative Psychotechnik sei das «Ablenken von Widersprüchen durch Scheindiskussionen und sprachliche Manipulation» erwähnt. Die Strategie besteht darin, die Gesprächspartner mit unerwarteten Fragen zu verwirren und wenn möglich zu ungeschickten Äusserungen zu verleiten, mit

---

[134] Wyser Markus. Psychologie in der Öffentlichkeit. Referat an der 3. Mitgliederversammlung der «Föderation der Schweizer Psychologinnen und Psychologen» (FSP) am 17.9.1993 in Bern. Wyser ist PR-Spezialist für politische Beratung und Öffentlichkeitsarbeit von Verbänden

denen sie angreifbar werden. So können unbequeme Fragen unter den Teppich gekehrt werden. Oder man schiebt scheinbar «objektive» Gründe wie «Zeitdruck» oder «Finanzknappheit» vor, um Grundsatzdiskussionen zu umgehen.

So wurde beispielsweise der Bundesrat von Parlamentariern gefragt, warum er – ohne vorgängige Konsultation der parlamentarischen Kommissionen – ein Beitrittsdokument zu einer Nato-Unterorganisation unterzeichnet und sich damit verpflichtet hatte, zweimal jährlich an Ministertreffen der Nato unter Vorsitz des Nato-Generalsekretärs teilzunehmen.[135] Ein Fragesteller erinnerte den Bundesrat daran, dass er kurz vorher versprochen hatte, keine neuen Verpflichtungen mit der Nato einzugehen. In diesem Zusammenhang warf er die Grundsatzfrage nach den «friedenspolitischen Absichten» des Bundesrates auf.[136]

Auf diese Frage ging der Bundesrat nicht ein. Statt dessen lenkte er mit Scheinbegründungen ab, wie: «Die vorgängige Zustellung des Basisdokumentes [war] nicht möglich, weil dessen Inhalt erst [kurz vorher] an der Sitzung des Nato-Ministerrates […] genehmigt [wurde].»[137] Ausserdem sei der Beitritt zum Nato-Gremium gar kein Beitritt gewesen, wich der Bundesrat aus, sondern nur «ein Angebot der Nato», das man entweder annehmen oder ablehnen könne (Sprachmanipulation). Das «Angebot der Nato, unter ihrem Vorsitz zweimal jährlich Konsultationstreffen auf Ebene der Aussen- und Verteidigungsminister durchzuführen,» sei gar keine neue Verpflichtung, sondern eben – nur ein «Angebot» (erneute Sprachmanipulation).[138] Mit diesen Winkelzügen wich der Bundesrat der klaren Frage nach seinen friedenspolitischen Absichten aus. Die Frage ist bis heute offen.

---

[135] Gysin Remo (SP). Dringliche Einfache Anfrage, 3.6.1997; Schlüer Ulrich (SVP). Interpellation, 20.6.1997

[136] Gysin Remo, a.a.O.

[137] Antwort des Bundesrates auf die Anfrage Gysin, 25.6.1997

[138] Antwort des Bundesrates, a.a.O.

5. Eine Konferenz von Spin doctors und Journalisten

*Journalistinnen und Journalisten «halten sich an die Wahrheit [...]
und lassen sich vom Recht der Öffentlichkeit leiten, die Wahrheit zu
erfahren.»[139] (Schweizer Presserat)*

*«Es gibt keine Wahrheit.»[140] (James E. Grunig, USA, Professor für
Public Relations und Kommunikation)*

Vor einiger Zeit hatte ich Gelegenheit, an einer Arbeitstagung
von Journalisten und Public-Relations-Leuten teilzunehmen.[141]
Ungefähr fünfzig Referenten und Teilnehmer aus Europa und
Übersee waren anwesend. Darunter befanden sich Chefredaktoren und Journalisten bekannter Medien wie BBC, «Il Gi-
ornale», «Süddeutsche Zeitung», «Die Welt», «Cash», «Weltwoche», «Neue Zürcher Zeitung», «Sonntags-Zeitung» und
«Tages-Anzeiger». Aus der Public-Relations-Branche nahmen
PR-Berater und Kaderleute globaler Konzerne wie Novartis,
DuPont, Bertelsmann und Burson-Marsteller teil.[142] Viele Re-
ferenten waren Universitätsdozenten und Buchautoren. Laut
Programm sollte die Konferenz «die komplizierte, gegensätzliche und symbiotische Beziehung» zwischen Public-Relations-
Experten und Journalisten klären und dabei auch das Problem
des «Spin doctoring» beleuchten.

---

[139] Erklärung der Pflichten und Rechte der Journalistinnen und Journalisten. Verab-
schiedet vom Schweizer Presserat an der konstituierenden Sitzung vom 21. Dezember 1999. www.presserat.ch/Documents/Erklaerung.pdf, 2.1.2009

[140] Grunig James E. Referat an der Konferenz vom 17./18. März 2006 in Luzern:
A Complicated, Antagonistic & Symbiotic Affair, a.a.O. (Übers. J.B.)

[141] Barben Judith: How Spin doctors Manipulate Language – some Swiss Examples (Wie
Spin doctors Sprache manipulieren – einige Beispiele aus der Schweiz). Referat vom
18.3.2006 an der Konferenz «A Complicated, Antagonistic & Symbiotic Affair»,
a.a.O.

[142] Zur PR-Firma Burson-Marsteller und zu Harold Burson siehe Kapitel 1

Professionelles Auftreten

Das Auftreten der Public-Relations-Leute war auffallend selbstbewusst und geschliffen. Sie gaben sich jovial, weltgewandt und liebenswürdig und nahmen ihre Zuhörer mit Charme und humoristischen Bemerkungen für sich ein. Ihre Referate waren rhetorisch professionell aufgebaut, illustriert mit Power-Point-Präsentationen und farbigen Graphiken. Immer wieder betonten sie die angeblichen «Gemeinsamkeiten» mit den Journalisten. Deshalb sollte man sich unbedingt näher kennenlernen, schlugen sie vor.

Das war ein Spin. Ehrlicher Journalismus hat wenig mit Public Relations zu tun. Journalisten sind von ihrer Berufsethik her der Wahrheit, der Demokratie und der Menschenwürde verpflichtet,[143] während der Auftrag von PR-Beratern darin besteht, ein «Produkt» möglichst gut zu verkaufen – sei es einen Konsumartikel, einen globalen Konzern oder einen Krieg.

Spin kann auch als Studie daherkommen

Ein PR-Berater stellte eine Studie vor, die gezeigt habe, dass Vertreter der Public-Relations-Branche häufig Ausbildungsgänge für Journalisten besuchen würden, während umgekehrt Journalisten kaum auf Public-Relations-Seminaren anzutreffen seien. Deshalb wüssten PR-Leute genau, wie Journalisten «ticken», Journalisten wüssten dies umgekehrt aber nicht.

Sein Bemühen, die «Journalisten-Kollegen» für den Besuch von PR-Kursen zu gewinnen, stellte er als rein menschliche Anteilnahme dar. In Wirklichkeit ist es eine zentrale Strategie von Spin doctors, das Denken und die Schwächen ihrer Zielgruppen sorgfältig zu studieren, um sie anschliessend besser manipulieren zu können. Auf diesem Hintergrund ist es nachvollziehbar, dass Spin doctors Journalisten gerne in PR-Kursen sehen. Denn dort bieten sich ihnen Gelegenheiten, persönliche Kontakte mit Journalisten zu knüpfen und sie zu

---

143 Erklärung der Pflichten und Rechte der Journalistinnen und Journalisten, a.a.O.

beeinflussen. Die beschriebene Tagung eignete sich ebenfalls für diesen Zweck.

Einer der PR-Referenten, ein onkelhaft-leutseliger Professor für «Organisationskommunikation» aus Maryland, erzählte in lockerem Plauderton, wie das US-Militär einen emeritierten irakischen Professor dafür bezahlt habe, positive Nachrichten über den Irak-Krieg zu verbreiten.[144] Ohne sichtbare Gemütsbewegung fuhr er grinsend fort: «Es gibt keine Wahrheit. Alles ist Framing. Jeder hat seine eigene Realität, seinen eigenen Frame [Rahmen].» Und sogleich beschwichtigte er: «Framing hat nichts mit Spin zu tun. Framing ist kein Problem. Framing ist menschlich.»[145]

Verwirren und ablenken

Im Klartext heisst das: Der Referent stellte die bewussten Lügen des bestochenen irakischen Professors als dessen «persönliche Realität» dar («Jeder hat seine eigene Realität»). In Wirklichkeit wusste der gekaufte irakische Professor genau, was er tat. Der PR-Professor aus Maryland bemäntelte dessen Desinformationsauftrag vom Pentagon mit der manipulativen Worthülse «Framing» (Einrahmen). Zum Abschluss krönte er seine Aussage mit der Behauptung, das Ganze habe nichts mit «Spinning» zu tun und sei «menschlich». Durch den lockeren Plauderton lullte der Referent die Zuhörer ein und liess sie vergessen, dass ein abgebrühter Spin doctor zu ihnen sprach.

«Ich bin ein Spin doctor»

Ein weiterer Manipulationsgriff wurde von einem anderen Referenten angewandt. Gleich zu Beginn seines Vortrags verkündete er: «Ich bin ein Spin doctor» – und erntete Gelächter.

---

[144] Grunig James E., Professor of public relations, organizational communication, University of Maryland, USA: Journalism and Public Relations in the United States

[145] James E. Grunig, Professor für Public Relations und Kommunikation. Universität Maryland (USA). Referat an der Konferenz «A Complicated, Antagonistic & Symbiotic Affair, a.a.O.

Man wusste nicht recht, ob die Aussage ernst gemeint war oder nicht. Das war Absicht. Der Trick bestand darin, eine ungeheuerliche Tatsache in einem solchen Ton zu erwähnen, dass keiner auf die Idee kam, die Aussage könnte tatsächlich ernst gemeint sein. Mit dieser Methode wird die Tragweite von Tatsachen verwischt, Kritiker laufen ins Leere. Auch das ist eine Taktik, Menschen an Unrecht zu gewöhnen.

Die gleiche Technik wandte einer der nächsten Referenten an, der sich als «bekennenden Befürworter der Lüge» präsentierte. Auch er erntete Gelächter. Und sogleich fügte er an: «Das glauben Sie mir sicher nicht.» Und er hatte recht! Die Aussage war so dreist, dass niemand sie wirklich glaubte. Dabei sprach er nur offen aus, was Spin doctors jeden Tag tun: professionell lügen.

Journalistische Ethik

Das Kokettieren mit der Lüge und Spielen mit den Zuhörern durch die PR-Leute war stossend. In wohltuendem Gegensatz dazu brachten die Journalisten ein Verantwortungsgefühl gegenüber der Öffentlichkeit und gegenüber der Demokratie zum Ausdruck. Sie betonten, dass sie der Wahrheit verpflichtet seien und ein Wächteramt gegenüber staatlichen Organen hätten. Viele beriefen sich auf ihren Berufsauftrag und ihre Berufsethik:

«Journalistinnen und Journalisten […] halten sich an die Wahrheit ohne Rücksicht auf die sich daraus für sie ergebenden Folgen und lassen sich vom Recht der Öffentlichkeit leiten, die Wahrheit zu erfahren.» – «Die Verantwortlichkeit der Journalistinnen und Journalisten gegenüber der Öffentlichkeit hat den Vorrang vor jeder anderen, insbesondere vor ihrer Verantwortlichkeit gegenüber ihren Arbeitgebern und gegenüber staatlichen Organen.»[146]

Ob diese ethische Grundhaltung von den Journalisten auch immer eingehalten wird, ist eine andere Frage. Doch allein die Tatsache, dass sie vertreten und geschätzt wird, ist wert-

---

[146] Erklärung der Pflichten und Rechte der Journalistinnen und Journalisten, a.a.O.

voll. Journalisten, die in ihrer Ausbildung diese ethische Grundlage erfahren haben, sind auf ihre Verantwortung ansprechbar. Bei vielen PR-Leuten scheint dieser Ansatz nicht vorhanden zu sein. Häufig berufen sie sich auf ihren Auftraggeber oder rechtfertigen ihr Tun mit Floskeln wie: «Es gibt keine Wahrheit».

Gruppendruck unter Journalisten

Immer wieder wurde an dieser Tagung von Journalistinnen und Journalisten die Gefährdung der journalistischen Ethik angesprochen. Ein Referent schilderte, dass unter Journalisten ein starker Gruppendruck herrsche. Dieser führe häufig dazu, dass man «kollegenkonform» schreibe, statt dem eigenen Gewissen zu folgen.

Eine gravierende Gefährdung der journalistischen Ethik sei auch der Druck von aussen, erwähnten andere. Ein Chefredaktor berichtete, er habe im Jahr 2003 Todesdrohungen erhalten, nachdem er einen kritischen Artikel über den Irak-Krieg publiziert hatte.[147]

Ein Referent aus Deutschland wies darauf hin, dass immer mehr Zeitungen Texte im redaktionellen Teil veröffentlichen würden, die von der Industrie bezahlt würden. Diese Texte seien aber nicht als Inserate kenntlich gemacht, sondern würden als redaktionelle Artikel erscheinen. Damit werde die journalistische Grundregel verletzt, dass Werbung strikt vom redaktionellen Teil getrennt sein müsse. Er verurteilte diese Praxis als Bruch mit der journalistischen Ethik. Der Präsident des Schweizer Presserates bestätigte diese Praxis auch für die Schweiz. Damit wird deutlich, dass die Medien ihre Verpflichtung auf die Wahrheit und das Gemeinwohl längst nicht immer ernst nehmen.

---

[147] Roger Köppel, Chefredaktor «Die Welt», Berlin: How Journalists can Defend their Autonomy (Wie Journalisten ihre Autonomie verteidigen können). Referat an der Konferenz «A Complicated, Antagonistic & Symbiotic Affair, a.a.O.

Medien im Griff mächtiger Konzerne

Immer wieder wurde die Bedrohung der Pressefreiheit durch mächtige Konzerne angesprochen. Dazu wurde die historische Ansprache des Journalisten John Swinton von der «New York Times» an seine Kollegen zitiert:

> «Bis auf den heutigen Tag gibt es in Amerika keine freie Presse [...]. Keiner von Ihnen würde sich getrauen, seine ehrliche Meinung zu schreiben. Und wenn er es täte, dann wüsste er, dass sie nie gedruckt würde [...] oder dass er am nächsten Tag auf der Strasse stünde und sich einen neuen Job suchen müsste. [...] Was soll also der Unsinn, auf eine unabhängige Presse anzustossen! Wir sind Instrumente und Vasallen reicher Männer, die hinter den Kulissen die Fäden ziehen.»[148]

Die Presse sei im Griff mächtiger Konzerne, warnten mehrere Referenten, doch Namen solcher Konzerne wurden kaum genannt. Ein BBC-Journalist berichtete, vierzig Prozent der englischen Medien seien in der Hand des Medien-Moguls Rupert Murdoch und jeder wisse, dass die politische Linie dieser Medien nicht in den Redaktionsstuben, sondern «weiter oben» gemacht werde.[149]

---

[148] Zitiert nach Carmichael Michael. Government by Public Relations – From the Assassination of Caesar to the Rise of G.W. Bush (Regieren durch Public Relations – von der Ermordung Cäsars bis zum Aufstieg von G.W. Bush). In: Merkel, B., Russ-Mohl S., Zavaritt G. (eds.). A Complicated, Antagonistic & Symbiotic Affair: Journalism, Public Relations and their Struggle for Public Attention (Eine komplizierte, gegensätzliche und symbiotische Affäre: Journalismus, Public Relations und ihr Kampf um öffentliche Aufmerksamkeit). Lugano/Milano: Universität Lugano, European Journalism Observatory & Schweizer Journalistenschule MAZ 2007, S. 117–129, S. 127 (Übersetzung J. B.)

[149] Jones Nicholas. The Deadly Embrace: Political Public Relations and Journalism in Election Campaigns (Die tödliche Umarmung: Politische Public Relations und Journalismus in Wahlkampagnen). Referat an der Konferenz «A Complicated, Antagonistic & Symbiotic Affair, a.a.O

Gefälschte Nachrichten und Filme

Ein Journalist und Buchautor[150] wies darauf hin, dass Spin doctors oft als Pressesprecher oder Berater in Regierungen anzutreffen seien, und zwar keineswegs nur in den angloamerikanischen Ländern, sondern auch in Italien, Frankreich, Deutschland, Spanien, Schweden und sogar der Schweiz. Auch Kriege würden mit Spin doctoring gerechtfertigt. So habe die US-Regierung die wirklichen Gründe für den Irak-Krieg verheimlicht und der Öffentlichkeit statt dessen Spins und Lügen vorgesetzt. Zudem erwähnte dieser Referent, dass Werbeagenturen immer häufiger im Auftrag von Regierungen gefälschte Nachrichten und Filme produzieren würden. «Sind solche Praktiken in einer Demokratie zulässig?» fragte er und meinte: «Nein. In einer Demokratie sollte man der Regierung vertrauen können.» Dem ist zuzustimmen. Allerdings haben in einer Demokratie auch die Bürgerinnen und Bürger die Pflicht, eigenständig und aktiv mitzudenken.

Spin doctors «bespinnen» Journalisten

An dieser Konferenz kritisierten zwar viele Referenten aus dem Journalismusbereich die Unehrlichkeit und Kaltschnäuzigkeit der Spin doctors, doch die anwesenden PR-Leute schienen aus der Kritik ausgenommen. Offenbar konnten oder wollten sich die wenigsten vorstellen, dass auch unter den geladenen PR-Leute geschulte Spin doctors waren.

Beispielsweise nahm ein prominenter Journalist den PR-Referenten in Schutz, der sich selbst als «bekennenden Lügner» bezeichnet hatte: «Ach, er meint es doch nicht so, er ist

---

[150] Foa Marcello: Gli stregoni della notizia. Da Kennedy alla guerra in Iraq o come si fabbrica informazione al servizio dei governi. (Die Hexenmeister der Nachrichten. Von Kennedy zum Irak-Krieg oder wie Informationen im Dienste von Regierungen produziert werden). Mailand: Guerini e Associati 2006. Foa ist Sonderkorrespondent für Internationale Politik der italienischen Tageszeitung «Il Giornale», Dozent für Internationalen Journalismus an der Universität Lugano und Mitbegründer des European Journalism Observatory EJO, einer Vereinigung zur Überwachung der journalistischen Tätigkeit.

doch so sympathisch.» Ein anderer entschuldigte das Referat des amerikanischen PR-Professors als «zu dumm, um darauf zu antworten». Eine weitere Journalistin schien vom geschliffenen Auftreten der PR-Leute so geblendet, dass sie beinahe ehrfurchtsvoll äusserte: «Die sind einfach so gut.»

Offensichtlich war es den Spin doctors gelungen, einen Teil der anwesenden Journalisten zu «bespinnen». Weshalb die Journalistenschule ihnen ein solches Forum bot, ist eine offene Frage.

6. Personales Menschenbild als Gegenposition

«Alle Menschen sind frei und gleich an Würde und Rechten geboren. Sie sind mit Vernunft und Gewissen begabt und sollen einander im Geiste der Brüderlichkeit begegnen.»[151]

Vor der Beschreibung von Gegenmitteln soll ein grundsätzlicher Standpunkt bezüglich Manipulation und Propaganda eingenommen werden. Aus ethischer Sicht sind solche Praktiken abzulehnen. Zuweilen wird behauptet, die Grenze zwischen Manipulation und Propaganda einerseits und Information andererseits sei fliessend. Das stimmt nicht. Information ist etwas grundlegend anderes.

Wer die ehrliche Absicht hat zu informieren, kann sich zwar irren, aber er fühlt sich der Wahrheit verpflichtet. Er will dem anderen etwas Wahres mitteilen. Dabei verfolgt er keinen heimlichen Zweck, den er vor dem anderen verbirgt.

Genau das tut aber der Manipulator. Manipulation und Propaganda zielen von ihrem Ansatz her darauf ab, die Menschen hinters Licht zu führen und zu täuschen. Ein Manipulator verfolgt heimliche Absichten, die er dem Manipulierten nicht offenlegt. Er will diesen zu Handlungen verleiten, die ihm selbst oder seinem Auftraggeber nützen. Ob der andere oder weitere Personen dadurch zu Schaden kommen, kümmert den Manipulator nicht. Ebenso wenig kümmert ihn, ob seine Aussagen wahr oder falsch sind. Diese Dimension ist ihm fremd. Aus diesem Grund ist Manipulation unethisch.

---

[151] Allgemeine Erklärung der Menschenrechte. Resolution 217 (III) der Generalversammlung der Vereinten Nationen vom 10. Dezember 1948, Artikel 1

Manipulation und Propaganda
verletzen die Menschenwürde

Das personale Menschenbild, das sich im antiken, christlichen und aufgeklärten Denken unserer Kultur entwickelt hat, liefert eine fundierte Gegenposition zu manipulativen und propagandistischen Vorgehensweisen.[152] Diesem Menschenbild fühlt sich auch die Autorin verpflichtet. Es beinhaltet die unantastbare Würde der menschlichen Person. Weil Manipulation und Propaganda diese Würde verletzen, stehen sie im Widerspruch zum personalen Menschenbild.

Die personale Auffassung vom Menschen besagt weiter, dass der Mensch von seiner Natur her ein soziales Wesen ist, fähig zu Vernunft und Ethik. Auch dagegen verstossen Manipulation und Propaganda. Sie respektieren weder Vernunft noch Ethik.

Die Menschenrechtserklärung der Vereinten Nationen liefert eine weitere gewichtige Gegenposition zu Manipulation und Propaganda. Sie beruht ebenfalls auf dem personalen Menschenbild und stimmt mit diesem überein. Der erste Artikel der Uno-Menschenrechtserklärung lautet:

> *«Alle Menschen sind frei und gleich an Würde und Rechten geboren. Sie sind mit Vernunft und Gewissen begabt und sollen einander im Geiste der Brüderlichkeit begegnen.»*[153]

Manipulation und Propaganda achten weder die Würde noch die Gleichwertigkeit der Menschen. Sie verstossen gegen das Gewissen und gegen das Gebot der Brüderlichkeit. Indem sie den Mitmenschen zum Manipulationsobjekt herabwürdigen, respektieren sie ihn nicht als gleichwertigen Partner.

---

[152] Arbeitsgemeinschaft für Personale Psychologie. Grundlagen einer Personalen Psychologie. Wattwil: APP 2001 (Bestellung unter Telefon +41 71 988 79 71)

[153] Allgemeine Erklärung der Menschenrechte. Resolution 217 (III) der Generalversammlung der Vereinten Nationen vom 10. Dezember 1948, Artikel 1

Aus diesen Überlegungen geht hervor, dass Manipulation und Propaganda unveräusserliche positive Grundwerte des Zusammenlebens und der menschlichen Gemeinschaft verletzen. Sie haben in der Gesellschaft und Politik keinen Platz und sind auch aus rechtsstaatlicher Sicht abzulehnen.

Wie kann man manipulativen Praktiken entgegentreten?

Die dargelegten Grundlagen sind hilfreich, um Manipulation und Propaganda zu erkennen und ihnen entgegenzutreten. Tatsächlich ist dies gar nicht so schwierig. Manipulative Techniken sind längst nicht so mächtig, wie die Spin doctors uns gerne glauben machen. Diese täuschen nämlich stets vor, ihnen würde alles gelingen. Das ist reiner Bluff. In Wirklichkeit sind die manipulativen Methoden oft so dümmlich und seicht, dass sie sich in nichts auflösen, wenn man sie aufdeckt – wie Seifenblasen, die in der Luft zerplatzen, wenn man sie ansticht.

Die Lektüre des vorliegenden Buches ist ein gutes Gegenmittel gegen Manipulation und Propaganda. Es deckt manipulative Praktiken auf und schafft eine kritische Distanz zu diesen. Damit verlieren sie bereits einen grossen Teil ihrer Wirkung.

Auch die Eigenverantwortung des Bürgers in der Demokratie ist ein gewichtiges Gegenmittel. Dies zeigt das folgende Beispiel.

Beispiel aus dem St. Galler Rheintal

Im St. Galler Rheintal verfolgte ein undurchsichtiger Filz aus global ausgerichteten Wirtschaftskreisen, PR-Büros, Medien und Behördenvertretern den Plan, fünf gut funktionierende, gesunde Gemeinden (Au, Balgach, Berneck, Diepoldsau und Widnau) aufzulösen und zu einer künstlichen Grossregion namens «Stadt Heerbrugg» zu fusionieren.[154]

---

[154] G5: Propaganda oder klar informiert? Stimmen zum Vorgehen der G5-Vertreter. Der Rheintaler, 9.6.2007

Bis jetzt ist Heerbrugg keine eigene Gemeinde, sondern nur ein Verkehrsknotenpunkt mit Wirtschaftszentrum, Wohnquartieren und Industrieareal. Bereits hat sich dort der globalisierte schwedische Grosskonzern «Hexagon» festgesetzt, indem er «Leica Geosystems» übernahm.[155] Diese Firma ist aus dem traditionsreichen Schweizer Unternehmen «Wild Optik» hervorgegangen, das der Fabrikantenfamilie Schmidheiny gehörte,[156] einer der reichsten Familien der Schweiz. Ob es wohl Zufall ist, dass sich just in der feudalen «Villa Schmidheiny» das Büro des PR-Beraters Reinhard Frei befand, einer Schlüsselfigur beim Fusionsprojekt?[157]

Der im Rheintal geplante «Wirtschaftsstandort» sollte «Precision Valley» heissen – nach dem Vorbild des amerikanischen «Silicon Valley». Durch die Fusion wollte man Baubewilligungen für neue Investoren erleichtern; die geplante Zentralbehörde sollte diese «effizient» bearbeiten.[158]

Stimmberechtigte mit dem Lockwort «Heimat» ködern

Dass die Einwohner der fünf Gemeinden dies nicht wollten, war klar: 95 Prozent waren dagegen.[159] Wie also die Fusion verkaufen? Nun wurden die Spin doctors in Betrieb gesetzt. Nicht weniger als vier grosse Beratungsbüros zog man bei, welche die Bevölkerung mit einlullenden Worthülsen betören

---

155 www.leica-geosystems.com/de/de/lgs_19120.htm?id=1564, 3.1.2009. Leica Geosystems liefert unter anderem Präzisionstechnologie für moderne Waffensysteme.

156 www.polymeca.ch/d/portrait/zeitreise.htm, 9.9.2008

157 Inzwischen hat sich Reinhard Frei mit seiner PR-Firma beim schwedischen Konzern Hexagon einquartiert. Vgl. Aus der Villa ausgezogen. Firma Freicom ist neuerdings im Gebäude von Leica Microsystem. Tagblatt Unterrheintal, 4.10.2007. www.tagblatt.ch/tagblatt-alt/tagblattheute/rt/unterrheintal/rt-ur/art783,164378, 3.1.2009

158 Vgl. www.fueges.ch. Die Website der «Interessengemeinschaft Füges» mit Reinhard Frei im Co-Präsidium ist auf dem Netz nicht mehr abrufbar, im Archiv der Autorin jedoch vorhanden. «Füges» ist ein PR-Konstrukt, welches gleichzeitig «Fünf Gemeinden, eine Stadt» und «Füge zusammen, was zusammengewachsen ist» aussagen soll.

159 Eine Umfrage mit diesem Ergebnis wurde im Sommer 2004 von Claude Longchamps Beratungsbüro «gfs.bern» durchgeführt.

und mit Psychotechniken über den Tisch ziehen sollten.[160] Die PR-Profis produzierten eine Flut von Hochglanzbroschüren und Flyers, organisierten Propaganda-Veranstaltungen und «Workshops» und nahmen auf Einzelpersonen Einfluss. Die Zeitungen waren voll von befürwortenden Artikeln. Kritische Gemeindeangestellte und sogar Gemeinderäte erhielten einen Maulkorb.

Der Haupt-Spin des Grossprojekts aber war – man höre und staune – «Heimat». Die PR-Profis scheuten sich nicht, den Stimmberechtigten «Heimat-Veranstaltungen» und Heimatfilme vorzusetzen, um die geplante «Stadt Heerbrugg» als «heimelig» anzupreisen.[161] Auch abgeschmackte Werbeslogans wie «Lust auf Fusion machen», «zum Wandel befähigen» oder «gemeinsam Visionen erarbeiten» wurden ausgestreut.[162] Die gigantische Propagandawalze sollte den Stimmberechtigten vortäuschen, es gebe einen breiten Konsens für die Fusion. So sollten sie dazu gebracht werden, der Selbstauflösung ihrer Gemeinden zuzustimmen.

Psychoschiene läuft ins Leere

Doch die Rechnung ging nicht auf. Ein Bürger von Diepoldsau wollte es genauer wissen. Er recherchierte und fand heraus, dass globale Konzerne und PR-Firmen hinter dem Projekt steckten und es mit manipulativen Psychotechniken vorantrieben. Nun

---

[160] Folgende Firmen erhielten Beratungsaufträge: «gfs.bern» von Claude Longchamp in Bern; «Freicom. Beziehungsmanagement und Kommunikation AG» von Reinhard Frei in Balgach; «Galliker Kommunikation» von Hans-Rudolf Galliker in Männedorf; Jean-Claude Kleiner von der «Unternehmensberatung OBT» mit Hauptsitz in St. Gallen

[161] Vgl. www.fueges.ch; vgl. auch: http:/leaderonline.ch/page/1943/17 (9.9.2008). Die Onlinezeitung «Leader» schreibt am 24.10.2006: Jean-Claude Kleiner von der OBT veranstaltet «Workshops mit Gemeinderäten, Schulbehörden, Ortsbürger-Verwaltungsräten, Parteien sowie der Bevölkerung». Doch da alle fünf Gemeinden finanziell und auch sonst «in einer guten Verfassung» sind, fehlt «der politische und gesellschaftliche Leidensdruck» für die Fusion. Kleiner verkauft sie deshalb so: «Die Lebensqualität [wird] wachsen, ohne dass das Heimatgefühl [!] oder die Verwurzelung verloren [gehen].»

[162] Vgl. www.fueges.ch

begann er, sich öffentlich kritisch zu äussern. Er formulierte klare und überzeugende Argumente gegen die Fusion. Schon bald meldeten sich Gleichgesinnte aus anderen Gemeinden; ein Nein-Komitee wurde gegründet. In dieser Form nahmen die Fusions-Gegner für die Erhaltung ihrer Gemeinden Stellung. Mit Flugblättern informierten sie ihre Mitbürgerinnen und Mitbürger.[163]

Die Aufklärung zeigte Wirkung. Viele waren erleichtert, dass der angebliche Konsens für die Fusion reine Propaganda gewesen war. Und so stimmten am 17. Juni 2007 alle fünf Gemeinden mit hoher Stimmbeteiligung und grosser Mehrheit gegen die Fusion.[164]

Wenn einer sich wehrt …

Das Beispiel steht für viele: Wie so oft schmiedete auch hier eine demokratisch nicht legitimierte Macht- und Geldelite hinter dem Rücken des Volkes heimliche Pläne, welche ihren eigenen Interessen dienten. Anschliessend wurde eine PR-Truppe in Marsch gesetzt, um das Projekt mit Scheinargumenten und Psychotricks zu verkaufen.

Wie so oft genügte es auch hier, dass sich ein Einzelner von den «Autoritäten» nicht einschüchtern liess und sich der Propagandawalze in den Weg stellte. Ermutigt und erleichtert schlossen sich andere an und äusserten sich ebenfalls gegen die Fusion – ähnlich wie im Märchen «Des Kaisers neue Kleider».

Die Abwehr ist gar nicht so schwierig

Solche Erfolge sind fast immer möglich. Wichtig ist, dass man sich vom «Tina»-Prinzip (siehe oben) nicht blenden lässt und

---

163 Wer A sagt, muss auch B sagen! Komitee gegen Gemeindefusion: Peter Kuster, Diepoldsau, Hans Frei, Widnau, Mirco Schneider, Berneck, Sonja Kuster, Diepoldsau, Werner Kuster, Diepoldsau, Arthur Messmer, Au, Carmen Bruss, Diepoldsau, Cornelia Mütschard, Diepoldsau, Willy Kuster, Diepoldsau

164 Nein zu G5 wird ohne Wenn und Aber akzeptiert. Der Rheintaler, 19.6.2007

nicht in ein Ohnmachtsgefühl verfällt.[165] Dies käme dem Kalkül der Politstrategen gerade entgegen. Denn es sind stets nur kleine Machtcliquen, welche mit Hilfe von Mitläufern und Gutgläubigen eine demokratiefeindliche Strategie verfolgen. Ihr Vorgehen funktioniert nur, wenn die Menschen es zulassen. Doch Passivität und blinde Obrigkeitstreue entsprechen nicht der direkten Demokratie; die Basis muss die Tätigkeit der Exekutive überwachen und wenn nötig korrigierend eingreifen. Das ist im obigen Fall geschehen – mit Erfolg. Deshalb können die fünf Gemeinden weiterhin ihre Geschäfte selbst regeln.

Ein weiteres Beispiel gelungener Abwehr

Ein weiteres Bespiel von gelungener Abwehr ist der im Eingangskapitel dargestellte Fall Laufental. Dort genügte es, dass die Einwohner des Bezirks von der illegalen Abstimmungspropaganda der Berner Regierung und dem rechtswidrigen Beizug des PR-Büros erfuhren. Als sie davon Kenntnis erhielten, wollten sie nicht mehr zu Bern gehören. Mit einer einmaligen Stimmbeteiligung von 93,6 Prozent stimmte die Mehrheit der Laufentaler für einen Wechsel zum Kanton Baselland.

Das Beispiel zeigt, dass die Manipulation ihre Wirkung verliert, wenn man sie als Manipulation enttarnt. Deshalb ist es so wichtig, über diese Techniken aufzuklären. Es lohnt sich also immer, mit Freunden, Kollegen und Verwandten zu sprechen; je mehr Leute über die manipulativen Praktiken Bescheid wissen, desto unwirksamer werden sie.

Autoritäre Vorgaben zurückweisen

Bei der «gelenkten Publikumsdiskussion» geht es darum, das Klima der Einschüchterung zu durchbrechen, welches durch die autoritäre Gesprächsleitung entsteht. Das braucht oft eine Portion Mut. Diesen hatte ein Mann bei einer Abstimmungsveranstaltung, bei welcher ein Bundesrat das Hauptreferat

---

[165] Zum «Tina»-Prinzip siehe oben

hielt. Der Bundesrat und die Mehrheit der Podiumsteilnehmer sprachen sich vehement für die betreffende Vorlage aus.

Die Publikumsdiskussion wurde mit der unverschämten Vorgabe eröffnet, man dürfe nur Fragen stellen, keine eigene Meinung äussern («keine Statements») und nicht länger als eine Minute sprechen. Ein Mann liess sich das nicht gefallen. Er meldete sich zu Wort, stand in aller Ruhe auf und wies die unwürdigen Anweisungen zurück: «Ich bin es nicht gewohnt, wie ein Kindergartenschüler behandelt zu werden. Es ist meine Art, frei meine Meinung zu sagen, und dies tue ich auch hier.» Dann legte er überzeugend dar, welche Gründe aus seiner Sicht gegen die Abstimmungsvorlage sprachen.

Mit dieser würdevollen Haltung hatte dieser Mann die gleichwertige Ebene wiederhergestellt. Seine Worte hatten Gewicht; man spürte, dass sie von Reife, Lebenserfahrung und Verantwortungsbewusstsein getragen waren. Der Gesprächsleiter getraute sich nicht, ihn zu unterbrechen, obwohl er seine Vorgaben nicht einhielt. In der Pause wurde dieser Herr von mehreren Leuten angesprochen, welche sich bei ihm für seine klaren Worte und für seinen Mut bedankten.

Dieses Beispiel zeigt, dass die genannten Grundwerte uns die innere Sicherheit geben können, einen entwürdigenden Umgang zurückzuweisen und Gleichwertigkeit einzufordern.

Das Gespräch von Mensch zu Mensch

Auch das Gespräch von Mensch zu Mensch – sei es im familiären Rahmen, im Freundeskreis, im Gespräch mit Nachbarn, am Arbeitsplatz oder am Stammtisch – bietet viele Gelegenheiten, Manipulationsmethoden aufzudecken und zu kritisieren. Denn diese Methoden rieseln ständig über die Medien auf uns ein. Wir sind alle ständig mit Psychotechniken wie «vorgetäuschter Konsens» oder «künstlicher Gruppendruck» konfrontiert. Durch das offene zwischenmenschliche Gespräch wird die lähmende Wirkung der Propaganda aufgehoben.

Wenn man mit anderen über seine Beobachtungen spricht, klären sich die Gedanken und Gefühle. Der Austausch über Fragen des Zusammenlebens im Kleinen wie im Grossen ist zudem ein Grundbedürfnis des Menschen. Es entspricht der menschlichen Sozialnatur. Daraus ergibt sich, dass die menschliche Verbundenheit und das zwischenmenschliche Gespräch ebenfalls gewichtige Gegenmittel gegen Manipulation und Propaganda sind.

Hypnotische Worthülsen erkennen

Eine Psychotechnik, die besonders leicht zu durchschauen und zu entkräften ist, sind die hypnotischen Worthülsen. Schlagworte wie «Wachstum», «Chance», «Wandel» oder «Vision» begegnen uns auf Schritt und Tritt, ebenso Negativ-Worthülsen wie «rückständig», «intolerant» oder «rechtspopulistisch». Wenn diese Manipulationsbegriffe gehäuft auftreten, kann man davon ausgehen, dass Spin doctors am Werk sind.

Wenn man mit anderen Personen über die manipulativen Psychotechniken spricht, sollte man nicht vergessen zu erwähnen, dass solche Praktiken nicht nur unredlich, sondern auch primitiv sind: «Schon wieder diese dümmlichen hypnotischen Worthülsen. Auf diesen Psychotrick fällt doch keiner mehr herein.»

Die Wahrheit als Gegenmittel

Ein weiteres mächtiges Gegenmittel gegen Manipulation und Propaganda ist das Verbreiten der Wahrheit. Manipulationstechniken greifen oft nur darum, weil wichtige Fakten verschwiegen werden oder nicht bekannt sind. Das vorliegende Buch will dazu beitragen, solche Fakten offenzulegen. So ist es zum Beispiel wenig bekannt, dass grosse PR-Firmen auf Kosten der Steuerzahler Machtpolitik betreiben – auch in der Schweiz. Dieser grobe Missbrauch muss aufhören!

Die Spaltung überwinden

Wie der Manipulationsmethode «Spaltung» begegnet werden kann, wurde am Beispiel des Referendumskomitees gegen die biometrischen Pässe erläutert. Die dort gelungene Zusammenarbeit von Vertretern der unterschiedlichsten Gruppen von ganz links bis ganz rechts hat Vorbildcharakter. Wenn die verschiedenen politischen Lager in ihren Gemeinsamkeiten zusammenarbeiten und sich in den Verschiedenheiten tolerieren, lebt die Demokratie. Dann haben Spin doctors keine Chance.

Zusammenfassende Gedanken

Das beste und wirksamste Gegenmittel gegen Manipulation ist die Wahrheit. Politik wird von Menschen gemacht. Es gibt kein «Tina»-Prinzip.

Ein einzelner kann die Manipulation durchbrechen – wie das Märchen «Des Kaisers neue Kleider» zeigt –, wenn er den vorgetäuschten Konsens nicht annimmt und unerschrocken seine Meinung sagt.

Soziale Verbundenheit schützt vor Manipulation. Das Wichtigste ist, Spaltungen zu überwinden – sei es die Spaltung zwischen links und rechts, zwischen alt und jung, zwischen Stadt und Land.

II. Spin doctors im Bundeshaus

1. Das Bundeshaus –
die grösste PR-Agentur der Schweiz

«Das Bundeshaus ist ein Biotop, in dem sich Politiker, Beamte, Lobbyisten und Journalisten […] gegenseitig bewirten. […] Ein weiteres Problem ist das Heer von Kommunikationsbeauftragten, das […] in der Bundesverwaltung beschäftigt wird.»[166] (Beat Jost, Bundeshausredaktor des «SonntagsBlicks»)

Gibt es Spin doctors im Bundeshaus? Die Frage wird unterschiedlich beantwortet. Doch was um alles in der Welt tun fast 700(!) «Fachmitarbeiter für Kommunikationsarbeit»[167] im Bundeshaus, wenn nicht Spin doctoring? Tatsache ist, dass es kaum Untersuchungen zu dieser Frage gibt. Eine Ausnahme bildet die Studie von Mélanie Chopard an der Universität Lugano, die im nächsten Kapitel vorgestellt wird.[168] Das bereits zitierte Bekenntnis des Ex-«Kommunikations»-Chefs des Bundes, Achille Casanova, belegt, dass im Bundeshaus unzulässige Manipulationstechniken angewandt werden:

«Spin-doctor-Techniken sind zwar in der offiziellen Kommunikationspolitik nicht zulässig; trotzdem wenden einige Kommunikationsbeauftragte der Departemente sie an».[169]

---

[166] Jost Beat. Interview mit Online-Ausgabe der Rhonezeitung. http://archiv.rz-online.ch/news2006/Nr15-20apr/09.htm, 3.1.2009. Beat Jost ist Bundeshausredaktor des «SonntagsBlicks».

[167] Sigg Oswald. Behördenkommunikation und politischer Journalismus, a.a.O.

[168] Chopard Mélanie. Comunicazione pubblica del Governo Svizzero e Spin doctoring (Öffentliche Kommunikation des Bundes und Spindoctoring). Bachelor-Arbeit. Universität Lugano. Lugano 2005

[169] Ex-Vizekanzler Achille Casanova in einem E-Mail an eine Studentin, 29.7.2007

Spin doctors made in Switzerland

Doch selbstverständlich heissen die bundesrätlichen Kommunikationsbeauftragten offiziell nicht Spin doctors, sondern «Fachleute für Kommunikation». Auch wird ihre Tätigkeit nicht als Politwerbung bezeichnet – das würde sich in einer direkten Demokratie schlecht machen –, sondern als «Öffentlichkeitsarbeit». Für die Wochenzeitung «Facts» war trotzdem klar:

> *«Was sich in den angelsächsischen Ländern unter dem Spottnamen Spin doctors längst in die Politik eingenistet hat, greift zunehmend auch in die eidgenössische Politmaschinerie ein. Spin doctors […] sind Bestandteil des immens gewachsenen Informationsapparates des Bundes. […] Die Tätigkeiten der Spin doctors, made in Switzerland, bleiben der breiten Öffentlichkeit meist vorenthalten. […] Mit den Spin doctors erhält die offizielle Informationspolitik des Bundes eine zusätzliche Dimension, einen neuen ‹Spin›.»[170]*

Der «Tages-Anzeiger» bezeichnet das Bundeshaus als die «grösste PR-Agentur der Schweiz»,[171] und die «Neue Zürcher Zeitung» spricht aufgrund des gigantisch gewachsenen Propaganda-Aufwandes von einer «ungebremsten PR-Lawine des Bundes».[172]

Tatsächlich wurden die Informationsdienste und Kommunikationsabteilungen des Bundes in den letzten Jahren massiv ausgebaut. Während in den Siebzigerjahren nicht einmal jedes Departement einen eigenen Pressechef hatte, waren 1989 etwa 100,[173] im Jahr 2001 bereits 432[174] und im Jahr 2007 annähernd 700 «Fachmitarbeiter für Kommunikation»

---

[170] Zurlinden Urs. Spin Doctors. Den richtigen Dreh zur richtigen Zeit. Facts, 52/1996
[171] Lüthi Sabine, a.a.O.
[172] Ungebremste PR-Lawine des Bundes. Neue Zürcher Zeitung, 22.4.2004
[173] Sigg Oswald, a.a.O.
[174] Lüthi Sabine, a.a.O.

beim Bund angestellt.[175] Bei diesen handelt es sich um «Informationsbeauftragte, Pressesprecherinnen, Kommunikationsberater, Redaktorinnen, Webmaster, PR-Spezialistinnen usw.».[176] Zusätzlich werden Aufträge an externe PR-Agenturen vergeben: «Externe Erstellung von Produkten zugunsten der Öffentlichkeitsarbeit»[177] heisst das im PR-Jargon.

Bundesrat beauftragt PR-Agentur, eine Volksinitiative zu bekämpfen

Ein Beispiel für das «externe Erstellen von Produkten zugunsten der Öffentlichkeitsarbeit» war die Propaganda gegen die eidgenössische Volksinitiative «Ja zur Komplementärmedizin» durch das Bundesamt für Gesundheit (BAG). Das BAG beauftragte ein privates Werbebüro, mit PR-Methoden gegen das Volksbegehren vorzugehen: die Richterich & Partner AG, Management Consulting für Kommunikation & Marketing.

Die Initiative «Ja zur Komplementärmedizin» war im September 2005 mit rund 140 000 beglaubigten Unterschriften fristgerecht eingereicht worden. Der Vorsteher des Bundesamtes für Gesundheit, Pascal Couchepin, befürchtete, dass sie angenommen würde. Das wollte er verhindern. Deshalb setzte das BAG heimlich ein «Kommunikations»-Budget von 300 000 Franken gegen die Initiative ein und erteilte der Zürcher PR-Agentur Richterich & Partner AG den Auftrag, das Volksbegehren zu bekämpfen.[178] Man hatte sich zur «professionellen Begleitung des Projekts im Bereich Kommunikation»

---

[175] Sigg Oswald, a.a.O.

[176] Lüthi Sabine, a.a.O.

[177] Ungebremste PR-Lawine des Bundes. Neue Zürcher Zeitung, 22.04.2004

[178] Schweizer Fernsehen, Nachrichtensendung 10vor10, 10.10.2006

Bundesamt
für Gesundheit

Vertrag

zwischen der	Schweizerischen Eidgenossenschaft
vertreten durch das	Bundesamt für Gesundheit (BAG), Bern
im folgenden bezeichnet mit	**Vertragsgeber**
und dem Beauftragten	Richterich & Partner AG Management Consulting für Kommunikation & Marketing Seestrasse 25 8702 Zollikon
im folgenden bezeichnet mit	**Vertragsnehmer**
Titel	Kommunikationsbegleitung Volksinitiative 'Ja zur Komplementärmedizin', Phase I
Dauer	Beginn 1. April 2006 Ende 30. August 2006
Vertragssumme	CHF 30'000.00
Vertrag Nr./ Reg-Nr / Dos-Nr	06.001238 / 2.50.03 -165
Kostenart/Kredit	
Kostenstelle / Org. Einheit	3500
Abrechnungsempfänger	

21_01-d.doc

Vertrag des Bundesamtes für Gesundheit mit der Zürcher PR-Agentur Richterich & Partner AG zur «Kommunikationsbegleitung» der Eidgenössischen Volksinitiative «Ja zur Komplementärmedizin»

Die Komplementärmedizin wird mit Steuergeldern bekämpft

Das Bundesamt für Gesundheit hat ein PR-Büro beigezogen, um eine «heikle» Volksinitiative abzuwehren – lange bevor das Parlament darüber beraten hat.

Bern. – Für seinen Kampf gegen die Volksinitiative «Ja zur Komplementärmedizin» hat das Bundesamt für Gesundheitswesen (BAG) private Kommunikations- und Marketingberater engagiert. Gemäss Vertrag sollte die Zürcher Firma Richterich & Partner Informationen über die Initianten beschaffen und das BAG bei kritischen Medienanfragen beraten. Dessen Spreche-

rin Christina Hertig bestätigte Informationen der «NZZ am Sonntag», wonach für die abgeschlossene Umfeldanalyse 24 000 Franken bezahlt wurden. Wie viel Geld die gleiche Firma für ein ständiges Monitoring der BAG-Kommunikation erhält, konnte Hertig nicht sagen.

Die Initianten des Volksbegehrens reagierten empört, dass das BAG noch vor den Parlamentsdebatten Steuergelder gegen ihre Initiative einsetzt. Der Bundesrat hat bisher verheimlicht, dass er Ende März die Ablehnung der Initiative beschlossen hatte, wie Vizekanzler Oswald Sigg bestätigt. Das unübliche Vorgehen des BAG kritisiert er nur verklausuliert: Behörden hätten stets das Ziel zu verfolgen, die freie

Meinungsbildung der Stimmberechtigten zu fördern – und nicht à tout prix die Ablehnung einer Initiative zu erreichen.

SP-Ständerätin und Mitinitiantin Simonetta Sommaruga will nun die Geschäftsprüfungskommission (GPK) einschalten. GPK-Mitglied Edith Graf-Litscher (SP, TG) sammelt bereits Informationen für eine Untersuchung früherer BAG-Entscheide gegen die Komplementärmedizin. Sie findet den Einsatz von Steuergeld vor dem Parlamentsentscheid «äusserst deplatziert». Selbst Gegner der Initiative wie etwa Ständerat Hans Altherr (FDP, AR) bezeichnen die BAG-Bestrebungen als «fragwürdig» und «verfrüht». (bvr)

Kampf gegen Volksinitiative, Seite 2

Kampf gegen Volksinitiative mit Steuergeldern vorbereitet

Die Initiative für Komplementärmedizin wird aus Couchepins Departement mit allen Mitteln bekämpft: Ein PR-Büro wurde engagiert, ein Vorentscheid des Bundesrates geheim gehalten.

Von **Bruno Vanoni, Bern**

Gleich vier Departemente wurden im letzten Herbst beauftragt, die bundesrätliche Stellungnahme zur Volksinitiative «Ja zur Komplementärmedizin» auszuarbeiten. Mehr hat die Öffentlichkeit seit der Einreichung der Initiative nicht erfahren dürfen. Dass sich der Bundesrat am 29. März auf ein Nein festlegte und einen Gegenvorschlag ausschloss, sollte geheim bleiben.

Gegen kritische Medien gewappnet

Diese Verheimlichung des Grundsatzentscheides steht nicht nur im Widerspruch zur wachsenden Tendenz der Bundesräte, politische Weichenstellungen frühestmöglich zu verkünden. Das intransparente Vorgehen passt auch ins Konzept des federführenden Bundesamtes für Gesundheit (BAG). Wie die «NZZ am Sonntag» berichtete, hat es bereits für die Arbeit an der bundesrätlichen Botschaft ans Parlament ein privates Unternehmen für Kommunikations- und Marketingberatung beigezogen: die Zürcher Richterich & Partner AG. Gemäss dem vertraulich fixierten Auftrag sollte das PR-Unternehmen ein «Wording für eine defensive

Kommunikation» entwickeln. Was damit gemeint ist, wird im Vertrag mit einem Beispiel erläutert: «Keine Medienmitteilung zum Richtungsentscheid des Bundesrates.» Mit dem Beizug des PR-Büros wollte sich das BAG zudem gegen kritische Medienberichte wappnen: etwa gegen «mögliche Vorwürfe zu Parteilichkeit.» Den Bedarf an «professioneller Begleitung» hat das BAG intern damit begründet, dass die Kommunikation beim letzten Entscheid gegen die Komplementärmedizin «schwierig» gewesen sei.

In der Tat waren irritierende Ungereimtheiten publik geworden, als Bundesrat Pascal Couchepin im Mai 2005 komplementärmedizinische Methoden aus der obligatorischen Krankenversicherung kippte. Die Volksinitiative will unter anderem diesen Entscheid rückgängig machen. Die Initianten reagieren denn auch empört, dass das BAG nun Steuergelder für ein externes PR-Büro einsetzt hat, um die Initiative schon vor den Parlamentsdebatten «systematisch» zu bekämpfen.

Einsatz für 300 000 Franken geplant

Das sei eine Unterstellung, sagt BAG-Sprecherin Christina Hertig. Das Bundesamt habe die private Agentur bloss für eine «Umfeldanalyse» beigezogen, weil es da für selber zu wenig Ressourcen habe. Gemäss Vertrag ging es dabei darum, die «verschiedenen Interessengruppen» hinter der Initiative und «mögliche Verbündete» für den Kampf dagegen zu ermitteln: auch über «geschlossene Datenbanken» und «telefonische Interviews». Diese Arbeit sei abgeschlossen, sagt BAG-Sprecherin Hertig;

Für die eingesetzten 24 000 Franken sei nur die Umfeldanalyse gemacht worden, die für die Formulierung der bundesrätlichen Botschaft benötigt werde. «Folgeaufträge sind nicht geplant.»

Im BAG-Konzept, auf dem der externe Auftrag basiert, werden allerdings 100 000 Franken für «professionelle Medienbegleitung» während der parlamentarischen Beratung als nötig erachtet. Für 170 000 Franken sollten zudem BAG-Mitarbeiter von andern Aufgaben entlastet werden, damit sie sich der Initiative widmen können. Insgesamt wollte das BAG also 300 000 Franken einsetzen, noch bevor der Abstimmungskampf begonnen hat.

Sigg: Freie Meinungsbildung fördern

Ob sich ein derart frühes Engagement mit der viel beschworenen Zurückhaltung der Bundesbehörden vor Volksabstimmungen deckt, ist fraglich. In den Richtlinien, die der Bund 2001 formuliert hat, ist dazu nichts geregelt – weil man damals wohl nur an die Gefahr unzulässiger «Behördenpropaganda» in der heissen Schlussphase vor Urnengängen dachte.

«Die zuständigen Departemente haben relativ grosse Freiräume für die Planung und Gestaltung der Kommunikation im Hinblick auf Abstimmungen», umreisst Regierungssprecher Oswald Sigg die geltende Informationspolitik. «Aber bei allen Bemühungen muss das Ziel verfolgt werden, die freie Meinungsbildung der Stimmberechtigten zu fördern – und nicht à tout prix die Ablehnung einer Initiative zu erreichen.» Genau darauf aber laufen die aufgedeckten BAG-Aktivitäten hinaus.

Artikel im Tages-Anzeiger vom 26.6.2006 zur «Kommunikationsbegleitung» der Eidgenössischen Volksinitiative «Ja zur Komplementärmedizin» entschlossen, weil die Situation laut BAG heikel war.[179] Das BAG wartete nicht einmal die Behandlung im Parlament ab, sondern versuchte schon vorher, das Volk und das Parlament gegen die Initiative zu beeinflussen.

Nur durch eine couragierte BAG-Mitarbeiterin kam das Vorgehen des BAG ans Licht. Die Mitarbeiterin übergab die fraglichen Dokumente an das Initiativkomitee. Doch statt sich bei der Mitarbeiterin zu bedanken, welche das empörende Vorgehen aufgedeckt hatte, kündigte man ihr die Stelle. Bundesrat Couchepin spielte die Angelegenheit herunter. Er behauptete, er habe von allem nichts gewusst und ausserdem habe es sich nur um 30 000 Franken gehandelt.[180] Einen Tag später musste BAG-Direktor Thomas Zeltner zugeben, dass es doch 300 000 Franken gewesen waren.[181]

Der PR-Auftrag wurde allerdings sofort gestoppt, und die ständerätliche Geschäftsprüfungskommission befand, dass das Bundesamt «in einem ganz sensiblen Bereich, nämlich dem Einsetzen von Steuergeldern im Vorfeld eines Abstimmungskampfes, zu weit gegangen» war.[182]

Der mutigen Mitarbeiterin, die das Unrecht aufgedeckt hatte, warf man vor, sie habe das Amtsgeheimnis verletzt. Dem hielt sie entgegen:

«Ich bereue es nicht. Wenn man bedenkt, mit welchen Mitteln gegen die Initiative gekämpft wird, muss ich mich nicht schämen […]. Ich

---

179   Bundes-PR vor Abstimmung. NZZ am Sonntag, 25.06.2006. Im Projektauftrag des BAG vom 27.01.2006 steht: «BR Couchepin hat am 19.01.2006 entschieden, die Volksinitiative abzulehnen. Es besteht ein grosser Zeitdruck […] eine professionelle Begleitung des Projekts im Bereich Kommunikation ist deshalb unabdingbar. Es muss eine KOM-Strategie erstellt werden […]. Die Vorgaben des Departements und der GL-BAG sind eindeutig: Die Initiative ist abzulehnen (kein Gegenvorschlag). Die Arbeiten im Projekt sind auf dieses Ziel auszurichten.»

180   Schweizer Fernsehen, Nachrichtensendung 10vor10, 10.10.2006

181   Vanoni Bruno. Kampf gegen Volksinitiative mit Steuergeldern vorbereitet. Tages-Anzeiger, 26.06.2006; Schweizer Fernsehen, Nachrichtensendung 10vor10, 10.10.2006

182   Alex Kuprecht, Ständerat und Mitglied der Geschäftsprüfungskommission, in: Schweizer Fernsehen, Nachrichtensendung 10vor10, 10.10.2006

habe sogar das Gefühl, das Volk hat ein Recht zu wissen, was mit seinen Steuergeldern passiert.»[183]

Keine Rechtsgrundlage für PR-Kampagnen des Bundes

Das Beispiel ist leider kein Einzelfall. Auch bei anderen wenig transparenten Projekten spannt der Bund private PR-Firmen ein, etwa beim Projekt «Neue Regionalpolitik» das Werbebüro Brugger & Partner aus Zürich oder bei der Abstimmung über die Militärgesetzesänderung im Jahr 2001 das der FDP nahe stehende PR-Büro Consulting Farner.

Solche Rechtsverluderung wird betrieben, obwohl man beim Bund genau weiss, dass das nicht legal ist. In einem internen Arbeitspapier schreiben die bundesrätlichen «Kommunikationsberater»:

«Eine Mehrheit der Juristen geht davon aus, dass mit den heutigen Rechtsgrundlagen keine kommerzielle Kommunikation der Behörden im Abstimmungskampf möglich ist […]. Die spezifischen Rechtsgrundlagen fehlen, wenn werberische, suggestive und emotionale Inhalte im Vordergrund stehen.»[184]

Biotop für Kommunikationsleute

Aus der Sicht eines Insiders schildert Beat Jost, Bundeshausredaktor beim «SonntagsBlick», das Klima in Bern so:

«Das Problem der Journalisten ist, dass sie die Nähe zu den politischen Akteuren suchen müssen und trotzdem die nötige Distanz wahren sollten. Die Gefahr ist effektiv gross, dass Medienschaffende zum Bestandteil des Berner Politbetriebs werden. […] Ein weiteres Problem ist das Heer von Kommunikationsbeauftragten, das mittlerweile auch in der Bundesverwaltung beschäftigt wird. So wird jede bundesrätliche Äusserung, jede Pressemitteilung und jedes Interview zur propagandistischen Stabsübung. Selbst kompetente und hochbezahlte Chefbeamte bekommt man kaum mehr an den Draht,

---

183 Caroline Kramer in: Schweizer Fernsehen, Nachrichtensendung 10vor10, 10.10.2006
184 Bundeskanzlei. KID-Bericht S. 50

und wenn sie etwas sagen dürfen, wird das erst noch von den Kommunikationsleuten abgesegnet.»[185]

Diese Darstellung eines Insiders stellt die Beteuerung des Bundesrates, sein Ziel sei Transparenz, in Frage. Die Beschreibung wirft zudem die Frage auf, ob Journalisten in diesem «Biotop», in dem der erwähnte Gruppendruck besonders hoch ist, überhaupt noch unabhängig arbeiten können.

Medien als Sprachrohre der Obrigkeit

Früher galt es in Journalistenkreisen als beinahe anstössig und als «Tabu-Bruch», wenn Kollegen zur Public-Relations-Branche oder gar ins Bundeshaus wechselten. Letztere wurden spöttisch als «Sprachrohre der Obrigkeit» bezeichnet, und man sagte, sie hätten die «Front» gewechselt.[186]

Heute ist das anders. Immer häufiger wechseln Journalisten ins Bundeshaus und wieder zurück. Auch bilden sich Journalisten immer häufiger in Public Relations weiter.[187] Aus Sicht der Berufsfreiheit ist dagegen nichts einzuwenden, doch wird es zum Problem, wenn die persönlichen Beziehungen zwischen Journalismus und Behörden so eng werden, dass beide Seiten ihre Unabhängigkeit verlieren.

Diese Gefahr liegt im Fall von Thomas Suremann nahe. Dieser war ursprünglich Nachrichtenchef beim «SonntagsBlick». 1996 wurde er von Bundesrat Adolf Ogi ins Militärdepartement geholt, um dem unbeliebten Nato-Dossier «Partnership for Peace» zu einem besseren Image zu verhelfen. Nachdem er diesen Auftrag zur Zufriedenheit Ogis erledigt hatte, wechselte er wieder in die Zeitungsredaktion zurück – versehen mit neuen «guten Quellen und Kanälen» ins Bundeshaus».[188] Später

---

185   Jost Beat. Interview mit Online-Ausgabe der Rhonezeitung. http://archiv.rz-online. ch/news2006/Nr15-20apr/09.htm, 3.1.2009
186   Lüthi Sabine, a.a.O.
187   Lüthi Sabine, a.a.O.
188   Lüthi Sabine, a.a.O.

wechselte er von der Redaktion wieder ins Bundeshaus. Inzwischen ist Suremann Leiter der «Stabsstelle Kommunikationsunterstützung für Bundesrat und Departemente».[189]

Behörden-Medien-Filz

Durch solche Frontenwechsel verwischt sich die Grenze zwischen Presse und Bundesverwaltung immer mehr; ein «Behörden-Medien-Filz» entsteht. Die Pressesprecher des Bundes tragen selbst aktiv zur Verwischung bei, indem sie sich bei Pressekonferenzen gleich selbst zu den «lieben Kolleginnen und Kollegen» dazuzählen.[190]

Angesichts der engen Vernetzung zwischen Bund und Medien ist auch die bereits zitierte Aussage der bundesrätlichen Kommunikationsbeauftragten nachvollziehbar:

«Die Medien lassen sich vom Ereignismanagement […] der politischen Akteure in der Berichterstattung ein Stück weit determinieren […]. Die meisten Medien übernehmen die wichtigsten Aussagen der Mitglieder des Bundesrates.»[191]

Diese Aussage ist ein Beispiel dafür, wie Spin doctors manipulieren: Sie sprechen eine Ungeheuerlichkeit offen aus, nämlich dass Medien sich manchmal als verlängerter Arm des Staates betätigen. Diese Realität verschleiern sie sogleich wieder durch einen Schwall von gescheit klingenden hypnotischen Worthülsen. Durch den Trick wird die Ungeheuerlichkeit zur angeblichen «Normalität» umgedeutet. In Wirklichkeit ist es eine ernste Gefahr für die Freiheit und für die Demokratie, wenn Medien zu Organen der Staatspropaganda werden.

---

189 Vgl. Bundeskanzlei. Eidgenössischer Staatskalender. Bern 2007, S. 98
190 Lüthi Sabine, a.a.O.
191 Bundeskanzlei. KID-Bericht, S. 17/21/35

2. Spin doctoring im Bundeshaus – wissenschaftlich untersucht

«Information ist eine mächtige politische Waffe, und ihre Verbreitung, Einschränkung und/oder Verzerrung durch Regierungen ist ein entscheidendes Element in der Kontrolle der öffentlichen Meinung.»[192]

«In einer direkten Demokratie wie der Schweiz darf die Meinungsbildung der Bürger nicht manipuliert werden.»[193]

Im nachstehenden Kapitel werden Ergebnisse einer Studie zusammengefasst, die an der Fakultät für Kommunikationswissenschaften der Universität Lugano ausgearbeitet wurden. Das Thema der Untersuchung lautete: «Öffentliche Kommunikation des Bundes und Spin doctoring» («Comunicazione pubblica del Governo Svizzero e Spin doctoring»).

Eine Regierung darf nicht Partei sein

In der Kommunikationswissenschaft wird zwischen «politischer Kommunikation» und «öffentlicher Kommunikation» unterschieden. Beide Formen betreffen die Politik. Während die «politische Kommunikation» von Parteipolitikern gemacht wird und bis zu einem gewissen Grad einseitig sein darf, geht die «öffentliche Kommunikation» von staatlichen Institutionen aus und muss objektiv und neutral sein.[194]

Politische Kommunikation will überzeugen, unbequeme Aspekte werden ausgeblendet. Wenn ein Parteipolitiker manipuliert, ist dies zwar nicht korrekt, aber nicht verboten. Man

---

[192] McNair Brian. An Introduction To Political Communication. London: Routledge 2007, S. 120

[193] Chopard Mélanie. Comunicazione pubblica del Governo Svizzero e Spin doctoring (Öffentliche Kommunikation des Bundes und Spindoctoring). Bachelor-Arbeit. Universität Lugano. Lugano 2005

[194] Chopard Mélanie, a.a.O., S. 5–8

wisse, so Chopard, dass Politiker meist nur das sagen, was ihnen Stimmen bringt.

In der öffentlichen Kommunikation hingegen ist das Weglassen «unbequemer» Aspekte bereits Manipulation und unzulässig – vor allem, wenn es sich um wesentliche Aspekte handelt. Eine Regierung darf wichtige Argumente nicht verschweigen. Sie hat die Pflicht, die Bürger ausgewogen zu informieren.[195]

Der Public-Relations-Staat

Tatsächlich versuchen Regierungen immer häufiger, verdeckt und systematisch Einfluss auf die Medien und die Öffentlichkeit zu nehmen. Sie nennen das «Kommunikationsmanagement». Dazu werden Fernsehdiskussionen, Pressekonferenzen, Pressemitteilungen und Zeitungsinterviews genutzt, aber auch Auslandreisen und öffentliche Anlässe wie die Eröffnung von Bauwerken oder Ausstellungen.

Die Hauptsorge vieler Regierungen scheint heute das «Kommunikationsmanagement» zu sein. Deshalb gleichen sie immer mehr gigantischen Public-Relations-Agenturen. Das sind alarmierende Signale für eine Transformation der Regierungsform bezüglich der Art, «wie Information abgewickelt wird». Angesichts des gewaltigen Aufwandes für Werbung und Imagepflege warnen einige Autoren bereits vor einem Public-Relations-Staat.[196]

Spin doctors «massieren» Nachrichten

Um das Image von Regierungen zu verbessern, «massieren» Spin doctors die Nachrichten. Das heisst, dass sie aus jeder Situation, in die ihr Auftraggeber verwickelt ist, das Beste herausziehen und den Journalisten eine «bereinigte» Version des

---

[195] Der Begriff «Regierung» wird von Chopard allgemein verwendet. In der Schweiz müsste es korrekterweise «Bundesrat» oder «Bundesbehörden» heissen

[196] Chopard Mélanie, a.a.O., S. 10

Ereignisses präsentieren, versehen mit dem richtigen «Spin».[197] Unvorsichtige oder vorschnelle Äusserungen von Regierungsmitgliedern werden zurechtgebogen oder abgemildert, besonders bei unpopulären Entscheidungen und Skandalen. Mit solchen Aufgaben beschäftigen sich zunehmend auch die Kommunikationsexperten des Bundes – nach dem Motto:

«Spinning bedeutet [...], mit dem Ergebnis anzufangen [...] und dafür ein passendes Argument zu erfinden. Es bedeutet, keine Probleme damit zu haben, wenn das, was man gestern gesagt hat, im Gegensatz zu dem steht, was man morgen sagen wird.» [198]

Diese demokratiewidrige Praxis führt bedenklich in die Nähe von Edward Bernays' PR-Staat, der von PR-Spezialisten aus dem Hintergrund gelenkt wird.[199]

Kontrolle der öffentlichen Meinung

Spin doctors versuchen, das «Agenda-Setting» zu kontrollieren. Das heisst, sie versuchen zu bestimmen, ob ein Thema in den Medien behandelt wird und zu welchem Zeitpunkt.[200] Die erste Voraussetzung dafür ist, dass sie den Nachrichtenfluss überwachen.

Da staatliche Institutionen als Nachrichtenquellen eine hohe Glaubwürdigkeit besitzen, verfügen Kommunikationsbeauftragte von Behörden über eine erhebliche Macht, die Nachrichtenkanäle zu öffnen oder zu schliessen. Die Kanäle öffnen sich für Nachrichten, die «gestützt» sind. Wenn eine Zeitungsredaktion beispielsweise mit 50 oder 60 Meldungen zum gleichen Ereignis aus verschiedenen, scheinbar unabhängigen Quellen überschwemmt wird, dann öffnen sich die

---

[197] Chopard Mélanie, a.a.O., S. 14

[198] Kinsley Michael: The Great Spin Machine. Time, 17.12.2000 (Übers. J.B.)

[199] Kunczik Michael. Politische Kommunikation als Marketing in Jarren Otfried, Sarcinelli Ulrich, Saxer Ulrich: Politische Kommunikation in der demokratischen Gesellschaft. Opladen 1998, S. 331

[200] Foa Marcello: Gli stregoni, a.a.O., S. 37

Nachrichtenkanäle weit; alle Medien berichten darüber. Für eine Nachricht hingegen, hinter der keine einflussreichen und finanzkräftigen Kreise stehen, öffnen sich nur wenige Nachrichtenkanäle oder gar keine, auch wenn sie wichtig ist.

Jede Kommunikation planen – nichts dem Zufall überlassen

Eine zweite Voraussetzung für das Agenda-Setting ist das sorgfältige Planen jeder Kommunikation; nichts wird dem Zufall überlassen. Deshalb wird die politische Linie der Regierung täglich vom Kommunikationsteam neu festgelegt. Daraufhin wird die zentrale Botschaft formuliert und anschliessend beharrlich wiederholt. Aspekte, welche die Regierung interessieren, werden hervorgehoben, andere werden heruntergespielt oder weggelassen.

Bevor eine Nachricht hinausgeht, wird sie vom Kommunikationsteam der Regierung «montiert», das heisst, sie wird mit entsprechendem «Supportmaterial» – Anekdoten, Zitaten oder Beispielen – ausgestattet, welche die zentrale Botschaft der Nachricht stützen. Erst dann geht die Meldung an die Öffentlichkeit.

Der Moment, in welchem die Meldung erscheint, ist sorgfältig zu planen. Behördenmitglieder pflegen zu diesem Zweck sogar Freundschaften mit Journalisten. Sie übergeben diesen im geeigneten Moment «exklusive» Nachrichten. Die Journalisten publizieren diese meist bereitwillig. Diese Praxis sei zwar üblich, hält Chopard fest, sie stelle aber das Bild des Journalisten als «Wächter des Systems» in Frage. Eher entstehe das Bild einer Abhängigkeitsbeziehung zwischen Journalisten und Regierung.

Das dritte Prinzip des Agenda-Settings ist die Image-Pflege von Regierungsmitgliedern. Jeder öffentliche Auftritt eines Regierungsmitglieds wird deshalb sorgfältig vorbereitet. Jeder Auftritt soll Respekt, Bewunderung und Empathie für das Regierungsmitglied hervorrufen. Deshalb sollte nach dem Rat der Spin doctors auch jeder Politiker einen Hund oder eine Katze besitzen und sich mit diesen fotografieren lassen.

Der Fall Schweiz

Die kommunikationswissenschaftliche Literatur geht davon aus, dass die Schweiz über spezielle Eigenheiten verfügt, welche den Einfluss von Spin doctors begrenzen:

1. Das Wahlsystem: Da die Schweiz von mehreren Parteikoalitionen regiert werde, sei es für die Regierung nicht möglich, «mit einer Stimme zu reden», wie es die Spin doctors predigen.

2. Die Kleinheit des Landes: Je kleiner ein Land ist, desto schwieriger ist es, die öffentliche Meinung zu manipulieren. In kleinen Gemeinschaften dominiert die informelle Kommunikation, die spontan in der Gesellschaft entsteht.

3. In der Schweiz hat «Kommunikationsmanagement» keine Tradition: Weil das Land klein ist, können sich die Regierungsmitglieder und Politiker selbst an die Öffentlichkeit wenden und wollen keinen Pressesprecher.

4. Journalistische Tradition: Viele Schweizer Medien seien eigenständig und hätten eine eigene politische Linie, wird angenommen. Solchen Medien eine Meinung aufzuzwingen, sei für Spin doctors schwierig.

5. Bewusstsein über die Gefährlichkeit von Staatspropaganda: Wie ganz Europa hat auch die Schweiz die faschistischen, nazistischen und kommunistischen Regierungen kennengelernt und misstraut jeder Form von Staatspropaganda.[201]

Diese fünf Merkmale werden als Ursachen genannt, weshalb Spin doctors in der Schweiz angeblich keine Rolle spielen. Chopard untersucht, ob diese Eigenheiten der Schweiz tatsächlich so noch anzutreffen sind.

---

[201] Foa Marcello: Gli stregoni, a.a.O., S. 214–218

Das Kommunikationssystem des Bundes

Das Kommunikationssystem des Bundes ist einerseits nach den sieben Departementen organisiert. Jedes Departement hat ein eigenes Pressebüro. Andererseits gibt es den «Sektor Information und Kommunikation» bei der Bundeskanzlei, der departementsübergreifend vom Vizekanzler und Bundesratssprecher geleitet wird. Mit zehn Mitarbeitern verwaltet er die Beziehungen zur Presse. Die Zuständigkeiten sind in einem «Leitbild» geregelt:

«Die Information zwischen Bundesrat und Departementen wird vom Bundesratssprecher koordiniert. Er sorgt in Zusammenarbeit mit den Departementen für die Information der Öffentlichkeit zu Lagebeurteilungen, Planungen und Entscheiden des Bundesrates.

Die Departemente informieren über ihre Tätigkeit in Absprache mit der Bundeskanzlei selbständig. Der Departementsvorsteher oder die Departementsvorsteherin bestimmt, wer für die Information verantwortlich ist. Die Informationschefin oder der Informationschef koordiniert zudem die Informationstätigkeit der Bundesämter.

Koordinationsorgan für departementsübergreifende Belange der Information und Kommunikation ist die Konferenz der Informationsdienste (KID), bestehend aus dem Bundesratssprecher (Vorsitz) und den Informationsverantwortlichen der Departemente, der Bundeskanzlei und der Parlamentsdienste.» [202]

Verbot von Propaganda, Desinformation und Lüge

Weiter steht im «Leitbild», die Information der Öffentlichkeit sei eine «Bringschuld» des Bundesrates und der Bundesverwaltung, diese müssten frühzeitig und kontinuierlich informieren, und zwar

---

[202]   Bundeskanzlei. Information und Kommunikation von Bundesrat und Bundesverwaltung. Leitbild der Konferenz der Informationsdienste (KID). Bern 2003, S. 8. www.admin.ch/ch/d/cf/leit.pdf, 17.09.04 (im folgenden: «Leitbild»)

«[...] ohne Wichtiges wegzulassen oder Negatives zu verschweigen [...]. Die Informationen müssen nach dem Wissensstand von Bundesrat und Bundesverwaltung wahr, sachlich und möglichst objektiv sein. **Unzulässig sind Propaganda, Suggestion, Manipulation, Vertuschung, Lüge und Desinformation.** *[...] Alle wesentlichen Tatsachen und Zahlen sind der Öffentlichkeit vollständig bekannt zu geben [...]. Es ist irrelevant, ob die Information positiv oder negativ wirkt. Auch unangenehme Sachverhalte – Fehler, Pannen, Misserfolge – sind offen darzulegen. Die Komplexität darf im Interesse der Verständlichkeit reduziert werden.* **Die Komplexitätsreduktion darf aber nicht zu einem unausgewogenen, einseitigen Blickwinkel führen [...]. Wesentliche Informationen dürfen nicht aus taktischen Gründen zurückgehalten werden.»**[203]

Theoretisch verbieten diese Prinzipien jede Aktivität von Spin doctors. Sie lassen die Schweiz geradezu als «Anti-Spin-Modell» erscheinen.[204] Werden diese Prinzipien aber auch wirklich eingehalten? Dieser Frage geht Chopard nach.

Externe PR-Agenturen und ein Heer von Kommunikationsberatern

Offiziell arbeiten 275 Public-Relations-Experten im Bundeshaus.[205] Vermutlich sind es aber wesentlich mehr; die «Neue Zürcher Zeitung» und die «Weltwoche» gehen von 700 bis 750 Mitarbeitern aus.[206] Mit diesem Personal sind die 125 akkreditierten Bundeshausjournalisten konfrontiert.[207] Und die festangestellten Experten reichen noch nicht! Bei der Volks-

---

[203] Bundeskanzlei. Leitbild, S. 4–6. (Hervorhebungen J.B.)

[204] Foa Marcello: Gli stregoni, a.a.O., S. 219

[205] Jarren Otfried: Soll und Grenzen der Staatsinformation. Neue Zürcher Zeitung, 4.2.2005

[206] Sigg Oswald. Behördenkommunikation und politischer Journalismus, a.a.O.; Engeler Urs Paul, Somm Markus. Unser Wille geschehe, Weltwoche 38/2004

[207] Engeler & Somm, a.a.O.

abstimmung vom 18. April 1999 über die Bundesverfassungs-reform hat der Bund zusätzlich Public-Relations-Agenturen hinzugezogen, und zwar mit der Begründung:

> «[Die Abstimmung] verlangte wegen ihrer Grösse, des Zeitdrucks sowie der staatspolitischen Bedeutung nach professioneller Betreu-ung der Öffentlichkeitsarbeit. Der Entscheid, externe Berater beizu-ziehen, war deshalb richtig».[208]

Chopard fragt: «War es so schwierig, die Verfassungsreform zu ‹kommunizieren›, dass man spezielle Beratung brauchte? Wollte man die neue Verfassung eher ‹verkaufen› anstatt ob-jektiv darüber zu informieren?»

Dies war nicht der einzige Fall, bei dem der Bund sich von externen PR-Leuten beraten liess. Auch für die beiden Ab-stimmungen vom 27. September und 29. November 1998 über eine leistungsabhängige Schwerverkehrsabgabe (LSVA) und über die Finanzierung des öffentlichen Verkehrs (Finöv) hatte der Bund einen externen Berater eingestellt.

Keine Rechtsgrundlagen für PR-Methoden

Public-Relations-Firmen benutzen verschiedene Strategien, um ihre Projekte zu fördern, von harmlosen Methoden bis zu grossen propagandistischen Kampagnen. Welche Strategien benutzen sie bei Aufträgen des Bundes? Es ist zu vermuten, dass sie auch dort zu propagandistischen Methoden greifen, was sie aber laut «Leitbild» nicht dürfen:

> Für eine korrekte Meinungs- und Willensbildung ist es entschei-dend, dass die Bürgerinnen und Bürger erkennen können, aus wel-cher Quelle eine Information stammt.»[209]

Das können sie aber nicht, wenn sie mit Public Relations beein-flusst werden. PR-Methoden sind unvereinbar mit den Geset-

---

[208]   Bundeskanzlei. KID-Bericht, S. 65
[209]   Bundeskanzlei. Leitbild, S. 4–6

zen und der Verfassung. Denn die Rechtsgrundlagen «für werberische, suggestive und emotionale» Kampagnen fehlen.[210]

Prestigeposition des Bundes

Die Informationsbeauftragten des Bundes wissen genau, dass sie eine äusserst privilegierte Position gegenüber den Medien besitzen:

> «Im Vorfeld von eidgenössischen Abstimmungen spielen die Medien eine zentrale und unersetzliche Rolle [...]. Die meisten Medien übernehmen die wichtigsten Aussagen der Mitglieder des Bundesrates, welche damit in einer zentralen Phase der Meinungsbildung grossräumig Präsenz markieren.»[211]

Der Bundesrat ist sich also bewusst, dass er die volle Aufmerksamkeit der Medien und eine hohe Glaubwürdigkeit bei den Bürgerinnen und Bürgern besitzt. Diese Prestigeposition ist verführerisch. Sie beweist zwar nicht, dass der Bund Spin doctoring betreibt, ist aber eine gute Voraussetzung dafür.

Musterleserbriefe für die Asylgesetz-Abstimmung

Eine klar unzulässige PR-Aktion fand bei der Abstimmung über das neue Asylgesetz vom 13. Juni 1999 statt. Im Wissen, dass «die Bevölkerung Leserbriefe stark beachtet», verfasste das Bundesamt für Flüchtlinge (BFF) anlässlich dieser Abstimmung Musterleserbriefe für Zeitungen und gab sie an die Parteisektionen weiter – dies mit der Bitte, sie interessierten Personen als Vorlage für Leserbriefe zur Verfügung zu stellen.[212] Wer hat diese Briefe verfasst? Die Vermutung liegt nahe, dass ein Kommunikationsexperte (in diesem Fall wäre der Begriff Spin doctor passender) sie geschrieben hat, um die Ideen des Bundes zur Asylgesetzvorlage zu fördern.

Die Briefe waren aber so verfasst, dass der Eindruck ent-

---

[210]   Bundeskanzlei. KID-Bericht S. 50
[211]   Bundeskanzlei. KID-Bericht, S. 17/35
[212]   Bundeskanzlei. KID-Bericht, S. 45f.

stand, sie würden die Meinungen normaler Bürger wiedergeben. Ein nicht sehr transparentes und faires Vorgehen, das «bereits mehrmals erfolgt» ist. Es steht in klarem Gegensatz zum zitierten Leitbild (siehe oben). Es scheine, so hofft Chopard, dass der Bund das eingesehen und sich vorgenommen habe, es nicht wieder zu tun. Denn das Kommunikationsteam des Bundes gibt zu: «Musterleserbriefe zu verfassen und zu verteilen verstösst gegen den Grundsatz der Transparenz und ist für eine Behörde unzulässig.»[213]

Drehbuch für Schengen/Dublin-Abstimmung

Kurz vor der Abstimmung über den Schengen/Dublin-Vertrag vom 5. Juni 2005 erhielt die «Weltwoche» Kenntnis von einem geheimen «Schengen/Dublin Info-Konzept». Bei dem vertraulichen Papier handelt es sich um eine Art «Drehbuch» für die Abstimmungskampagne des Bundes. Dessen Autor soll Adrian Sollberger, Sektionschef des Integrationsbüros, sein.[214] In dem Papier wird einleitend festgehalten:

> *«Selbst bei Befürwortern gilt Schengen/Dublin als innenpolitisch heikel, kaum kommunizierbar und parteipolitisch wenig opportun.»[215]*

Also, wie machen, dass das Volk trotzdem zustimmt?

> *«Neben den klassischen Zielgruppen sollen weitere Schwerpunktgruppen identifiziert werden. Diesen soll gezielt Information angeboten werden. (…) Anhand regelmässiger Meinungsumfragen werden die Zielgruppen und Schwerpunktthemen laufend angepasst.»[216]*

Diese Public-Relations-Methoden heissen im Fachjargon «Umfeldanalyse und Zielgruppendefinition». In der Demokratie sind solche «gezielten behördlichen Propagandafeld-

---

[213] Bundeskanzlei. KID-Bericht, S. 46/68
[214] Engeler & Somm, a.a.O.
[215] Schengen/Dublin Info-Konzept 2004, S. 1
[216] Schengen/Dublin Info-Konzept 2004, S. 2f.

züge offiziell verpönt».[217] Einmal mehr wenden also die Zuständigen für Information im Bund PR-Strategien an, die sie eigentlich nicht anwenden dürften.

Prominente als «Bundes-Marionetten»

Eine weitere im Schengen/Dublin-«Drehbuch» aufgeführte Strategie ist die «Vorbereitung einer Prominenten-Gruppe, welche als Vertrauens- und Sympathieträger öffentlich für die Qualität des Abkommens eintritt».[218] Nun folgt eine Liste der Personen, die zu dieser Prominentengruppe gehören sollen – Personen, von denen man annimmt, dass sie bereit sind, sich öffentlich für das Schengen/Dublin-Abkommen einzusetzen. Eine angemessene Bezeichnung für diese Prominenten wäre «Bundes-Marionetten», stellt Chopard fest.

Eine weitere Liste führt Personen aus «Schwerpunktszielgruppen» auf, die um Unterstützung angegangen werden sollen. Für jede Zielgruppe ist genau ausgearbeitet, welche Mittel eingesetzt werden. Eine Zielgruppe ist beispielsweise die Polizei. Die Polizeibeamten sollen, so das «Drehbuch», mit Vorträgen über die Vorteile von Schengen/Dublin, mit Artikeln in polizeiinternen Organen sowie mit Kursen im schweizerischen Polizei-Institut beeinflusst werden. Eine weitere Zielgruppe sind die Frauen. Für sie ist ein Artikel in der Frauenzeitschrift «Annabelle» vorgesehen.[219]

Schlussfolgerungen

Anhand der untersuchten Fälle kommt Chopard zum Schluss, dass der Bund bei mehreren Abstimmungen die Prinzipien von Transparenz und Objektivität verletzt hat. Das legt die Schlussfolgerung nahe, dass der Bund in Fällen, in denen er ein besonderes Interesse an der Annahme oder Ablehnung

---

217 Engeler & Somm, a.a.O.
218 Schengen/Dublin Info-Konzept 2004, S. 3
219 Schengen/Dublin Info-Konzept 2004, S. 4f.

einer Vorlage hat, wenig transparente und wenig objektive Public-Relations-Strategien benutzt: Spin-doctoring-Techniken, angewandt von Public-Relations-Experten. Leider treffen Chopards Aussagen auch drei Jahre nach dem untersuchten Zeitraum noch zu, wie die weiteren Beispiele in diesem Buch zeigen.

Auf der einen Seite verpflichtet sich also der Bund in seinem «Leitbild», transparent und objektiv zu informieren. Auf der anderen Seite greift er bei wichtigen Abstimmungen auf unzulässige Manipulationstechniken zurück. In diesen Fällen haben die Kommunikationsberater des Bundes sich eher wie Spin doctors verhalten denn wie ehrliche Berater, stellt Chopard zusammenfassend fest.

Daraus kann die Schlussfolgerung gezogen werden, dass die Schweiz nicht immun ist gegen Spin doctoring. Die spezifischen Eigenheiten unseres Landes scheinen nicht zu genügen, um Spin doctors tatsächlich fernzuhalten.

Keine Manipulation der Bürger in der direkten Demokratie!

Es ist aber wichtig, dass das gelingt, betont Chopard. Denn in einer direkten Demokratie wie der Schweiz darf die Meinungsbildung des Bürgers nicht manipuliert werden. Weil das Volk der Souverän ist, müssen die Bürger korrekt über Pro und Kontra informiert werden. Nur dann können sie sich eine eigene Meinung bilden.

Es ist zulässig, dass der Bund eine Abstimmungsbroschüre verschickt und darin objektiv und transparent die Gründe für und gegen eine Vorlage darstellt. Auch ist es zulässig, dass der Bundesrat seine eigene Meinung zur Vorlage äussert. Mit dieser Meinung kann der Bürger einig sein oder nicht. Doch die Voraussetzung dafür ist, dass er objektiv und vollständig informiert wird. Nur eine Meinung, die sich der Bürger aufgrund einer objektiven und transparenten Information gebildet hat, ist tatsächlich seine eigene Meinung. Wenn die wahrheitsgetreue Information fehlt, handelt es sich um eine Meinung, die ihm durch Manipulation von aussen aufgezwungen wurde. Bedauerlicherweise ist genau das bei wichtigen Abstimmungen mehrfach vorgekommen. Es ist zu hoffen, schreibt Chopard, dass sich das ändert und dass der Bundesrat in Zukunft das Gesetz und die Verfassung respektiert:

> *«Die Freiheit der Meinungsbildung schliesst grundsätzlich jede direkte Einflussnahme der Behörden aus, welche geeignet wäre, die freie Willensbildung der Stimmbürger im Vorfeld von Wahlen und Abstimmungen zu verfälschen.»*[220]

---

[220] Bundesgerichtsentscheide BGE 113 Ia 294 und BGE 114 Ia 427ff.

3. Der Bergier-Bericht: Wissenschaft oder Manipulation?

Der Bergier-Bericht ist «höchstens teilweise wissenschaftlich».[221] (Felix Auer, Buchautor und alt Nationalrat)

«Um den Auftrag der Bundesversammlung zu erfüllen, hätten 100 Seiten Statistik genügt.»[222](Jacques Picard, Forschungsleiter der Bergier-Kommission)

«Der Bericht zeigt kein neues Bild der Schweiz.»[223] (Jean-François Bergier, Präsident der Bergier-Kommission)

Am 13. Dezember 1996 setzten Bundesrat und Parlament eine «Unabhängige Expertenkommission» (UEK) mit Professor Jean-François Bergier als Präsidenten ein. Der bundesrätliche Auftrag war, dass die Kommission die wirtschaftlichen und finanziellen Verflechtungen der Schweiz mit Deutschland während des Zweiten Weltkrieges untersuchen und dem Schicksal und Umfang von Vermögen nachgehen sollte, die damals in die Schweiz verbracht wurden.[224] Die tatsächlichen Aussagen der Kommission gingen aber viel weiter. Sie haben bis heute enorme Auswirkungen auf das Selbstverständnis der Schweizerinnen und Schweizer, insbesondere auf die jüngere Generation.[225]

---

[221] Auer Felix. Referat an der Veranstaltung «Wie weiter nach der Bergier-Kommission?», 31.5.2002, Baden

[222] Picard Jacques. Referat an der Veranstaltung «Wie weiter nach der Bergier-Kommission?», 31.5.2002, Baden

[223] Bergier Jean-François. Referat an der Veranstaltung «Wie weiter nach der Bergier-Kommission?», 31.5.2002, Baden

[224] Bundesbeschluss vom 13.12.1996

[225] 2006 erschien im Zürcher Lehrmittelverlag das Schulbuch «Hinschauen und Nachfragen. Die Schweiz und die Zeit des Nationalsozialismus im Licht aktueller Fragen». Darin werden die Behauptungen der Bergier-Kommission ungefiltert an die Jugend herangetragen, etwa mit Formulierungen wie «die Schweiz auf der Anklagebank» (S. 66)

Arbeitsweise und Auftreten dieser Kommission zeigen viele Merkmale, welche wir als Praktiken von Spin doctors kennengelernt haben. Dies ist um so bedenklicher, als die Kommissionsmitglieder als wissenschaftliche Experten auftreten. Sind demnach Spin-doctor-Methoden auch in den Wissenschaftsbetrieb eingeflossen? Ist der Bergier-Bericht ein Beispiel für eine Wissenschaft, die politischen Zwecken dient? Die Antwort auf diese Frage bleibt dem Leser nach der Lektüre der folgenden Darstellung überlassen.

Kein Anspruch auf Wissenschaftlichkeit

Obwohl die Kommission «unabhängig» genannt wurde, war sie dies keineswegs. Im Gegenteil – sie war in jeder Beziehung abhängig von den Bundesbehörden. Sie wurde von diesen zusammengesetzt, verwaltet, kontrolliert und finanziert.[226] Deshalb ist schon die Namensgebung eine manipulative Wahrheitsverdrehung, eine Art «Spin».

Wissenschaftlern, die tatsächlich unabhängig waren, wurde der Zugang zu den Daten und Dokumenten verwehrt, die den Kommissionsmitgliedern zur Verfügung standen.[227] Allein dadurch hat die Bergier-Kommission ihren Anspruch auf Wissenschaftlichkeit verwirkt. Denn wie bereits anhand eines früheren Beispiels ausgeführt wurde,[228] besteht ein Kriterium für Wissenschaftlichkeit darin, dass die Ergebnisse von Fachkollegen eingesehen und überprüft werden können. Das ist aber nur möglich, wenn diesen die Daten zur Verfügung stehen. Dies war nicht der Fall.

---

[226]   Bergier Jean-François. Einladung zur weiterführenden Diskussion. Ergebnisse und Erlebnisse: der Schlussbericht Schweiz – Zweiter Weltkrieg. Neue Zürcher Zeitung, 1./2. Juni 2002

[227]   Bergier Jean-François, a.a.O.

[228]   Vgl. «Manipulation mit Meinungsumfragen» in Kapitel 4: Manipulative Psychotechniken

Kein neues Bild der Schweiz

Der Anlass für die Einberufung der Bergier-Kommission war eine – wie man heute weiss – völlig übertriebene Kampagne aus Übersee gegen die Schweiz, welche im Jahr 1996 von jüdischen Organisationen, insbesondere vom Jüdischen Weltkongress in New York ausgelöst wurde – teilweise sekundiert von offiziellen amerikanischen Instanzen.[229]

Aus wissenschaftlicher Sicht war die Bergier-Kommission überflüssig; die an sie gestellten Fragen waren bereits geklärt. Folgende Untersuchungen lagen vor: Werner Rings: Raubgold aus Deutschland (1985), Robert Vogler: Der Goldverkehr der Schweizerischen Nationalbank mit der Deutschen Reichsbank 1939–1945 (1985)[230], Linus von Castelmur: Schweizerisch-alliierte Finanzbeziehungen im Übergang vom Zweiten Weltkrieg zum kalten Krieg (1992), Gian Trepp: Bankgeschäfte mit dem Feind. Die Bank für Internationalen Zahlungsausgleich im Zweiten Weltkrieg (1993).

Trotz diesen vorliegenden Forschungsbefunden beanspruchte die Tätigkeit der Kommission fünf Jahre und verschlang 22 Millionen Steuerfranken. Das Ergebnis waren 27 Bände mit rund 12 000 Seiten. Diese beurteilte alt Nationalrat Dr. Felix Auer vorsichtig als «höchstens teilweise wissenschaftlich».[231] Professor Bergier ergänzte: «Der Bericht zeigt kein neues Bild

---

[229] Edgar Bronfmann, Präsident des Jüdischen Weltkongresses, klagte die Schweiz an, es gehe um ein «systematisches Vertuschungsmanöver eines sogenannt neutralen Landes», während US-Senator Alfonse D'Amato behauptete: «Die Schweizer stahlen Milliarden Dollar in Gold von den Wehrlosen.» Diese absurden Anklagen stammen ausgerechnet aus Amerika, das während des Zweiten Weltkrieges unzähligen Flüchtlingen die Einreise verweigerte und durch seine Wirtschaftspolitik Hitlers Aufstieg erst ermöglichte. Vgl. Higham Charles. Trading with the Enemy. The Nazi-American Money Plot 1933–1949. New York: Dell Pub Co 1984. Zudem lagen die meisten Fluchtgelder auf US-Banken, wo sie längst vom Staat kassiert wurden. Vgl. Hofer Walther & Reginbogin Herbert R. Hitler, der Westen und die Schweiz 1936-1945. Zürich: Neue Zürcher Zeitung 2001

[230] Vgl. Geld, Währung und Konjunktur, Quartalsheft Schweizerische Nationalbank, Nr. 1/1985

[231] Auer Felix, a.a.O.

der Schweiz»,[232] und Forschungsleiter Picard fügte an: «Um den Auftrag der Bundesversammlung zu erfüllen, hätten 100 Seiten Statistik genügt.»[233] Wozu also der ganze Aufwand?

Der Hauptvorwurf

Der Hauptvorwurf, den die Bergier-Kommission gegen die Schweiz richtete, lautete, sie sei zu wenig solidarisch mit den Opfern des Dritten Reiches gewesen und habe zu wenig klar gegen das Unrecht des Nationalsozialismus Stellung genommen.

Sicher sind diese Vorwürfe nicht gänzlich von der Hand zu weisen. Es geschahen damals Dinge, die nicht hätten geschehen dürfen. Die jüdische Publizistin Gisela Blau schreibt:

> *«Niemand wird behaupten wollen, es habe während der Nazizeit in der Schweiz keine mehr oder weniger aktiven Faschismus- oder Nazi-Sympathisanten, keine NSDAP-Ortsgruppen, keine Freiwilligen in der Waffen-SS, kein Opfergold in der Nationalbank, keinen Handel mit Nazideutschland gegeben. Aber zu behaupten, das ganze Volk habe zu den Sympathisanten gehört […], das ist ein starkes Stück […]. Dass der überwiegende Teil der Bevölkerung gegen Hitler war, ist eine Tatsache. Dass Soldaten deutschfreundliche Offiziere hassten, ebenfalls. Es stimmt also, wenn Bundespräsident Cotti von der Beleidigung einer ganzen Generation spricht, selbst wenn einige tausend damals auf der falschen Seite standen.»[234]*

Vor allem die Eliten

Diese jüdische Stimme wird von Zeitzeugen bestätigt. So berichtet der Bauernsohn und Metzger Hans Meister, der den Zweiten Weltkrieg als junger Vater und Soldat miterlebt hat, seiner Enkelin:

---

[232] Bergier Jean-François. Referat an der Veranstaltung «Wie weiter nach der Bergier-Kommission?», 31.5.2002, Baden

[233] Picard Jacques, a.a.O.

[234] Blau Gisela: Vergangenheit/Kontroverse – Simon-Wiesenthal-Institut publiziert umstrittenen Bericht zur Schweiz. Übertreibungen und Verfälschungen. www.hagalil.com/schweiz/rundschau/inhalt/bertreib.htm, 2.8.2006

«Die deutsche Schweiz war wie gesagt deutschfreundlich, vor allem in den oberen Rängen. Bei den einfachen Leuten war das weniger der Fall. […] Denk nur an den Club der zweihundert, das waren einflussreiche Unternehmer, Offiziere und Politiker aus der Deutschschweiz. […] dieser Club wollte den Anschluss ans Deutsche Reich. Es gab nicht viele Offiziere in der Nordschweiz, die militärisch und diplomatisch wirklich integer waren, das ist meine Meinung. Dank dem Guisan wurde die Armee aber stark und gerade. […] Der wusste sich zu wehren gegen die deutschfreundlichen Laferi.»[235]

Die Bevölkerungsmehrheit war gegen Hitler

Auch in intellektuellen Kreisen war man mehrheitlich gegen Hitler. So berichtet der Politikwissenschaftler und alt Nationalrat Dr. Felix Auer, aufgewachsen im Grenzkanton Basel, dass er sich als Gymnasiast vor allem an seinem Vater und an seinen Lehrern orientiert habe, die ausnahmslos Antinazis gewesen seien. Im Bergier-Bericht hingegen bleibe die Perspektive der Bevölkerung weitgehend ausgeblendet.[236] Dasselbe wirft der Geschichtsprofessor Willi Gautschi der Bergier-Kommission vor: Sie habe die mehrheitlich antinazistische Stimmung in der Bevölkerung zuwenig gewürdigt.[237]

Es ist historisch unbestritten, dass es vor allem die «Eliten» aus Wirtschaft, Militär und Politik waren, die den Bückling vor Hitler machten. Die Bevölkerungsmehrheit hingegen war gegen Hitler.

Es ist unverständlich, dass die Bergier-Kommission diese Tatsache ausblendet und die Haltung der zahlenmässig kleinen und zudem namentlich bekannten Anschluss-Elite zur «Schweiz» verallgemeinert. Dieses Übergehen der Bevölkerungsmehrheit ist ein drastischer Fehler des Bergier-Berichts. Man kann sich

---

[235] Schwager Susanna. Fleisch und Blut. Das Leben des Metzgers Hans Meister. Zürich 2004, S. 165 («Laferi» = Mundart für Schwätzer, Grossmaul)

[236] Auer Felix, a.a.O.

[237] Gautschi Willi. Referat an der Veranstaltung «Wie weiter nach der Bergier-Kommission?», 31.5.2002, Baden

kaum vorstellen, dass er aus Unwissenheit geschah. Eher drängt sich der Eindruck auf, dass hier eine politisch nicht «genehme» Tatsache bewusst unterschlagen wurde: Angehörige sogenannter «Eliten» sind oft anfälliger für Verführungen der Macht als «einfache Bürger» – damals wie heute.

Professor Bergiers Wandel

Vor seiner Einsetzung als Präsident der Bergier-Kommission sah Professor Bergier die Zeit des Zweiten Weltkrieges noch ganz anders. 1990 schrieb er, dass damals «das Gefühl der Bedrohtheit des Landes» bestimmend für die Befindlichkeit von Bevölkerung und Behörden in der Schweiz gewesen sei und die Menschen «allen Anlass [gehabt hätten], das Schlimmste zu befürchten».[238] Sogar nach Abschluss der Kommissionsarbeit musste Professor Bergier noch zugeben:

> *«Die Leistungen der damaligen Schweizerinnen und Schweizer [...], ihre klare Besinnung auf demokratische und humanitäre Werte, ihre Absage an den Totalitarismus [und] die Verabscheuung des Nazismus durch die grosse Mehrheit» sind eine Tatsache. Die Neutralität war «das Rückgrat der schweizerischen Aussenpolitik».[239]*

Dieser Widerspruch zwischen dem Bericht und Professor Bergiers eigenen Aussagen ist so krass, dass der Geschichtswissenschaftler Paul Stauffer von einer «Selbstdesavouierung des Historikers» spricht. Er wirft die Frage auf:

> *«Vielleicht kann Professor Bergier uns selbst eines Tages erklären, weshalb die unter seiner Leitung stehende Kommission [...] zu Befunden gelangte, die von den seinigen aus dem Jahre 1990 völlig abweichen.»* [240]

---

238 Bergier Jean-François. Quellenedition «Diplomatische Dokumente der Schweiz» im Band über die Kriegsjahre. Zitiert nach Stauffer Paul. Wie sich Geschichtsbilder wandeln. Neue Zürcher Zeitung, 18.10.2001

239 Bergier Jean-François. Einladung zur weiterführenden Diskussion, a.a.O.

240 Stauffer Paul, a.a.O.

Professor Bergier beantwortete die Frage nicht, sondern lenkte sofort von der sachlichen Ebene ab und ging unter die Gürtellinie. In arrogantem Ton titulierte er den Kollegen als «verstört» und meinte herablassend:

> «Solche Perspektivenwechsel sind völlig normal. [...] Manche Leute, wie Paul Stauffer, sind ihretwegen verstört. Ich kann das verstehen. Aber alles in allem ist der Wandel heilsam.»[241]

Diese arrogante Anmassung gegenüber einem Fachkollegen ist ein Beispiel für die Psychotechnik «Psychiatrisieren»; der Begriff entstammt dem psychiatrischen Vokabular. Mit dem Psychotrick versuchte Professor Bergier sich der unangenehmen Frage zu entledigen. Doch sie blieb unbeantwortet – bis heute.

Historische Fakten in Mythen umgedeutet

Ein weiterer Spin des Bergier-Berichts ist das Leugnen der «historischen Wahrheit» – getreu dem Glaubenssatz des Neurolinguistischen Programmierens: «Jeder hat seine eigene Realität.» In Bergiers Worten: «Was wir abgeliefert haben, ist also in keinem Fall eine ‹Staatswahrheit›. Aber auch keine historische Wahrheit, eine solche gibt es überhaupt nie.»[242]

Allerdings verschwindet Bergiers Unsicherheit, ob es eine Wahrheit gebe, schnell, wenn es um die Vorwürfe gegen die Schweiz geht. Bergier klagt an: «Auf mehreren Ebenen mussten wir ein Versagen feststellen.»[243] Die Schweiz hat «keine einwandfreie Vergangenheit»;[244] sie «war zuwenig solidarisch. Heute muss sie sich dieser Vergangenheit stellen.»[245] Solche

---

[241] Bergier Jean-François. Entgegnung auf Paul Stauffer. Neue Zürcher Zeitung, 18.10.2001

[242] Bergier Jean-François. Einladung zur weiterführenden Diskussion, a.a.O.

[243] Bergier Jean-François. Einladung zur weiterführenden Diskussion, a.a.O.

[244] Bergier, Jean-François: Von der Zeitgeschichte überrascht. Erlebnisse eines Mediävisten. Neue Zürcher Zeitung, 8./9. September 2001

[245] Bergier Jean-François. Einladung zur weiterführenden Diskussion, a.a.O.

pauschalisierenden Behauptungen haben mit seriöser Geschichtswissenschaft nichts zu tun.

Eine weitere Methode, um historische Fakten zu verwischen, ist die «Mythologisierung». Dabei werden Tatsachen kurzerhand in «Mythen» umbenannt. Mythen sind aber Sagen und als solche nicht überprüfbar. Historische Aussagen hingegen können überprüft und als richtig oder falsch beurteilt werden. Bergier benützt die Mythologisierung, wenn er behauptet, die Schweiz habe «ein idealisiertes, beinahe heroisches Bild ihrer Rolle im Krieg bewahrt» und dabei «zwischen Wirklichkeit und legendenhafter Erinnerung einen Mythos aufgebaut».[246] Auf einer Bergier-Veranstaltung wurde das «Bild der Schweiz in der Anbauschlacht» zum Mythos erklärt ebenso wie das «Bild der Schweiz als Insel in der Flut».[247]

Es ist aber eine Realität, dass die Schweiz ab 1940 von den Achsenmächten eingeschlossen und für viele tatsächlich eine «Insel» in der braunen Flut war – nicht zuletzt für die rund 300 000 Flüchtlinge und internierten Militärpersonen, die in der Schweiz Zuflucht fanden. Die damalige Situation und die isolierte Lage des Landes machten zudem Massnahmen zur Sicherstellung der Nahrungsversorgung notwendig. Dies wurde mit der klug geplanten und erfolgreichen «Anbauschlacht» nach dem «Plan Wahlen» umgesetzt.[248] Dank dem Wahlen-Plan konnte die Ernährung der Bevölkerung der Schweiz während und nach dem Zweiten Weltkrieg sichergestellt werden. Diese historischen Fakten zum «Mythos» zu erklären, ist absurd.

Was war das Ziel?

Wenn – wie aufgezeigt – der Bergier-Bericht weder wissenschaftlich notwendig noch von echtem Forschungsinteresse

---

[246] Bergier, Jean-François: Von der Zeitgeschichte überrascht, a.a.O.

[247] Siegrist Ulrich. Referat an der Veranstaltung «Wie weiter nach der Bergier-Kommission?», 31.5.2002, Baden

[248] Friedrich Traugott Wahlen war Landwirtschaftsprofessor an der Eidgenössischen Technischen Hochschule Zürich (ETHZ)

getragen war, welche Absicht stand dann dahinter? Ein Referent auf einer Bergier-Veranstaltung stellte fest, dass man die Werte einer Gesellschaft am besten über das Geschichtsbild umpolen könne. Deshalb sei es notwendig, so der Referent, den Bergier-Bericht in die Schulbücher aufzunehmen, denn auf diese Weise könne man direkt auf das Geschichtsbild und die Werte der jüngeren Generation Einfluss nehmen.[249]

Das ist vermutlich die Absicht und der «Haupt-Spin» des Bergier-Berichts: Durch eine manipulative Umdeutung des Geschichtsbildes («Reframing») soll die Identität der Schweizerinnen und Schweizer aufgebrochen und erschüttert werden. Vor allem der jüngeren Generation, welcher vertiefte Geschichtskenntnisse meist fehlen, soll die Meinung eingeimpft werden, «die Schweiz» habe auf unrechtmässige Weise mit dem Dritten Reich kollaboriert. Diese pauschale Verurteilung eines ganzen Landes ist nicht nur inhaltlich falsch, sondern auch ein grosses Unrecht an der Generation unserer Eltern und Grosseltern, welche zum grössten Teil Abscheu und Angst vor Hitler empfanden.[250]

Nationale Identität – ein Menschenrecht

Der Angriff auf die nationale Identität eines Menschen ist nicht harmlos. Die Identität des Kindes – sein Gefühl, «wer ich bin in dieser Welt» – entsteht im emotionalen Wechselspiel mit seiner sozialen Umwelt. Dies sind zuerst seine engsten Bezugs-

---

[249] Iten Andreas. Referat an der Veranstaltung «Wie weiter nach der Bergier-Kommission?», 31.5.2002, Baden. Itens Forderung wurde – wie eingangs erwähnt – inzwischen umgesetzt, zum Beispiel mit dem Lehrmittel «Hinschauen und Nachfragen. Die Schweiz und die Zeit des Nationalsozialismus im Licht aktueller Fragen» (Zürcher Lehrmittelverlag 2006). Das Schulbuch macht – ähnlich wie die Bergier-Kommission – mit manipulativen Formulierungen wie «die Schweiz auf der Anklagebank» (S. 66) Stimmung gegen die Schweiz

[250] Zur Erinnerung: Diese Tatsache ist auch Professor Bergier bekannt, wie seine weiter oben zitierte Aussage beweist: Dass nämlich zur Zeit des Zweiten Weltkrieges in der Schweiz «das Gefühl der Bedrohtheit des Landes» bestimmend für die Befindlichkeit von Bevölkerung und Behörden gewesen sei und dass die Menschen «allen Anlass [gehabt hätten], das Schlimmste zu befürchten». Vgl. Bergier Jean-François: Quellenedition a.a.O. Zitiert in Stauffer Paul, a.a.O.

personen – Mutter, Vater, Geschwister, Verwandte –, dann die sich erweiternde Umwelt in Nachbarschaft, Kindergarten und Schule und mit zunehmender Reife auch das grössere soziale Gefüge in Gemeinde und Gesellschaft.

Somit ist auch das nationale Selbstverständnis des Menschen Teil seines tiefsten Ich-Gefühls. Die emotionale Verwurzelung in der Heimat ist ein Ausdruck der menschlichen Natur. Für den Menschenrechtsexperten der Uno, Alfred-Maurice de Zayas, zählt das Recht auf Heimat zu den grundlegenden Menschenrechten:

> *«Das Recht auf die Heimat gehört zu jenen fundamentalen Menschenrechten wie das Recht auf Leben [...]. Es gehört zum Wesen des Menschen, dass er eine Beziehung zu seiner unmittelbaren Umwelt entwickelt [...]. Das Recht auf die Heimat ist der Ausdruck des menschlichen Bedürfnisses nach Familiengründung, Behausung [...] und stellt eine Voraussetzung für die Entwicklung der Identität und der Kultur dar.»*[251]

Eine gesunde Identitätsentwicklung schliesst somit eine positive Beziehung zur eigenen Heimat ein. Ebenso beinhaltet sie eine Verbundenheit mit der ganzen «Menschheitsfamilie». Die Verwurzelung in der eigenen Kultur und die Verbundenheit mit allen Menschen verleihen dem Menschen innere Sicherheit und Mut. Umgekehrt führt eine Erschütterung des Identitätsgefühls – wie mit dem Bergier-Bericht beabsichtigt – zu einer unheilvollen Schwächung des Selbstwertgefühls. Ein Mensch, der sich seiner Herkunft schämt, traut sich nicht, frei seine Meinung zu äussern.

Gab es noch andere Auftraggeber?

Obwohl Professor Bergier beteuert, seine Kommission sei in ihren Aussagen «vollkommen unabhängig geblieben»,[252] ist es

---

[251] De Zayas Alfred Maurice. Heimatrecht ist Menschenrecht. München: Universitas 2001, Seite 39 (de Zayas ist Jurist, Historiker und Menschenrechtsspezialist der Uno)

[252] Bergier Jean-François. Einladung zur weiterführenden Diskussion, a.a.O.

seltsam, dass er Paul Stauffers Frage bis heute nicht beantwortet hat und dass seine «Kommission [...] zu Befunden gelangte, die von den seinigen aus dem Jahre 1990 völlig» abwichen.[253]

In seinen Äusserungen wirkt Professor Bergier zuweilen wie ein geschulter Manipulator. Laufend streut er pseudo-psychologische Begriffe ein, wie die Schweiz müsse sich ihrem «verdrängten Schatten» stellen[254] (Jungsche Archetypenlehre), sie müsse «Gewissensforschung» betreiben[255] (Freudomarxismus) und die «Rückkehr der Vergangenheit» ertragen lernen (Freudsche Psychoanalyse).[256] Mit diesem Mix aus unterschiedlichen psychologischen Theorien beschwört Bergier eine diffuse Stimmung von Schuld und Verbrechen herauf. Sollen den Schweizerinnen und Schweizern Schuldgefühle eingeimpft werden?

Kein Bückling vor der Supermacht!

Sicher ist, dass der Bergier-Bericht jenen Kreisen aus Übersee sehr gelegen kam, welche die Kampagne gegen die Schweiz ausgelöst hatten. Waren sie vielleicht im Hintergrund mit «guten Ratschlägen» an der Bildung dieser Kommission beteiligt?

Wenn die Bergier-Kommission unseren Grosseltern schon vorwirft, sie seien zuwenig solidarisch mit den Opfern des Nationalsozialismus gewesen und hätten einen zu tiefen Bückling vor dem «GröFaZ» im Norden gemacht,[257] dann sollten wir uns um so mehr mit den heutigen Opfern der Kriege auf dem Balkan, in Afghanistan, im Irak und in anderen Ländern

---

[253] Stauffer Paul, a.a.O.

[254] Bergier, Jean-François. Einladung zur weiterführenden Diskussion, a.a.O.

[255] Bergier, Jean-François: Von der Zeitgeschichte überrascht, a.a.O.

[256] Bergier, Jean-François. Einladung zur weiterführenden Diskussion, a. a. O.

[257] «GröFaZ» ist eine Abkürzung für «Grösster Feldherr aller Zeiten». So wurde Hitler von seinen Anhängern genannt.

solidarisch zeigen und die Taten der «einzigen Weltmacht»[258] als das benennen, was sie sind: kriminelle Handlungen und Verletzungen des Völkerrechts.[259]

---

[258] Die Bezeichnung «einzige Weltmacht» für die USA bezieht sich auf den deutschen Titel des Buches des einflussreichen amerikanischen Politikberaters Zbigniew Brzezinski: Die einzige Weltmacht. Amerikas Strategie der Vorherrschaft. Frankfurt 1999

[259] Gemäss Charta der Vereinten Nationen vom 26. Juni 1945, Art. 2, gilt die Gleichberechtigung aller Nationen: Diese sind verpflichtet, «freundschaftliche, auf […] Gleichberechtigung und Selbstbestimmung der Völker beruhende Beziehungen» miteinander zu entwickeln. Am 16. Februar 2009 forderten acht Juristen der «International Commission of Jurists» in Genf, dass der von den USA geschaffene Begriff «Krieg gegen den Terror» aufgegeben sei. Denn er habe zu vielen Verstössen gegen die Menschenrechte sowie «zu einer Militarisierung der Justiz und zu Straffreiheit für schwere Menschenrechtsverletzungen» geführt. Vgl. Kritik am Begriff «Krieg gegen den Terror». Juristen fordern ein Ende von Verstössen gegen Menschenrechte. Neue Zürcher Zeitung, 17.2.2009.

4. Kein Persilschein zum Manipulieren

*«Der Bund erfüllt die Aufgaben, die ihm die Bundesverfassung zu-
weist.» (Bundesverfassung, Art. 42, Abs. 1)*

*«[Im Bundeshaus] regieren [...] Intransparenz, Kumpanei [...] und
die gezielte Steuerung der Politik aus nicht einsehbaren Bereichen.
Dutzende von Büros und Hunderte von Beratern haben sich zu einem Staat im Staat formiert, der sich hinter dem Staat breitmacht.»
(Weltwoche 44/2006)*

Der Historiker und Staatsphilosoph Adolf Gasser hat der Trennung der Gewalten in Exekutive (Bundesrat), Legislative (Volk,
Stände, Parlament) und Judikative (gerichtliche Instanzen) eine
weitere Dimension hinzugefügt: die Teilung der Gewalten «von
unten her».[260] Nach Gasser handelt es sich bei dieser Gewaltenteilung um die wichtigste überhaupt, denn sie gibt dem Einzelnen die Möglichkeit, aktiv ins politische Geschehen einzugrei-
fen und die Tätigkeit der Behörden zu kontrollieren.[261]

Kontrolle von unten schützt vor Willkür

Der Gedanke einer Kontrolle der Behörden durch das Volk
besticht. Denn immer wieder haben sich Mächtige über Recht
und Gemeinwohl hinweggesetzt.

Als Hitler das deutsche Rechtssystem angriff, brach es zusammen und akzeptierte Hitler als «das Gesetz». Wenn heute
ein Präsident der USA behauptet, ihm würden die Genfer Konventionen und die «klassischen Instrumente des Strafrechts»
zur Bekämpfung «moderner Bedrohungsformen» nicht mehr

---

[260] Gasser Adolf. J.J. Rousseau als Vater des Totalitarismus? In: Ders. Ausgewählte
historische Schriften, 1933–1983. Basel 1983, S. 180–183

[261] Gasser Adolf. Gemeindefreiheit als Rettung Europas. Grundlinien einer ethischen
Geschichtsauffassung. Basel 1947, S. 12. Der Bundesrat schreibt in seiner Botschaft
vom 19.12.2003 «zur Europäischen Charta der kommunalen Selbstverwaltung» (S.
80), Adolf Gasser habe mit seinem Werk «einen wichtigen Beitrag zur Stärkung der
Institution der Gemeinde in Europa geleistet».

genügen, so stellt er sich – genau wie Hitler – ausserhalb des Rechts.[262]

Tatsache ist, dass der amerikanische «Krieg gegen den Terrorismus» in Afghanistan und Irak international gültige Rechtsnormen verletzt, so die Charta der Nürnberger Prozesse, auf deren Grundlage das Nazi-Regime für seine Verbrechen gegen den Frieden verurteilt wurde.[263] Auch die «Charta der Vereinten Nationen» verbietet militärische Angriffe. Dieses internationale Vertragswerk gilt für alle Nationen; alle Menschen und alle Nationen werden darin ausdrücklich als gleichberechtigt anerkannt. Die Uno-Charta verlangt, dass internationale Streitigkeiten durch friedliche Mittel und nach den Grundsätzen der Gerechtigkeit und des Völkerrechts beigelegt werden.[264] Wenn eine Regierung gegen dieses zwingende Völkerrecht verstösst, begeht sie ein völkerrechtliches Verbrechen. Die Verantwortlichen müssen zur Rechenschaft gezogen werden.

Auch innerhalb der Staaten gilt das Recht. Die Gesetze müssen von allen gleichermassen eingehalten werden. Beginnen Regierungen oder Behörden, sich über Rechte hinwegzusetzen, dann sind die Bürger gemäss der «Teilung der Gewalten von unten her» verpflichtet, sich zusammenzutun und Gegenmassnahmen zu entwickeln.

---

[262] «Hitler's claims were based on nothing but his claims, just as the claim for extra-legal power for Bush is based on nothing but memos written by his political appointees.» Vgl. Roberts, Paul Craig: A Criminal Administration. January 2, 2006. www.antiwar.com/roberts/?articleid=8329 (3.1.2009)

[263] Laut der Charta der Nürnberger Prozesse Art. 6, Abs. a ist es ein Verbrechen gegen den Frieden, einen Angriffskrieg zu planen, vorzubereiten, zu beginnen oder zu führen. Der Kellogg-Briand-Pakt («Pariser Vertrag») von 1929, der heute noch gültig ist, war eine wichtige Grundlage für die Nürnberger Prozesse. Er ächtet den Angriffskrieg und wurde von 62 Nationen unterzeichnet. Vgl. Boyle Francis A. (Professor an der Universität Illinois). The Criminality of Nuclear Deterrence. Could the U.S. War on Terrorism go Nuclear? Atlanta: Clarity Press Inc., 2002

[264] Charta der Vereinten Nationen vom 26. Juni 1945, Präambel und Artikel 1

Wollen Bundesbehörden Persilschein zum Manipulieren?

Es ist beunruhigend, dass auch Schweizer Behörden angefangen haben, rechtliche Normen zu missachten – etwa das Recht auf freie Meinungs- und Willensbildung vor Abstimmungen.[265] Gerade dieses Recht ist aber eine unabdingbare Voraussetzung für die Teilung der Gewalten «von unten her». Es bietet Gewähr, dass die Kontrolle der Behörden durch die Stimmberechtigten auch tatsächlich stattfindet.

Doch der Bundesrat will sich daran nicht mehr halten. Er will aktiv in Abstimmungen eingreifen, um diese in seinem Sinne zu beeinflussen. Eine aus rund zwanzig «Kommunikationsexperten» bestehende Arbeitsgruppe des Bundes, genannt «AG KID», hatte den Auftrag, die Möglichkeiten der «Informations- und Kommunikationstätigkeit» des Bundesrats vor Abstimmungen zu evaluieren und neu «abzustecken».[266] Man fragt sich, wozu. Die Rolle des Bundesrats vor Abstimmungen ist – wie im Eingangskapitel dargelegt – durch Verfassung und die Gesetze klar abgesteckt.

Schon der Titel des Berichts dieser Arbeitsgruppe (im Folgenden «KID-Bericht» genannt) ist eine Manipulation: «Das Engagement von Bundesrat und Bundesverwaltung im Vorfeld von eidgenössischen Abstimmungen». Das Wort «Engagement» hat in einem staatsrechtlichen Zusammenhang nichts zu suchen. Der Bundesrat darf sich nicht selbst neue Aufgabenfelder erschliessen, um sich dort zu «engagieren». Er ist in seiner Tätigkeit an die Gesetze und an die Verfassung gebun-

---

[265] Bundesverfassung Art. 34 Abs. 2

[266] Die Arbeitsgruppe heisst «AG KID» (Arbeitsgruppe erweiterte Konferenz der Informationsdienste) und ist aus 19 Experten für «Kommunikation», «Information» und «Öffentlichkeitsarbeit» sowie zwei Verwaltungsangestellten und einem Juristen zusammengesetzt. Vgl. Bundeskanzlei: Das Engagement von Bundesrat und Bundesverwaltung im Vorfeld von eidgenössischen Abstimmungen. Bericht der Arbeitsgruppe erweiterte Konferenz der Informationsdienste (AG KID). Bern 2001. www. admin.ch/ch/d/pore/pdf/Eng_BR_d.pdf

den. Dort steht: «Der Bund erfüllt die Aufgaben, die ihm die Bundesverfassung zuweist.»[267]

Die hypnotische Worthülse «Engagement» lenkt von dieser Sachlage ab. Sie ruft Gedanken an Menschen wach, die sich idealistisch und selbstlos für eine gute Sache einsetzen. Wer kann schon etwas dagegen haben, dass der Bundesrat dies tut? Kritiker werden mit der Formulierung schachmatt gesetzt.

Auf dem Weg zum Public-Relations-Staat

Das Motto, das den «KID-Bericht» einleitet, ist eine zweite Manipulation. Es lautet:

> *«Die Kommunikationsaufgabe ist zu einem wichtigen Aspekt der Führungsaufgabe geworden.»[268]*

Der Satz scheint harmlos. Doch wenn man bedenkt, dass der Begriff «Kommunikation» heute praktisch gleichbedeutend mit kommerzieller oder politischer Werbung verwendet wird, so kann man daraus schliessen, dass die Öffentlichkeit mit Public-Relations-Methoden gelenkt werden soll.

Ebenso verfänglich und irreführend ist das Wort «Führungsaufgabe» an dieser Stelle. Es unterstellt, dass der Bundesrat und die Bundesverwaltung den Staat führen müssten. In Wirklichkeit haben weder der Bundesrat noch die Bundesverwaltung eine Führungsaufgabe im Staat. Eine solche hat der Bundesrat einzig innerhalb der Verwaltung. Die Führung des Staates hingegen liegt beim Souverän, also beim Volk und den Ständen.[269]

Somit ist das Motto des KID-Berichts eine doppelte Manipulation. Es soll den Leser in die vom PR-Team des Bundes vorgespurte Richtung führen. Unwillkürlich fühlt man sich an Edward Bernays' bereits zitierte totalitäre «Vision» erinnert:

> *«Diejenigen, welche die versteckten Mechanismen der Gesellschaft*

---

[267] Bundesverfassung Art. 42, Abs. 1
[268] Bundeskanzlei. KID-Bericht, S. 3
[269] Vgl. Ausführungen dazu im Einleitungskapitel «Warum dieses Buch nötig ist»

manipulieren, stellen eine unsichtbare Regierung dar. [...] Sie ziehen
die Fäden und kontrollieren das öffentliche Bewusstsein.»[270]

«Kommunikationsexperten» greifen Rechtssystem an

Um dem offenbar angestrebten Public-Relations-Staat näher zu kommen, greifen die KID-Experten das Rechtssystem an – und zwar mit Psychotechniken. Das Recht auf staatsfreie Willensbildung vor Abstimmungen wird durch sprachliche Manipulation zur blossen «Meinung» umgedeutet:

> «**Bis vor wenigen Jahren war die Meinung verbreitet,** *die Funktion der Behörden bei Urnengängen beschränke sich auf die Ausarbeitung von Abstimmungsvorlagen [...]. Die restriktive Praxis basierte auf der Idee des staatsfreien politischen Willensbildungsprozesses. Im Abstimmungskampf galt für den Bundesrat das Gebot der Zurückhaltung. [...] Eine aktive Öffentlichkeitsarbeit für die Annahme einer eigenen Vorlage war grundsätzlich verpönt. [...]* **Diese Auffassung war lange Zeit herrschende Meinung unter den Staatsrechtlern.**»[271]

Die Textpassage entlarvt die Verfasser als geschulte Manipulatoren. Die geltende Rechtslage wird zwar erwähnt, aber durch die Vergangenheitsform und die von der Autorin hervorgehobenen Formulierungen zugleich als veraltet, ja «extrem» hingestellt. Auch wird vorgegaukelt, unter Staatsrechtlern bestünde ein Konsens, die angeblich «restriktive» Praxis sei im Sinne der KID-Experten zu ändern. Das ist künstlicher Gruppendruck durch vorgetäuschten Konsens.

Druck auf Bundesrichter

Eine weitere Psychotechnik, die im KID-Bericht angewendet wird, ist die Methode «Psychiatrisieren». Die Ausdrücke

---

270 Bernays Edward. Propaganda (Erstausgabe 1928). New York: Ig Publishing 2005, S. 37f. (Übers. J.B.)
271 Bundeskanzlei. KID-Bericht, S. 5 f. (Hervorhebungen J. B.)

«Schreckgespenst» oder «Ängste» dienen diesem Zweck:

> «Das absolute **Schreckgespenst** dieser Konzeption war die staatliche Propaganda, wie sie aus totalitären Staaten bekannt war. [...] [Doch inzwischen] konnten die **Ängste** eines überbordenden Staatsinterventionismus abgebaut werden.»[272]

Personen, welche vor Staatspropaganda warnen, werden damit als psychisch auffällig herabgewürdigt.

Auch die Behauptung im KID-Bericht, «die Praxis und die Lehre [...] [hätten sich seit einigen Jahren] gewandelt» und es seien «neue Tendenzen in der Lehre» zu erkennen, ist manipulativ. Bezeichnenderweise werden die angeblichen «neuen Tendenzen» vor allem von denjenigen Experten vertreten, welche der Bund bezahlt.[273] Diese sind aber nicht unabhängig.

Doch das Bundesgericht leistet mutigen Widerstand. Die PR-Experten schreiben:

> «Das Bundesgericht hat bisher in der Doktrin kaum je ausdrücklich auf die ersten Ansätze einer Neukonzeption [...] reagiert. [...] Es ist nicht ganz klar, ob das Bundesgericht damit eine **strengere** Rechtsprechung für die Phase des Abstimmungskampfes **zementieren** will oder ob dies einen ersten Schritt zu einer **liberaleren** Praxis im Sinne der neuen Doktrin darstellt [...]. Eine etwas **grosszügigere** Betrachtung mit Blick auf das Informationsbedürfnis der Stimmbürger [...] [wäre] angebracht [...]. Eine Trendwende in der Rechtsprechung des Bundesgerichts [kann] zur Zeit [...] nicht ausgemacht werden.»[274]

Es ist unglaublich, dass die PR-Leute den Bundesrichtern vorschreiben wollen, wie sie Recht zu sprechen hätten. Mit den Negativ-Etiketten «streng» und «zementieren» stellt man die Richter in eine negative Ecke und setzt sie unter Druck. Man will sie dazu bringen, die Verfassung im Sinne der KID-Exper-

---

[272] Bundeskanzlei. KID-Bericht, S. 5–7 (Hervorhebungen J. B.)
[273] Bundeskanzlei. KID-Bericht, S. 7f. und FN 22
[274] Bundeskanzlei. KID-Bericht, S. 11 mit FN 42 (Hervorhebung J. B.)

ten auszulegen. Gleichzeitig werden sie mit positiven hypnotischen Worthülsen wie «liberal» und «grosszügig» gelockt, dem Druck nachzugeben. Um als «liberal» und «grosszügig» zu gelten, sollen sie – so die Botschaft – ihre Rechtsprechung dem politischen Wind anpassen. Es ist zu hoffen, dass die Bundesrichter standhaft bleiben und sich dem Druck nicht beugen.

Filz von Bundesbehörden und privaten Akteuren

Ein anderes Argument des KID-Teams lautet, die Gefahr der Behördenmanipulation sei im Zeitalter der neuen Medien nicht mehr gegeben, da die heutigen Gefahren von «privaten Akteuren» ausgingen:

> *«Im Zeitalter neuer Medien und moderner Kommunikationsformen [geht] die Hauptgefahr für eine Beeinträchtigung der freien Willensbildung nicht von den Behörden […], sondern von privaten Akteuren» aus.*[275]

Das ist eine perfide Manipulation. Sie verbindet – ganz im Sinne der zitierten Stasi-Richtlinien – «wahre, überprüfbare» mit «unwahren, aber glaubhaften» Angaben.[276] Wahr ist, dass private Akteure, wie beispielsweise globale Konzerne, die öffentliche Meinung auf undurchsichtige und heimtückische Weise beeinflussen. Unwahr ist, dass damit die Gefahr der Behördenmanipulation gebannt sei. Im Gegenteil!

Erstens stehen die «neuen Medien und modernen Kommunikationsformen» auch den Bundesbehörden zur Verfügung. Und zweitens ist es ja gerade der Bundesrat selbst, welcher durch undurchsichtige Vergabe von Beratungsaufträgen an private Firmen und globale Konzerne demokratisch nicht legitimierten privaten Akteuren Zugang zur politischen Mei-

---

275 Bundeskanzlei. KID-Bericht, S. 7
276 Vgl. Stasi-Richtlinien in Kapitel 3: Politische Manipulation von Machiavelli bis heute

nungsbildung verschafft.[277] Die «Weltwoche» charakterisiert diese fragwürdige Praxis so:

> «[Im Bundeshaus] regieren [...] Intransparenz, Kumpanei [...] und die gezielte Steuerung der Politik aus nicht einsehbaren Bereichen. Dutzende von Büros und Hunderte von Beratern haben sich zu einem Staat im Staat formiert, der sich hinter dem Staat breitmacht.»[278]

PR-Berater diktieren «neues Demokratieverständnis»

Eine weitere Behauptung der KID-Experten ist, dass die «zunehmende Komplexität der Vorlagen» sowie der gesellschaftliche Wandel Eingriffe des Staates in die Meinungsbildung notwendig machen würden:

> «Die zunehmende Komplexität der Vorlagen, die Veränderungen des politischen, gesellschaftlichen und medialen Umfelds und die geänderte Rechtslage führten zu einem neuen Demokratieverständnis. [...] Von der Vorstellung des staatsfreien politischen Willensbildungsprozesses sei Abschied zu nehmen.» [279]

Diese Behauptung bedeutet letztlich, dass der Bürger die Politik den «Experten» überlassen soll. Diese Denkweise ist jedoch kein «neues Demokratieverständnis», sondern weit hinter der Zeit zurück.

Die Auffassung, die «Oberen» wüssten besser als «das Volk», was für dieses gut sei, ist eine drastische Unterschätzung der Mehrheit – gerade in der Schweiz. So war es – wie beschrieben – im Zweiten Weltkrieg gerade die Bevölkerungsmehrheit, welche einen klaren Kopf behielt und gegenüber dem Totalitarismus standhaft blieb. Viele Angehörige der «Eliten» hingegen erlagen der Versuchung der Macht.

---

[277] Vgl. zum Beispiel: Kampf gegen Volksinitiative mit Steuergeldern vorbereitet. Tages-Anzeiger, 26.06.2006

[278] Der Schattenstaat. Weltwoche 44/2006

[279] Bundeskanzlei. KID-Bericht, S. 8

III. Abstimmungsmanipulation des Bundes – zwei Beispiele

1. Neue Bundesverfassung – Totalrevision oder Nachführung?

Die neue Bundesverfassung soll «das geltende geschriebene und un-geschriebene Verfassungsrecht nachführen, es verständlich darstel-len, systematisch ordnen, Dichtheit und Sprache vereinheitlichen.» (Bundesbeschluss vom 3.6.1987, Art. 3)

«Im Nachhinein muss ich zugeben, dass der Begriff ‹Nachführung› zu verharmlosend war.» (Bundesrat Arnold Koller, 1999)[280]

Am 18. April 1999 stimmte das Schweizer Volk einer neuen Bundesverfassung zu. Wie kam es dazu? Eigentlich ist es das Wesen einer Verfassung, dass sie vom Volk aus kommt. Das war bei dieser Verfassung nicht der Fall. Sie war kein Bedürf-nis des Volkes, sondern wurde von den Bundesbehörden ver-fasst und vorangetrieben.

1985 legte der Bundesrat dem Parlament einen Bericht über die geltende Verfassung vor, welche diese «veraltet» und «rück-ständig» erscheinen liess. Mit dieser Manipulation brachte er das Parlament dazu, einen Bundesbeschluss mit eigenartig widersprüchlichem Inhalt zu fassen:

«Art. 1. Die Bundesverfassung vom 29. Mai 1874 wird total revidiert.

---

280 Koller Arnold. «Juristische Tagung», Bern, 22.10.1999. Souverän Nr. 1, 2/2000

Art. 2. Der Bundesrat unterbreitet der Bundesversammlung den Entwurf zu einer neuen Bundesverfassung.

Art. 3. Der Entwurf wird das geltende geschriebene und ungeschriebene Verfassungsrecht nachführen.»[281]

Dieser Beschluss ist aus zwei Gründen bemerkenswert:
1. Es ist darin zum letztenmal von Totalrevision die Rede. Von jetzt an heisst die Sprachregelung: «Verfassungsreform» oder «Nachführung».
2. Der Beschluss widerspricht sich selbst, indem er in Art. 1 eine Totalrevision fordert («wird total revidiert») und im Gegensatz dazu in Art. 3 eine lediglich formale Überarbeitung verlangt («verständlich darstellen, ordnen, sprachlich vereinheitlichen»).

Damit war die Strategie vorgezeichnet: Es sollte der Anschein erweckt werden, die Verfassung würde nur formal überarbeitet. In Wirklichkeit war eine Totalrevision geplant.

Bundesrat treibt Verfassungsrevision voran

Eine treibende Kraft hinter dieser Strategie war Bundesrat Arnold Koller. In einer propagandistischen Aktion stellte er das Projekt 1995 der Öffentlichkeit vor und verkündete eine «Volksdiskussion». Diese fand aber nie statt.

Der Entwurf folgte 1996. Er entsprach noch weitgehend einer «Nachführung».[282] Doch er wurde nicht weitergeführt. Der Text, über den das Parlament am 18. Dezember 1998 abstimmte, glich dem Entwurf von 1996 nur noch wenig:

«Entsprach der Verfassungsentwurf von 1996 noch weitgehend einer Nachführung des geltenden geschriebenen oder ungeschriebenen

---

[281] Bundesbeschluss vom 3.6.1987, Art. 3

[282] Schwander Ivo. Schweizerische Bundesverfassung, Europäische Menschenrechtskonvention, Uno-Menschenrechtspakte. Herausgegeben und erläutert von Prof. Dr. iur. Ivo Schwander. St. Gallen 1999, S. 319

Verfassungsrechts, so weist der vom Parlament am 18. Dezember 1998 verabschiedete Text vermehrt materielle Neuerungen auf.»[283]

Der neue Text enthielt so viele radikale Änderungen, dass die Vorlage – wären die Inhalte bekanntgeworden – vor Volk und Parlament wohl gescheitert wäre. Doch da Bundesrat Koller diese Abstimmung unbedingt «gewinnen» wollte, musste er eine offene Diskussion verhindern.

Um dem Volk die unpopuläre «Verfassungsreform» zu verkaufen, beauftragte der Bundesrat einen ganzen Stab von Beratern damit, eine geeignete «Kommunikationsstrategie» auszuhecken. Die Ausgangslage war schwierig. Die PR-Experten des Bundes schreiben:

«Die Attraktivität [der Vorlage] für die Stimmberechtigten war nicht immanent, sie musste ‹künstlich› geschaffen werden. […] Übergeordnetes Ziel der Kommunikationsstrategie war es, die Chancen für den erfolgreichen Abschluss der Verfassungsreform zu erhöhen.»[284]

Angriff auf Kantonssouveränität

Ein entscheidender Punkt in der neuen Verfassung war der Angriff auf die Kantonssouveränität – eine Grundlage der Schweizerischen Eidgenossenschaft. Die neue Verfassung stellt dieses Fundament schon im ersten Artikel in Frage. Scheinbar harmlos heisst es in der neuen Verfassung:

«Das Schweizervolk und die Kantone […] bilden die Schweizerische Eidgenossenschaft.» (Art. 1 BV neu)

Das tönt sehr schweizerisch und traditionell. Doch das war ein Psychotrick, um das Parlament und die Stimmberechtigten abzulenken. Die hypnotischen Worthülsen «Schweizervolk» und «Schweizerische Eidgenossenschaft» sollten darüber hinwegtäuschen, dass ein radikaler Bruch mit der bisherigen

---

283   Schwander Ivo, a.a.O., S. 319
284   Bundeskanzlei. KID-Bericht, S. 64

Staatsauffassung geplant war. Anstelle der neuen Formulierung stand nämlich in der alten Verfassung:

> *Die durch gegenwärtigen Bund vereinigten Völkerschaften der* **dreiundzwanzig souveränen Kantone** *[...] bilden in ihrer Gesamtheit die Schweizerische Eidgenossenschaft.» (Art. 1 BV alt; Hervorhebung J. B.)*

Diese Formulierung in der alten Verfassung bringt den föderalen Aufbau des Bundesstaates Schweiz und die Souveränität der Kantone zum Ausdruck. Sie machte auch deutlich, dass die Schweiz eben nicht «ein Volk» ist, sondern aus verschiedenen Völkerschaften mit verschiedenen Sprachen und Kulturen besteht. Die Souveränität der Kantone ist damit unantastbar.

Die neue Bundesverfassung hingegen greift die kulturelle, ethnische und sprachliche Vielfalt der Schweiz an. Mit der Worthülse «das Schweizervolk und die Kantone» wird ein Einheitsvolk propagiert, das nicht existiert. Zudem konstruiert sie einen künstlichen Gegensatz zwischen «Volk» und Kantonen. Dass dabei den Kantonen das Attribut «souverän» entzogen wurde, ist ungeheuerlich.

Dieser Frontalangriff auf die kantonale Souveränität schon im ersten Verfassungsartikel zeigt, dass tiefgreifende Veränderungen geplant waren. Auch die Zahl 23 bei den Kantonen wurde gestrichen. Das ist kaum anders erklärbar als durch die Absicht, Grenzen und Zahl der Kantone zu verändern. Projekte in dieser Richtung existieren bereits. So plant die Denkfabrik der global ausgerichteten Wirtschaft, Avenir Suisse, eine Neuaufteilung der Schweiz in sechs «Grossregionen», um den «Marktkräften» mehr Spielraum einzuräumen.[285]

---

[285] Föderalismus contra Wachstum? Avenir Suisse skizziert sechs «Metropolitanregionen». Neue Zürcher Zeitung, 15.2.2005. Hinter Avenir Suisse stehen globalisierte Grossfirmen wie ABB, Credit Suisse, McKinsey, Nestlé, Novartis und UBS

Bundesrat will mehr Macht

Weitere Neuerungen zielen auf einen Machtzuwachs des Bundesrates und eine Zentralisierung der Entscheidungsbefugnisse ab. Diese Absicht kommt in vielen einzelnen Neuformulierungen und Bestimmungen zum Ausdruck. Sie zeigt sich auch in einer kleinen unauffälligen Änderung. In der alten Bundesverfassung stand nämlich:

> *«Die oberste **vollziehende und leitende** Behörde der Eidgenossenschaft ist ein Bundesrat.» (Art. 95 BV alt)*

Und in der neuen Verfassung steht:

> *«Der Bundesrat ist die oberste **leitende und vollziehende** Behörde des Bundes.» (Art. 174 BV neu)*

Die Wörtchen «vollziehend» und «leitend» wurden vertauscht. Ein Kritiker der neuen Verfassung kommentierte:

> *«In der alten Verfassung [...] war der Bundesrat primär vollziehende Behörde und erst in zweiter Linie leitende Behörde. Das Vollziehen dessen, was Bürgerinnen und Bürger oder das Parlament beschlossen haben, ist wie ein Dienen am Volk. Nun wird das Dienen erst in zweiter Linie erwähnt, und das Leiten steht im Vordergrund; das ist ihnen also so wichtig, dass sie eine Änderung vornahmen! [...] der Bundesrat will mehr regieren, mehr Macht in seinen Händen, weniger dienen.»*[286]

Der Machtzuwachs für den Bundesrat durch die Verfassungsrevision betrifft auch die Armee. So wurde das Verbot für den Bund aufgehoben, stehende Truppen zu halten; die Verfügungsgewalt des Bundes über die Armee wurde erweitert und das Milizprinzip geschwächt. Diese und weitere schwerwiegende Neuerungen im Armeebereich werden im nächsten Kapitel dargestellt.

---

[286] Ammann Christoph. Aufruf an die Schweiz zur Bundesverfassung. Inserat. Tages-Anzeiger, 10. April 1999

Wirtschaftsfreiheit für Konzerne

Eine Veränderung gegenüber der alten Verfassung war auch die Einführung der «Wirtschaftsfreiheit» als neues «Grundrecht» (Art. 27 BV neu) mit der Verfassungsrevision. Ein solches Grundrecht gab es vorher nicht, weder als geschriebenes noch als ungeschriebenes Verfassungsrecht und auch nicht in der Europäischen Menschenrechtskonvention.[287] Mit der damals geltenden «Handels- und Gewerbefreiheit» hat die neue «Wirtschaftsfreiheit» wenig zu tun.

Die neue «Wirtschaftsfreiheit» soll wohl die Freiheit für Konzerne und private Investoren vergrössern. Sie soll «günstige Rahmenbedingungen für die private Wirtschaft» schaffen (Art. 94 Abs. 3 BV neu) und «Abweichungen vom Grundsatz der Wirtschaftsfreiheit» erschweren, «insbesondere Massnahmen, die sich gegen den Wettbewerb richten» (Art. 94 Abs. 4 BV neu).

Ein Kritiker der Verfassungsrevision bezeichnete diese Neuerung als «Bückling vor den Wirtschafts- und Finanzkräften». Dies sei ein «Unding in einer Zeit, in der Wirtschafts- und Finanzkräfte sich je länger je mehr der sozialen Verantwortung entziehen», fügte er hinzu und fuhr fort:

> *«Da der Begriff Wirtschaftsfreiheit kein eigentlicher Rechtsbegriff ist, wird man sich zu seiner Definition in der Praxis am allgemeinen Begriff der ‹freien Marktwirtschaft› orientieren. […] Diese freie Marktwirtschaft anerkennt ihrerseits als obersten Grundsatz nur das rigorose Konkurrenzprinzip, alle anderen Handelsusancen werden zunehmend als Marktbehinderung bezeichnet.»*[288]

Privatisierung der Nationalstrassen

Sehr gravierend ist die Ermöglichung einer Privatisierung der Nationalstrassen, der mit der Verfassungsrevision die Tür geöffnet wurde. Die neue Verfassung krempelt die bewährte Aufgabenverteilung zwischen Bund und Kantonen in bezug

---

[287] Schwander Ivo, a.a.O., S. 17ff.

[288] Ammann Christoph. Aufruf an die Schweiz zur Bundesverfassung. Inserat. In: Tages-Anzeiger, 10.4.1999

auf die Nationalstrassen um – zugunsten einer Machtzentralisierung beim Bund.

So war nach alter Verfassung die Kosten- und Aufgabenverteilung zwischen Bund und Kantonen mit Artikel 36bis bis ins Detail geregelt. Dieser Artikel wurde sinngemäss übernommen (Art. 83 BV neu). Doch ein Absatz wurde ersatzlos und kommentarlos gestrichen. Und zwar derjenige, der bestimmte, dass «die Nationalstrassen […] unter Vorbehalt der Befugnisse des Bundes unter der Hoheit der Kantone» standen (36bis Abs. 6 BV alt)!

Das ist ein weiterer schwerer Eingriff in die Kantonssouveränität.[289] Neu soll nur noch der Bund über Bau, Betrieb und Unterhalt der Nationalstrassen bestimmen:

> «Ab Januar 2008 wird anstelle der Kantone neu nur noch der Bund die Nationalstrassen bauen, betreiben und unterhalten und dafür die alleinige Kostenverantwortung tragen. Nach dem Motto ‹Wer zahlt, befiehlt› kann er dann Arbeiten sowohl öffentlichen, privaten wie auch gemischten Trägerschaften übertragen.»[290]

Die Privatisierung ist bereits in Vorbereitung; die Erhebung von Strassenzöllen durch private Firmen ist in Planung. Um diese unpopuläre Neuerung als «attraktiv» verkaufen zu können, erfanden Spin doctors die verführerisch klingende Worthülse «Road pricing» – ein Tarnbegriff für Strassenzölle, welche die Mehrheit kaum will.[291]

---

[289] Dazu brauchte es als zweite Komponente noch ein weiteres «Reformpaket», das bei der Ausarbeitung der neuen Bundesverfassung schon in der Schublade war: die «Neugestaltung des Finanzausgleichs und der Aufgaben zwischen Bund und Kantonen» (NFA)

[290] Der Bund wird Herr der Nationalstrassen. Neue Zürcher Zeitung, 18. Januar 2007

[291] Road Pricing zumindest technisch machbar. Walliser Bote, 27.1.2007; Werbebroschüre der Rapp AG. www.wort-art.ch/pdfs/RAPP%20Auszuege%20aus%20 Geschaeftsbericht%202004.pdf, 20.1.2007

Privatisierung von Post und Telefon

Als nächste «Neuerung» ebnete die neue Bundesverfassung der Privatisierung von Post und Telefon den Weg. Mit der alten Verfassung wäre die Privatisierung dieser öffentlichen Dienstleistungen nicht möglich gewesen. Dort stand nämlich:

> *«Das Post- und Telegrafenwesen im ganzen Umfange der Eidgenossenschaft ist Bundessache. **Der Ertrag der Post- und Telegrafenverwaltung fällt in die eidgenössische Kasse.** Die Tarife werden im ganzen Gebiete der Eidgenossenschaft nach den gleichen, möglichst billigen Grundsätzen bestimmt. [...] **Zur Bestreitung der Bundesausgaben stehen [...] der Reinertrag der Post-, Telegrafen- und Telefonverwaltung [zur Verfügung].»** (Art. 36 Abs. 1, 2, 3 und 42 BV alt; Hervorhebungen J. B.)*

Die zwei hervorgehobenen Sätze wurden bei der Verfassungsrevision ersatzlos gestrichen. Erst durch diese Streichung wurde es möglich, gewinnträchtige Tranchen aus dem Post- und Telefongeschäft herauszuschneiden und an Private zu verkaufen.

Denn mit der neuen Verfassung müssen die Erträge aus dem Post- und Telefongeschäft nicht mehr in die Bundeskasse fliessen. Nun können Private daran verdienen – zum Schaden der Allgemeinheit. Die kostenintensiven Dienste müssen jedoch weiterhin von der öffentlichen Hand getragen werden. Mit dieser Neuerung wurde die bewährte Quersubventionierung der Post durch das Telefon eliminiert. Seither wurden unzählige Poststellen und «unrentable» Postautolinien geschlossen, und der Bundesrat will nun auch – gegen den Willen des Parlaments – Teile des Postgeschäfts privaten Investoren übergeben.[292]

---

[292] Bremsmanöver gegen Öffnung des Postmarktes. Ständerat widersetzt sich dem Bundesrat. Neue Zürcher Zeitung, 17.12.2008

Abschaffung der Golddeckung des Schweizer Frankens

Als letztes Beispiel einer «Neuerung» sei die Abschaffung der Golddeckung des Schweizer Frankens erwähnt.[293] Gemäss alter Verfassung musste der Schweizer Franken durch entsprechende Goldreserven und kurzfristige Guthaben der Nationalbank gedeckt sein: «Die ausgegebenen Banknoten müssen durch Gold und kurzfristige Guthaben gedeckt sein.» (Art. 39 Abs. 7 BV alt). Dieser Verfassungsartikel verlieh dem Schweizer Franken internationales Vertrauen und Stabilität. Dies trug auch zur politischen Stabilität und Unabhängigkeit des Landes bei.

Doch Bundesrat Koller wollte – aus welchen Gründen auch immer – die Hälfte dieser Goldreserven (etwa 2600 Tonnen) unbedingt verkaufen. Dem stand die geltende Verfassung entgegen. Die Änderung des obigen Artikels durch die Verfassungsrevision bot ihm die gewünschte Gelegenheit.[294]

In der neuen Verfassung steht nur noch: «Ein Teil der Reserven wird in Gold gehalten.» (Art. 99 Abs. 3 BV neu) Diese unverbindliche Formulierung konnte den Ausverkauf des Nationalbankgoldes nicht verhindern. Seither sind dem Volksvermögen infolge der massiven Wertsteigerung des Goldes Milliarden von Franken verlorengegangen. Bezeichnend ist, dass Bundesrat Koller sich bis heute nie zur Frage der Verantwortlichkeit für diesen Verlust geäussert hat.

Die meisten «Neuerungen» nicht erwähnt

Es ist ein Skandal, dass die meisten der dargestellten schwerwiegenden Verfassungsänderungen in den Abstimmungserläuterungen des Bundesrates nicht einmal erwähnt wurden! Das «Bundesbüechli» bestand zum grössten Teil aus hypnotischen Worthülsen wie «bewährt», «partnerschaftlich»,

---

[293] Die folgenden Fakten finden sich in: Wüthrich Werner. Das Nationalbankgold und die direkte Demokratie. In: Finanz und Wirtschaft, 7.12. 2005

[294] Der «Goldartikel» war 1951 nach einer breiten Volksdiskussion mit grosser Mehrheit in einer eidgenössischen Volksabstimmung eingeführt worden.

«modern», «harmonisch», «Erneuerung».[295] Die einlullenden Begriffe sollten von der Brisanz der Vorlage ablenken.

Gänzlich verschwiegen wurden die Einschränkung der Kantonssouveränität, der Machtausbau des Bundesrates, die Begünstigung der globalisierenden Marktkräfte und die angebahnte Privatisierung von Post, Telefon und National-strassen.

Andere «Neuerungen» wurden zwar erwähnt, aber so ver-zerrt, beiläufig und unvollständig dargestellt, dass deren Trag-weite kaum erkennbar war, wie zum Beispiel die Aufhebung der Golddeckung der Währung. Sie wurde mit folgendem Satz propagiert:

«Die seit Jahrzehnten praktisch bedeutungslose Einlösungspflicht für Banknoten und die ebenfalls überholte Goldbindung des Frankens werden aufgehoben.»[296]

Das ist reine Manipulation. Die Wörter «bedeutungslos» und «überholt» spielen die Frage der Golddeckung und Einlösungs-pflicht für Banknoten als unwichtig herunter. Die Verwendung des Begriffs Goldbindung ist falsch, denn in Wirklichkeit geht es um die Golddeckung. Gezielt wurde ausgestreut, die Gold-bindung der Währung verstosse gegen die Statuten des Inter-nationalen Währungsfonds (IWF).[297]

Das stimmte zwar, doch die *Goldbindung* der Währungen bestand gar nicht mehr; sie war bereits in den siebziger Jahren international aufgehoben worden. Die *Golddeckung* der Wäh-rungen ist auch gemäss IWF-Statuten erlaubt. Mit dem unsau-beren Sprachgebrauch wurden die Stimmberechtigten in die Irre geführt. Denn die unzutreffende Verwendung des Begriffs

---

295 Erläuterungen des Bundesrates zur Abstimmung über die neue Bundesverfassung, S. 3–7

296 Erläuterungen des Bundesrates zur Abstimmung über die neue Bundesverfassung, S. 5

297 Wüthrich Werner. Abschied vom Gold. In: *Zeit-Fragen*, 21.1. 2002

Goldbindung täuschte vor, die geltende Verfassung verstosse gegen internationale Normen.[298] Das stimmte aber nicht.

Vorgetäuschter Konsens

Gehäuft wurde bei dieser Abstimmungskampagne die Methode «künstlicher Gruppendruck durch vorgetäuschten Konsens» verwendet. So behauptete der Bundesrat von Anfang an, es herrsche ein «breiter Konsens» zugunsten der Vorlage. Durch ständiges Wiederholen von Worthülsen wie «allgemein konsensfähige Neuerungen», «breiter Konsens», «breite Unterstützung», «Konsens-Werk» oder «Werk der Einigung» wurde der Eindruck allgemeiner Zustimmung vorgegaukelt.[299] In Wirklichkeit war die Vorlage so unpopulär, dass die PR-Berater mit Psychotricks künstlich «Attraktivität» herzustellen versuchten.[300]

Auch im erwähnten Brief von Bundesrat Koller an die Chefredaktoren stand: «Die Nachfrage nach persönlichen Stellungnahmen und Auftritten war so gross wie bei keiner anderen Vorlage meiner 12jährigen Amtszeit.»[301] Das stimmte aber gar nicht. Die bundesrätlichen «Kommunikationsberater» mussten selbst zugeben, dass das Interesse an der Vorlage sehr gering war:

> *«Ein schlechtes Verhältnis zwischen Aufwand und Ertrag wiesen die vielen Referate und Podiumsgespräche auf, die oftmals vor einem Publikum von weniger als 30 Personen und in einer entlegenen Region der Schweiz stattfanden.»*[302]

---

[298] Das ist der «juristische Spin», vgl. Kapitel 4: Manipulative Psychotechniken

[299] Erläuterungen des Bundesrates zur Abstimmung über die neue Bundesverfassung, S. 3, 5, 6, 7; Brief von Bundesrat Arnold Koller an die Chefredaktoren, 12.4.1999

[300] Bundeskanzlei. KID-Bericht, S. 64: «Die Attraktivität für die Stimmberechtigten war nicht immanent, sie musste ‹künstlich› geschaffen werden.»

[301] Brief von Arnold Koller an die Chefredaktoren, 12.4.1999

[302] Bundeskanzlei. KID-Bericht, S. 66

Ebenso frei erfunden war die Behauptung, mit einer guten Stimmbeteiligung sei «ein überzeugendes Ja» zu erzielen.[303] Damit spiegelte der Bundesrat vor, die Mehrheit der Bevölkerung sei informiert und stehe hinter der Vorlage. Das entsprach nicht der Realität.[304]

Verschweigen von Information

Um die Sachdiskussion zu verhindern, mussten die PR-Berater dafür sorgen, dass man die neue und die alte Verfassung nicht miteinander vergleichen konnte. Denn dann wären die Neuerungen offensichtlich geworden. Deshalb bestand eine zentrale «Kommunikationsmassnahme» der PR-Berater darin, den Stimmberechtigten den Text der geltenden Verfassung nicht zur Verfügung zu stellen. Den Abstimmungserläuterungen war nur der Text des neuen Verfassungsentwurfs beigelegt, nicht aber die geltende Verfassung.

Wer die geltende Verfassung aus eigener Initiative im Bundeshaus bestellen wollte, erhielt zur Antwort, diese sei vergriffen und werde auch nicht nachgedruckt, denn demnächst trete ja eine neue Verfassung in Kraft. Und dies vor der Abstimmung!

Die Nachführungslüge

Eine weitere zentrale «Kommunikationsmassnahme» des Bundes war die Behauptung, die neue Verfassung sei nur eine «Nachführung».[305] In der ganzen Kampagne wurde konsequent verschwiegen, dass es sich in Wirklichkeit um eine Totalrevision handelte. Im «Bundesbüechli» stand:

> *«Die Sprache wurde der heutigen Zeit angepasst, und die Bestimmungen sind verständlicher formuliert. […] Die Reform sorgt dafür, dass*

---

[303]   Brief von Arnold Koller an die Chefredaktoren, 12.4.1999

[304]   «Das Ziel, die abstrakten Inhalte der Verfassungsreform einer breiten Bevölkerungsschicht als attraktiv zu ‹verkaufen› […] [konnte] nicht erreicht werden.» Bundeskanzlei. KID-Bericht, S. 66

[305]   Vgl. Bundesbeschluss vom 3.6.1987

unser heutiger Staat in der Verfassung wieder erkennbar wird.»[306]

«Die neue Verfassung [...] schliesst Lücken, klärt offene Fragen, enthält neue Bestimmungen und verzichtet auf alte Zöpfe und unnötige Details. Das Bewährte wird erhalten.»[307]

Mit dieser krassen Irreführung in einer derart wichtigen Angelegenheiten wie einer neuen Verfassung verletzte der Bund sein eigenes Gebot der «objektiven, ausgewogenen und umfassenden Information» schwer.[308] Im «Leitbild», das er sich selbst gegeben hat, steht nämlich: «Wesentliche Informationen dürfen nicht aus taktischen Gründen zurückgehalten werden.»[309] Genau das tat aber der Bundesrat.

Künstliche Attraktivität durch PR-Methoden

Um von den zahlreichen Neuerungen abzulenken, träufelte man den Stimmberechtigten propagandistische Phrasen ein wie «die Chance für eine Reform jetzt packen», «klare Verhältnisse schaffen» oder «die Reform macht die Verfassung wieder bürgernah».[310]

Diese Werbesprüche wurden über alle Kanäle verbreitet: Medienkommuniqués und pfannenfertige «redaktionelle Beiträge» für Zeitungen, Broschüren, Plakataktionen, Podiumsgespräche, Pressekonferenzen, Radio- und Fernsehauftritte von Bundesräten und eine Ausstellung «150 Jahre Bundesstaat». Zusätzlich wurde den Parteien und Verbänden ein «Referentenservice» angeboten und wurden fertige Foliensätze für Vorträge zur Verfügung gestellt. Auch «neue Medien» kamen zum Einsatz: eine Internet-Plattform, Disketten, Cartoons,

---

[306] Erläuterungen des Bundesrates zur Abstimmung über die neue Bundesverfassung, S. 3

[307] Erläuterungen des Bundesrates zur Abstimmung über die neue Bundesverfassung, S. 4

[308] Bundeskanzlei: Information und Kommunikation von Bundesrat und Bundesverwaltung. Leitbild der Konferenz der Informationsdienste (KID). Bern 2003 (im folgenden Leitbild), S. 4f.

[309] Bundeskanzlei. Leitbild, S. 6

[310] Bundeskanzlei. KID-Bericht, S. 64

«Events», ein «Präambelwettbewerb» und ein «Internet-Chat» mit dem Bundesrat.[311]

Mit diesen propagandistischen Umtrieben wollten die PR-Profis eine künstliche «Aufbruchstimmung» erzeugen.[312] Doch alles, was sie hervorbrachten, war eine schwache Stimmbeteiligung.

Die Kosten für die Abstimmungskampagne waren enorm. Sie betrugen offiziell 2 Millionen Franken. In diesem Betrag sind aber die Personalkosten, die Kosten für Internetauftritte und Fachliteratur sowie die Honorare für Kommissionen und Experten noch nicht enthalten.[313] Diese zusätzlichen Kosten dürften beträchtlich gewesen sein.

Globaler Public-Relations-Konzern nimmt Einfluss

Bei der Kampagne für die neue Bundesverfassung zog der Bundesrat zusätzlich zu den eigenen «Kommunikationsberatern» auch externe Berater bei. Es waren Mitarbeiter des global ausgerichteten und international vernetzten Public-Relations-Konzerns Trimedia.[314] Die Trimedia unterhält Zweigstellen und Agenturen in verschiedenen Schweizer Städten. Zudem ist sie in ein undurchschaubares Netz von Tochter- und Partneragenturen eingebunden und mit England, Amerika, Osteuropa und Asien vernetzt. Ihre Kunden sind Grosskonzerne wie Novartis, McDonalds und andere. Zudem ist die Trimedia in die britische «Huntsworth Group» eingebunden, die weltweit rund 3 000 PR-Berater beschäftigt.[315]

Mit der Vergabe dieses Beratungsauftrags an eine globalisierte Firma tat der Bund genau das, was er selbst als «Hauptgefahr für eine Beeinträchtigung der freien Willens-

---

311 Bundeskanzlei. KID-Bericht, S. 64f.
312 Bundeskanzlei. KID-Bericht, S. 64/66
313 Bundeskanzlei. KID-Bericht, S. 65
314 Bundeskanzlei. KID-Bericht, S. 48, FN 115 und S. 64
315 www.trimedia.ch, 20.1.2007

bildung» bezeichnete: Er liess einen «privaten Akteur» mit undurchsichtigen Interessensbindungen Einfluss auf die freie Willensbildung der Stimmberechtigten nehmen – und dies in einer so delikaten Angelegenheiten wie der neuen Bundesverfassung.[316]

Unwillkürlich fragt man sich, ob die Trimedia-Berater dem Bundesrat auch halfen, gewisse Verfassungsartikel als «obsolet» aus der Verfassung zu «eliminieren».[317] Solche Gedanken drängen sich auf, wenn man bedenkt, dass heute ganze «Gesetzesentwürfe in PR-Abteilungen von Unternehmen verfasst» werden.[318] Der Bundesrat selbst rechtfertigte den Beizug externer Berater so:

> «Die Verfassungsreform verlangte wegen ihrer Grösse, des Zeitdrucks sowie der staatspolitischen Bedeutung nach professioneller Betreuung der Öffentlichkeitsarbeit. Der Entscheid, externe Berater beizuziehen, war deshalb richtig.»[319]

Warum Zeitdruck? Seitens der Bürgerinnen und Bürgern bestand kein Zeitdruck – und auch kein Bedürfnis nach einer neuen Verfassung. Der Zeitdruck ist nur erklärbar, wenn man annimmt, dass der Bundesrat von anderer Seite unter Druck stand. Von welcher?

Die Wahrheit dringt ans Licht

Trotz Propaganda und «professioneller Betreuung» mehrten sich im Vorfeld der Abstimmung die kritischen Stimmen. Skeptische Leserbriefe, Inserate und Publikationen erschie-

---

316   Bundeskanzlei. KID-Bericht, S. 7. Ist es Zufall, dass die «Trimedia Communications AG» an der gleichen Adresse zu finden ist (Hirschengraben 5 in Bern) wie der umtriebige «Meinungsforscher» Claude Longchamp, ein weiterer «privater Akteur», der vom Bund laufend Aufträge erhält?

317   «Die Verfassungsreform schafft klare Verhältnisse und eliminiert obsolete Artikel.» Vgl. Bundeskanzlei. KID-Bericht, S. 64

318   Vgl. Wikipedia. «Öffentlichkeitsarbeit». http://de.wikipedia.org/wiki/Öffentlichkeitsarbeit, 29.10.2007

319   Bundeskanzlei. KID-Bericht, S. 65

nen, unabhängige Persönlichkeiten meldeten sich zu Wort. Ein Rechtsprofessor schrieb: «Es ist Pflicht des Juristen, in einer so wichtigen Sache wie einer neuen Bundesverfassung seine Bedenken nicht zu verschweigen.»[320] Ein anderer warnte:

Die neue Verfassung «ist keine nachgeführte, sondern eine neue Verfassung, welche die Schweiz auf einen völlig anderen politischen Weg bringen will».[321]

Abstimmungszeitungen wiesen auf verschiedene neuralgische Punkte der neuen Verfassung hin.[322] Immer mehr Menschen erkannten, dass die Verfassungsrevision keineswegs so harmlos war, wie sie daherkam. Kurz vor der Abstimmung stand die Vorlage vor dem Scheitern.

Willfährige Medien

Da griff Bundesrat Koller wenige Tage vor dem Urnengang zur Feder und schrieb den erwähnten Brief an die Opinionleader und Chefredaktoren. Damit griff er zu einem Zeitpunkt massiv in den Abstimmungskampf ein, als private Personen und Komitees keine Chance mehr hatten, in Inseraten oder Leserbriefen zu Wort zu kommen. Denn die meisten Zeitungen schliessen ihre Leserbriefspalten kurz vor der Abstimmung. Das war ein schwerer und verfassungswidriger Eingriff in die Abstimmungsfreiheit.

Es kann davon ausgegangen werden, dass dieser Brief den Ausschlag gab, dass die Vorlage doch noch knapp angenom-

---

[320] Der Walliser Universitätsprofessor em. Dr. iur. Louis Carlen warnte vor noch nicht erwähnten Punkten wie Einschränkung der Elternrechte, Einschränkung der kantonalen Schulhoheit, Ausweitung der staatlichen Berechtigung, Steuern zu erheben, oder Diskriminierung der katholischen Kirche. Der Jurist schrieb: «Es ist Pflicht des Juristen, in einer so wichtigen Sache wie einer neuen Bundesverfassung seine Bedenken nicht zu verschweigen und abzuwägen, was ihm gut und was ihm schlecht scheint.» Schweizerische Katholische Wochenzeitung, 9.4.1999

[321] Ammann Christoph: Aufruf an die Schweiz zur Bundesverfassung. Inserat. Tages-Anzeiger, 10.4.1999

[322] Zum Beispiel *Zeit-Fragen* in zwei Sondernummern *Zeit-Fragen extra* Nr. 4 und 5, April 1999

men wurde – angesichts der Propagandawalze kein Erfolg für den Bundesrat: Bei schwacher Stimmbeteiligung stimmten nur 13 von 23 Kantonen und nur 59% der Stimmenden zu. Die PR-Experten des Bundes bedauern:

> «*Trotz allem Engagement [konnte] das Ziel, die abstrakten Inhalte der Verfassungsreform einer breiten Bevölkerungsschicht als attraktiv zu ‹verkaufen› und diese für das Projekt zu sensibilisieren, nicht erreicht werden [...]. Eine echte Aufbruchstimmung liess sich nicht herstellen.*»[323]

Verfassungsbruch und Vertrauensbruch

Bundesrat Koller wusste genau, was er tat. Ohne Scham verkündete er ein halbes Jahr nach der Abstimmung:

> «*Im nachhinein muss ich zugeben, dass der Begriff ‹Nachführung› zu verharmlosend war.*»[324]

Später brüstet er sich: «Je ne regrette rien» (Ich bedaure nichts).[325] Er würde es also wieder tun. Und dies, obwohl die ganze Vorgehensweise ein Verfassungsbruch und ein Vertrauensbruch war. Ein Verfassungsbruch war sie, weil der Bundesrat die Totalrevision als «Nachführung» tarnte, was es laut Verfassung gar nicht gibt.[326] Um einen Vertrauensbruch handelte es sich, weil der Bundesrat das Vertrauen, welches die Schweizerinnen und Schweizer in ihn setzten, missbrauchte. Viele stimmten der neuen Verfassung nur deshalb zu, weil sie Bundesrat Koller vertrauten.

---

[323] Bundeskanzlei. KID-Bericht, S. 66

[324] Koller Arnold. «Juristische Tagung», Bern, 22.10.1999. Souverän Nr. 1, 2/2000

[325] Arnold Koller im Lions Club. Tages-Anzeiger, 6.9.2006

[326] Nach der damaligen und auch nach der geltenden Bundesverfassung gab und gibt es nur eine Teilrevision oder eine Totalrevision (Art. 119/121 BV alt, Art. 193/194 BV neu). Die Begriffe «Verfassungsreform» und «Nachführung» sind keine eigentlichen Rechtsbegriffe, sondern manipulative Worthülsen («juristischer Spin»)

Negative Auswirkungen sichtbar

Heute treten die negativen Folgen der neuen Bundesverfassung immer deutlicher in Erscheinung. Viele würden ihr heute nicht mehr zustimmen. Der Jurist und alt Ständerat Carlo Schmid wies beispielsweise auf die allgegenwärtigen und beunruhigenden «Tendenzen zur Zentralisierung der Politik» hin und stellte besorgt fest:

> «Es gibt kaum einen Vorstoss, der nicht neue Bundeslösungen verlangt und die Kantone entmachten will. Man müsste vielleicht auch die neue Bundesverfassung teilweise rückgängig machen, vor allem jene Passagen, die unter dem Titel ‹Nachführung› verkauft wurden, tatsächlich aber Neuerungen sind […] Heute würde ich sie ablehnen. Damals stand ich vor der Frage, ob ich wegen drei oder vier Punkten, die mir nicht passten, das gesamte Paket verwerfen soll und den Spielverderber spielen will. Doch jetzt sind viele negative Auswirkungen sichtbar.»[327]

Diese Aussage des erfahrenen Parlamentariers wirft ein Licht auf die damalige Stimmung und auf die Strategie des Bundesrats, kritische Stimmen totzuschweigen oder auszugrenzen.

---

[327] Der Zeitgeist ist gegen uns. Das Weltwoche-Gespräch mit dem scheidenden CVP-Ständerat Carlo Schmid. Weltwoche, 12/07

2. Wie der Bundesrat die Schweiz in die Nato verstrickte

«Die grosse sicherheitspolitische Debatte ist nicht nur unnötig, sie würde auch Risiken enthalten, weil sie Anreize zur Polarisierung der sicherheitspolitischen Meinungslandschaft bieten würde.» (Christian Catrina, Chefstratege VBS)[328]

«Wir Politiker haben den Auftrag [...] eine Politik zu entwickeln [...] wie ein Bergler: ein Schritt – abgesichert, damit es innenpolitisch keine Diskussionen gibt [...] keinen Widerstand.» (Bundesrat Adolf Ogi, Vorsteher VBS)[329]

Seit über zehn Jahren verfolgt das Eidgenössische Departement für Verteidigung, Bevölkerungsschutz und Sport (VBS)[330] eine verdeckte Strategie der Annäherung an die Nato. Dies ohne demokratische Legitimation! Es fand darüber nie eine Volksabstimmung statt. Statt dessen wurden Parlament und Volk mit unzulässigen Psychotechniken beeinflusst. Es fand eine langfristig angelegte richtiggehende psychologische Operation statt, gesteuert von den Chefetagen des VBS. Der Vorgang und die angewandten Manipulationsmethoden werden im Folgenden aufgezeigt.

Bundesrat will Nato-«Partnerschaft» beitreten (1996)

1996 sickerte durch, dass der Bundesrat beabsichtigte, sich einer Nato-Unterorganisation namens «Partnerschaft für den Frieden» (Partnership for Peace; PfP) anzuschliessen. Die Empörung war gross, denn trotz der einlullenden Bezeichnung «Partnerschaft für den Frieden» war den meisten sofort klar,

---

[328] Allgemeine Schweizerische Militärzeitschrift, zitiert nach Weltwoche 35/2006

[329] Samstagsrundschau. Radio DRS 1, 28.2.1998. VBS = Eidgenössisches Departement für Verteidigung, Bevölkerungsschutz und Sport. Bis 1998 lautete die Bezeichnung EMD = Eidgenössisches Militärdepartement

[330] Bis 1998 hiess das heutige VBS «Eidgenössisches Militärdepartement» (EMD)

dass dies ein Teilbeitritt zur Nato war. Eine Allianz mit dem Militärbündnis – welcher Art auch immer – ist aber unvereinbar mit der Neutralität.

Die immerwährende bewaffnete Neutralität ist nicht nur ein staatspolitischer Grundsatz der Schweiz, sondern auch eine völkerrechtliche Verpflichtung gegenüber der Staatengemeinschaft seit fast zweihundert Jahren. Die Neutralität ist Ausdruck des Entschlusses, sich von jeder Grossmachtpolitik fernzuhalten. Dank der Neutralität konnte in der Schweiz das Rote Kreuz aufgebaut werden, das in der ganzen Welt humanitäre Hilfe leistet, dank der Neutralität kann die Schweiz ihre diplomatischen und guten Dienste anbieten, und auch der Uno-Menschenrechtsrat mit Sitz in Genf geht auf eine Initiative der Schweiz zurück.

Die Nato hingegen steht seit ihrer Gründung unter Kontrolle der militärischen Grossmacht USA, welche Anspruch auf globale Dominanz erhebt. Der höchste militärische Befehlshaber der Nato in Europa ist immer ein amerikanischer General oder Admiral. Amerikas bekanntgewordene atomare Drohung gegen den Irak im Vorfeld des Krieges von 1991 war ein klarer Verstoss der US-Regierung gegen geltendes Völkerrecht.[331] Doch auch die Nato verletzt mit ihrer Nuklearstrategie geltendes Völkerrecht. Denn sie enthält und bekräftigt das Konzept der nuklearen Abschreckung und sogar die Option für den nuklearen Ersteinsatz.[332] Zudem missachtet sie die völkerrechtliche Verpflichtung, sich für eine unverzügliche Aufnahme ehrlicher und zielführender Verhandlungen um eine weltweite nukleare Abrüstung («atomare Nulllösung») einzu-

---

[331] Deiseroth Dieter. Atomwaffen abschaffen! Androhung und Einsatz verstossen gegen Humanitäres Völkerrecht. *Zeit-Fragen,* 13.6.2005. Dr. Dieter Deiseroth ist Richter am Bundesverwaltungsgericht Leipzig; vgl. Völkerrechtliches Gutachten des Internationalen Gerichtshofes in Den Haag vom 8.7.1996

[332] Deiseroth Dieter, a.a.O.

setzen.[333] Somit halten sich weder die Nato noch die USA an geltende völkerrechtliche Normen.

Gerade die Schweiz ist aber als Depositarstaat der Genfer Konventionen dem Völkerrecht in besonderer Weise verpflichtet. Militärische Allianzen mit Ländern oder Militärbündnissen, welche dieses systematisch missachten oder verletzen, kommen nicht in Frage.

Opposition von links bis rechts

Die Absicht des Bundesrates, der Nato-«Partnerschaft» beizutreten, stiess auf heftige Opposition. Parlamentarier ergriffen die Mittel, welche ihnen zur Verfügung stehen, wenn sie sehen, dass die Exekutive den Souverän übergeht. Nationalrat Remo Gysin (Sozialdemokrat) reichte eine Interpellation und anschliessend noch eine Motion ein, welche von fast einem Drittel aller Nationalräte unterschrieben wurde.[334] Auch der Schweizer Demokrat und Nationalrat Rudolf Keller reichte eine Motion gegen PfP ein.[335] Die 60 Mitunterzeichner der Motion Gysin waren Vertreter fast aus dem gesamten Parteienspektrum von links bis rechts: SP, PdA, Grüne, CVP, FDP, EVP und LdU.[336] Alle drei Vorstösse forderten, dass der Bundesrat den Beitritt zur Nato-

---

[333] Der Atomwaffensperrvertrag oder Nichtverbreitungsvertrag (Non-Proliferation-Treaty) ist seit 1970 in Kraft. Er wurde von Amerika, Russland, Frankreich, England und China sowie weiteren 184 Staaten unterzeichnet und enthält das Verbot der Verbreitung von Atomwaffen und die Verpflichtung zur internationalen atomaren Abrüstung. Die Unterzeichnerstaaten haben sich zudem verpflichtet, «in redlicher Absicht Verhandlungen […] über einen Vertrag zur allgemeinen und vollständigen Abrüstung» zu führen.

[334] Gysin Remo: Interpellation 96.3201. Aussenpolitische Prioritäten und Nato-Partnerschaft für den Frieden, 3.6.1996; ders. und 60 Mitunterzeichner: Motion 96.3212. Nato-Partnerschaft für den Frieden. Parlamentsentscheid, 4.6.1996

[335] Keller Rudolf: Motion 96.3211. Nato-Partnerschaft für den Frieden vors Parlament und Unterstellung unter das fakultative Referendum, 4.6.1996

[336] SP = Sozialdemokratische Partei; CVP = Christlichdemokratische Volkspartei; FDP = Freisinnig Demokratische Partei; EVP = Evangelische Volkspartei; LdU = Landesring der Unabhängigen (1999 aufgelöst); PdA = Partei der Arbeit; Motion 96.3212. Remo Gysin und 60 Mitunterzeichner, 4.6.1996: Nato-Partnerschaft für den Frieden. Parlamentsentscheid

Organisation «Partnerschaft für den Frieden» (PfP) dem Parlament vorlegen und dem fakultativen Referendum unterstellen müsse.

Bundesrat braucht Spin doctor

Doch das wollte der Bundesrat partout nicht. Er wollte keine Diskussionen, denn er befürchtete ein Nein des Souveräns. Deshalb schaltete Adolf Ogi einen Spin doctor ein.[337] Thomas Suremann, ein «skandalerprobter» ehemaliger «Blick»-Journalist, sollte die kritischen Stimmen zum Schweigen bringen und einen öffentlichen Skandal verhindern.[338] Die Aufgabe war «anspruchsvoll», denn die «Widerständler» kamen von links und von rechts:

«Das Geschäft [schien] an der ungewohnten Koalition zu scheitern. Sowohl SP-Präsident Peter Bodenmann als auch sein halsstarriger Widersacher, SVP-Nationalrat Christoph Blocher,[339] stellten sich quer. […] Die von Verteidigungsminister Adolf Ogi forcierte Friedensmission in Armeeuniform schien als Rohrkrepierer zu enden.»[340]

Doch der geübte Lobbyist verstand sein Geschäft. Mit einem Werbeprospekt für die «Friedenspartnerschaft» ging Suremann auf Werbetournee für die Nato-Partnerschaft und bewirkte eine «wundersame Wende»:

«Dann kam die wundersame Wende […] Die Wandelhallen-Gespräche des neuen Ogi-Söldners zeigten Wirkung […]. Thomas Suremann, Bundesrat Ogis Spin Doctor, […] vermochte dem Geschäft jenen Dreh (englisch spin) zu geben, der letztlich die Widerständler ausschaltete. […] Die PfP-Kritik aus den Machtzentren Boden-

---

[337] «Thomas Suremann, Bundesrat Ogis Spin doctor», schreibt «Facts». Vgl. Zurlinden Urs. Spin Doctors. Den richtigen Dreh zur richtigen Zeit. Facts, 52/1996. Heute leitet Suremann die «Stabsstelle Kommunikationsunterstützung für Bundesrat und Departemente» im Bereich «Information/Kommunikation» der Bundeskanzlei. Vgl. Staatskalender 2007, S. 98

[338] Zurlinden Urs. Spin doctors, a.a.O.

[339] SVP = Schweizerische Volkspartei

[340] Zurlinden Urs. Spin doctors, a.a.O.

PRESTIGEOBJEKT
GERETTET: Thomas
Suremann, Bundesrat
Ogis Spin Doctor.

Spin Doctors/**Den richtigen Dreh zur richtigen Zeit**

Spin Doctors heissen jene PR-Berater, die den Ruf von Politikern aufpolieren. Jetzt praktizieren solche Doktoren zunehmend in der Schweiz.

Aus: Zurlinden Urs. Spin Doctors. Den richtigen Dreh zur richtigen Zeit. In: Facts, 52/1996

manns und Blochers wurden bald als sommerliche Sprechblasen abgetan.»[341]

Linke Kritiker ausgetrickst

Wie hatte Suremann das zustande gebracht? Eine Public-Relations-Regel lautet, dass jede Zielgruppe sorgfältig analysiert und gezielt angegangen werden muss – mit den für sie geeigneten Argumenten. So wurde in linken Kreisen die Behauptung ausgestreut, die Forderung nach einem Parlaments- oder Volksent-

---

[341] Zurlinden Urs. Spin doctors, a.a.O.

scheid über PfP sei juristisch nicht haltbar, man liege mit dieser Forderung «juristisch falsch». Einzig der Bundesrat könne über diesen Beitritt entscheiden. Das war der «juristische Spin». Die Absicht war, die Gegner von PfP zu entmutigen und zu schwächen. In Wirklichkeit war es unter Juristen umstritten, ob der PfP-Beitritt nicht doch hätte dem Souverän vorgelegt werden müssen. Der Jurist Carlo Jagmetti, damals schweizerischer Botschafter in den USA, erklärte beispielsweise in der Zeit vor dem entsprechenden Beschluss des Bundesrates seinen amerikanischen Gesprächspartnern, PfP wäre wohl mit der schweizerischen Neutralität nicht vereinbar. Jagmetti ist auch heute noch der Meinung, dass jede Annäherung an ein militärisches Bündnis wegen der aussenpolitischen Tragweite verfassungsrelevant wäre.[342] Doch für Nicht-Juristen war das damals schwer nachprüfbar. Resigniert zogen die Unterzeichner der Motion Gysin die Eingabe zurück.

Eigenartige Ziele

Nach diesem Manöver konnte Bundesrat Flavio Cotti, Chef des Aussendepartements, «ungestört» nach Brüssel reisen und das PfP-Dokument im Nato-Hauptquartier unterschreiben. Dieses lautet:

> *«Ich, Bundesrat und Vorsteher des Eidgenössischen Departements für Auswärtige Angelegenheiten der Schweiz [...] unterzeichne hiermit das Rahmendokument zur Partnerschaft für den Frieden. Brüssel, 11. 12.1996, Flavio Cotti»*[343]

---

[342] Persönliche Mitteilung von Dr. iur. Carlo S. F. Jagmetti vom 15. April 2009 an die Autorin
[343] Beitrittserklärung der Schweiz zur «Partnerschaft für den Frieden» (Übers. J. B.)

Im dazugehörigen PfP-Rahmendokument waren folgende Ziele genannt:

- «*Entwickeln militärischer Kooperationsbeziehungen mit der Nato*»;
- «*Aufbau von Streitkräften, die besser gemeinsam mit den Nato-Streitkräften operieren können*»;
- «*Vereinbaren eines Planungs- und Überprüfungsprozesses, mittels dessen bestimmt und bewertet werden kann, welche Streitkräfte und Mittel [...] [die PfP-Staaten der Nato] für multinationale Ausbildungen, Übungen und Operationen zur Verfügung stellen können.*»[344]

Das sind eigenartige Ziele für eine «Friedenspartnerschaft». Es ging ja in Wirklichkeit auch nicht um Frieden. Die Bezeichnung «Partnerschaft für den Frieden» war nur Propaganda. In Wirklichkeit war PfP auf Initiative der USA als Instrument geschaffen worden, um die osteuropäischen und neutralen Staaten in die Nato einzubinden.[345] PfP ist eine «Vorstufe» zur Nato-Mitgliedschaft.[346] «Die neue PfP ist mit der Nato verschweisst», heisst es denn auch im Nato-Brief.[347] Zehn ehemalige PfP-Mitglieder sind inzwischen bereits Nato-Vollmitglieder geworden.[348]

Für die USA macht es sowieso keinen Unterschied, ob ein Land PfP-Mitglied oder Nato-Mitglied ist – für sie zählen alle

---

[344] Le partenariat pour la paix – document cadre (Partnerschaft für den Frieden – Rahmendokument; Übers. J. B.)

[345] «Die Idee für die Partnerschaft für den Frieden wurde am 11. September 1993 während eines Essens auf dem [...] Landsitz des amerikanischen Botschafters bei der Nato [...] ausserhalb von Brüssel geboren. Der damalige US-Verteidigungsminister Cheney und der amerikanische Generalstabschef Shalikashvili nahmen am Essen teil.» In: Vademecum der Partnerschaft für den Frieden. Eidgenössisches Militärdepartement, Ständiges interdepartementales PfP-Büro, ohne Jahr (etwa 1997)

[346] Vgl. Carla Del Ponte trifft bosnische Kriegsopfer. Neue Zürcher Zeitung, 2.12.2006

[347] Nato-Brief, Sommer/Herbst 1997, Nato Office of Information and Press, Brüssel

[348] Bulgarien, Estland, Lettland, Litauen, Polen, Rumänien, Slowakei, Slowenien, Tschechien, Ungarn. Die PfP-Staaten Albanien und Mazedonien sind bereits im «Heranführungsprogramm» an die Nato-Vollmitgliedschaft

zum amerikanischen «Verantwortungsgebiet»:

«Die Schweiz ist ein europäisches Land im Verantwortungsgebiet des US-Kommandos für Europa.» – «Das Verantwortungsgebiet ist das geographische Gebiet, in welchem der Kommandant die Befugnis hat, Operationen zu planen und durchzuführen.»[349]

Diese Erklärung der militärischen Kommandozentrale der USA in Europa ist eine flagrante Souveränitätsverletzung der Schweiz. Der Bundesrat müsste dagegen sofort Protest einlegen.

Nächster Schritt der Nato-Annäherung (1997)

Ebenso eigenmächtig wie den PfP-Beitritt vollzog der Bundesrat auch den nächsten Schritt, den Beitritt zum «Euro-Atlantischen Partnerschaftsrat» (EAPR). Ohne Diskussion und ohne Konsultation der zuständigen parlamentarischen Kommissionen trat er am 30. Mai 1997 diesem Nato-Gremium bei. Erneut gab es heftigen Protest, auch diesmal wieder von links bis rechts. Erneut reichte Remo Gysin einen Vorstoss dagegen ein, in welchem er das undemokratische Vorgehen anprangerte:

«Am 30. Mai 1997 hat [der Bundesrat] [...] ohne vorangegangene Konsultation der Ausserparlamentarischen Kommission (APK) den Beitritt der Schweiz zum Euro-Atlantischen Partnerschaftsrat (EAPR) bekanntgegeben. [...] Das Basisdokument zum EAPR ist den Mitgliedern der APK auch auf mehrfache Bitte hin bis zur erfolgten Unterzeichnung nicht ausgehändigt worden. Aufgrund der unklaren aussen- und friedenspolitischen Absichten des Bundesrates und zur Aufklärung von Widersprüchlichkeiten in bezug auf die Partnerschaft für den Frieden (PfP) und den EAPR bitten wir den Bundesrat um die Beantwortung folgender Fragen [es folgen acht Fragen].»[350]

---

[349] Erklärung des «United States European Command» (Eucom) in Stuttgart: «Switzerland is a European country within the area of responsibility of the United States European Command.» – «The area of responsibility is the geographical area within which the Commander has authority to plan and conduct operations.» Zitiert nach: Gafner Beni. Armee am Abgrund. Einsiedeln 2007, S. 42

[350] Gysin Remo (SP). Dringliche Einfache Anfrage, 3.6.1997: Von der Partnerschaft für den Frieden zum Euro-Atlantischen Partnerschaftsrat

Nationalrat Ulrich Schlüer (Schweizerische Volkspartei) reichte ebenfalls einen Vorstoss ein und protestierte:

> *«Dieser schweizerische Schritt geschah ohne Konsultation der Aussenpolitischen Kommissionen. […] Was bezweckt der Bundesrat mit der Beteiligung an diesem Nato-Partnerschaftsrat? Weshalb erachtet es der Bundesrat […] als vordringlich, als ersten praktischen Schritt im Rahmen von PfP sofort eine Erweiterung des ursprünglich vorgesehenen PfP-Angebotes vorzunehmen?»*[351]

Kritik abgewiegelt

Einer der Widersprüche, über den Nationalrat Gysin Aufschluss verlangte, war die Tatsache, dass der Bundesrat einerseits versprochen hatte, mit dem Beitritt zum EAPR keine neuen Verpflichtungen gegenüber der Nato eingegangen zu sein, dass er aber andererseits folgenden Bedingungen zugestimmt hatte:

1. Verpflichtung zur Teilnahme an vier jährlichen Nato-Treffen auf Ministerebene;
2. Verpflichtung, unter dem Präsidium des Nato-Generalsekretärs zu tagen;
3. Verpflichtung zur Zusammenarbeit mit der Nato bei der «Bekämpfung des internationalen Terrorismus».[352]

Statt die Fragen der Nationalräte ehrlich zu beantworten, lenkte der Bundesrat mit formalen Scheinargumenten ab:

> *«Die vorgängige Zustellung des Basisdokumentes [war] nicht möglich, weil dessen Inhalt erst an der Sitzung des Nato-Ministerrates vom 29. Mai 1997 genehmigt»* wurde.[353]

Ein weiteres Ablenkungsmanöver war die Umbenennung des Beitritts zum Euro-Atlantischen Partnerschaftsrat in ein «An-

---

[351] Schlüer Ulrich (SVP). Interpellation vom 20.6.1997: «Euro-Atlantischer Partnerschaftsrat. Teilnahme der Schweiz»
[352] Gysin Remo, a.a.O.
[353] Antwort des Bundesrates auf die Anfrage Gysin, 25.6.1997

gebot der Nato» und der Ministertreffen unter Nato-Vorsitz in blosse «Konsultationstreffen»:

> *«Beim EAPR handelt es sich [...] um ein **Angebot der Nato**, das entweder angenommen oder nicht berücksichtigt werden kann. Deshalb sind auch nie formelle Beitrittsprozeduren zur Diskussion gestanden.» – «Es ist nicht ersichtlich, wie dem **Angebot der Nato**, unter ihrem Vorsitz zweimal jährlich **Konsultationstreffen** auf Ebene der Aussen- und Verteidigungsminister durchzuführen [also insgesamt viermal jährlich], neue Verpflichtungen zu entnehmen sind.»*[354]

Mit dieser sprachlichen Manipulation versuchte der Bundesrat, die Fakten zu verschleiern und Grundsatzdiskussionen zu verhindern. Damit folgte er der Maxime des VBS-Chefstrategen Christian Catrina:

> *«Die grosse sicherheitspolitische Debatte ist nicht nur unnötig, sie würde auch Risiken enthalten, weil sie Anreize zur Polarisierung der sicherheitspolitischen Meinungslandschaft bieten würde.» (Christian Catrina, Geschäftsleitung VBS, Chef Strategie und Internationales der Armee)*[355]

Sind wir Vasallen der USA?

Es ist alarmierend, dass der Bundesrat sich mit dem Beitritt zum «Euro-Atlantischen Partnerschaftsrat» (EAPR) auch dazu verpflichtete, zusammen mit der Nato am internationalen «Krieg gegen den Terrorismus» teilzunehmen. Und dies bereits 1997, also vier Jahre vor den Anschlägen vom 11. September 2001 in New York und Washington, welche als Begründung für diesen Krieg angegeben werden.

Geht es beim angeblichen «Anti-Terror-Krieg» gar nicht um «Terrorismus»? Soll die Schweiz mittels «Friedenspartner-

---

[354] Antwort des Bundesrates auf die Anfrage Gysin, 25.6.1997 (Hervorh. J. B.)

[355] Allgemeine Schweizerische Militärzeitschrift, zitiert nach Weltwoche 35/2006. Catrina wurde inzwischen zum «Chef Sicherheitspolitik im Generalsekretariat VBS» im Rang eines Botschafters befördert und vertritt damit das VBS innen- und aussenpolitisch in allen Aspekten der Sicherheitspolitik. Vgl. Neue Zürcher Zeitung, 7.5.2009

schaft» in die amerikanischen Weltmachtpläne eingebunden werden?

Das Buch von Zbigniew Brzezinski legt diese Vermutung nahe. Der einflussreiche Militärstratege und ehemalige Sicherheitsberater der US-Regierung propagiert, Amerika habe das Recht, die Welt zu beherrschen. Die Nato «und ihre Erweiterung» seien als nützliche Instrumente zu benutzen:

> *«Die Politik der USA muss [...] die beherrschende Stellung Amerikas [...] bewahren.» Dabei ist «die **von den Vereinigten Staaten in die Wege geleitete Nato-Erweiterung** [wie PfP; J.B.] [...] den kurz- und längerfristigen Zielen der US-Politik durchaus dienlich.» – Es ist Washington D.C., «wo sich der Machtpoker abspielt, und zwar nach amerikanischen Regeln». – «Die Nordatlantische Allianz, die unter dem Kürzel Nato firmiert, bindet die produktivsten und einflussreichsten Staaten Europas an Amerika und verleiht den Vereinigen Staaten selbst in innereuropäischen Angelegenheiten eine wichtige Stimme.»[356]*

Vor diesem Hintergrund ist die Frage von Nationalrat Gysin sehr berechtigt, welche «aussen- und friedenspolitischen Absichten» der Bundesrat mit dem Beitritt zu den Nato-Gremien hegt.

Nato-kompatibel mit der neuen Bundesverfassung (1999)

Ein nächster Schritt der Nato-Annäherung war die bereits vorgestellte Verfassungsrevision. Wie beschrieben wurde sie irreführend als «Nachführung» angepriesen. Auch im Armeebereich enthielt sie gravierende Neuerungen. Davon erfuhr man allerdings in den Abstimmungserläuterungen nichts. Dort stand zur Armee nur:

> *«Neu darf der Bundesrat bis zu 4000 (bisher 2000) Angehörige der*

---

[356] Brzezinski Zbigniew. Die einzige Weltmacht. Amerikas Strategie der Vorherrschaft. Frankfurt 1999, S. 48, 50, 121, 284, 306 (Hervorh. J. B.)

Armee aufbieten.» Auf «alte Zöpfe» wie die «Aufbewahrung der militärischen Ausrüstung» und andere «Details» wird verzichtet.[357]

Die tatsächlichen militärischen Neuerungen werden im folgenden genannt.

Angriff auf das Milizprinzip

In der alten Verfassung war dem Bund das Aufstellen stehender Truppen verboten. Nur die Kantone durften zahlenmässig kleine Truppenkörper halten:[358]

> *«Der Bund ist nicht berechtigt, stehende Truppen zu halten. [...] Das Bundesheer besteht (a) aus den Truppenkörpern der Kantone; [sowie] (b) aus allen Schweizern, die zwar nicht zu diesen Truppenkörpern gehören, aber nichtsdestoweniger militärpflichtig sind.» (Artikel 13 Abs. 1 und 19 Abs. 1 BV alt)*

Mit diesen Artikeln war das Milizprinzip garantiert. Denn die Armee musste aus allen militärdienstpflichtigen Schweizern bestehen. Beide Artikel wurden aus der Verfassung gestrichen. Neu heisst es nur noch:

> *«Die Schweiz hat eine Armee. Diese ist **grundsätzlich** nach dem Milizprinzip organisiert.» (Art. 58 BV neu; Hervorhebung J. B.)*

Das Wörtchen «grundsätzlich» ist ein Trick. Wenn das Milizprinzip nämlich nur noch «grundsätzlich» gilt und nicht mehr tatsächlich, dann kann es schrittweise abgebaut werden. Dies geschah in der Folge auch. Mit der neuen Kategorie «Durchdiener» wurden in der Schweizer Armee Berufssoldaten eingeführt. Das war vorher nicht möglich. Diese Durchdiener absolvieren ihre gesamte Militärpflicht von 300 Tagen am Stück

---

[357] Erläuterungen des Bundesrates zur Abstimmung über die neue Bundesverfassung, S. 5
[358] Zum Beispiel Festungswache und Instruktoren

und leisten keine Wiederholungskurse. Sie sind deshalb keine echten Milizsoldaten, wie Militärexperten bestätigen.[359]

Militärische Entmachtung des Parlaments

Mit der neuen Bundesverfassung wurde als weitere Neuerung die militärische Entscheidungsbefugnis vom Parlament zum Bundesrat verschoben. Nach der alten Bundesverfassung traf ausschliesslich das Parlament

> «[...] Massregeln für die äussere Sicherheit, für Behauptung der Unabhängigkeit und Neutralität der Schweiz» (Art. 85 Abs. 6 BV alt).

Mit der neuen Verfassung kann dies auch der Bundesrat tun:

> «Der Bundesrat trifft Massnahmen zur Wahrung der äusseren Sicherheit, der Unabhängigkeit und der Neutralität der Schweiz.» (Art. 173, 185 BV neu)

Zudem wurde dem Bundesrat mehr Verfügungsgewalt über die Truppen gegeben. In der alten Verfassung stand:

> «In Fällen von Dringlichkeit ist der Bundesrat befugt, **sofern die Räte nicht versammelt sind,** die erforderliche Truppenzahl aufzubieten und über solche zu verfügen, unter Vorbehalt unverzüglicher Einberufung der Bundesversammlung, sofern die aufgebotenen Truppen 2000 Mann übersteigen oder das Aufgebot länger als drei Wochen dauert.» (Art. 102 Abs. 11 BV alt; Hervorhebung J. B.)

In der neuen Verfassung wurde die Formulierung «sofern die Räte nicht versammelt sind» gestrichen und das schwammige Wörtchen «voraussichtlich» eingefügt. Die Veränderung ist

---

[359] Sogar das vom VBS in Auftrag gegebene Gutachten Dietrich Schindler vom 14.4.1999 kommt zum Schluss, dass die Armee keine Milizarmee mehr wäre, wenn sie nur noch aus Durchdienern bestünde. Auch Ständerat Bruno Frick (CVP) stellt fest: «Ich erkenne [infolge der Durchdiener] eine schleichende Professionalisierung.» Nationalrätin Barbara Haering (GsoA) ergänzt: «Die Durchdiener stellen einen [...] Schritt hin zur Professionalisierung der Schweizer Armee dar.» Vgl. auch Stelzer Willy P. Schleichende Abkehr von der Milizarmee. Neue Zürcher Zeitung, 30.8.2007, und Interview mit Korpskommandant aD Simon Küchler: Die Armee XXI verletzt den Milizgedanken. Tages-Anzeiger, 2.4.2003

unauffällig und raffiniert. Neu heisst es:

> *«In dringlichen Fällen kann [der Bundesrat] Truppen aufbieten. Bietet er mehr als 4000 Angehörige der Armee für den Aktivdienst auf oder dauert dieser Einsatz **voraussichtlich** länger als drei Wochen, so ist unverzüglich die Bundesversammlung einzuberufen.» (Art. 185 Abs. 4 BV neu; Hervorhebung J. B.)*

Neue Bundesverfassung erleichtert Nato-Annäherung

Durch diese sprachliche Manipulation wurde – neben der Verdoppelung der Truppen unter der Entscheidungsgewalt des Bundesrates – auch die vorherige klare zeitliche Eingrenzung auf drei Wochen aufgeweicht. Mit dem neuen Artikel kann der Bundesrat die Dauer des Einsatzes nachträglich nach eigenem Ermessen ausweiten. Zudem kann er auch dann über Truppen verfügen, wenn das Parlament tagt. Vorher durfte er dies nur vertretungsweise ausserhalb der Session tun.

Sogar die Entscheidung über Krieg und Frieden wurde dem Parlament aus der Hand genommen. Nach alter Bundesverfassung lag die Kompetenz, über «Kriegserklärungen und Friedensschlüsse» zu entscheiden, beim Parlament:

> *«Kriegserklärungen und Friedensschlüsse» sind «Gegenstände, welche in den Geschäftskreis beider Räte fallen». (Art. 85 Abs. 6 BV alt)*

In der neuen Verfassung wurde diese Bestimmung ersatzlos gestrichen! Ebenso wurde der Satz gestrichen: «Es dürfen keine Militärkapitulationen abgeschlossen werden.» (Art. 11 Abs. 1 BV alt). Das sind nicht deklarierte gravierende Eingriffe in die Verfassung. Es fragt sich, mit welcher Absicht sie vorgenommen wurden.

Die aufgezählten Verfassungsänderungen wurden ohne demokratische Diskussion in die Verfassung hineingeschmuggelt. Sie räumten gewichtige Hürden zur Seite, welche einer Annäherung an die Nato im Weg standen. Im Gegensatz zu einer Verteidigungsarmee nach dem Milizprinzip erfordern Nato-Einsätze nämlich schnell verfügbare Berufstruppen unter der Kontrolle eines «handlungsfähigen» Bundesrates. Lange parlamentarische Entscheidungswege «stören» dabei.

Die Nato wird zum Angriffspakt (1999)

Während in der Schweiz über die neue Bundesverfassung abgestimmt wurde, fand in der Nato eine gewaltige Umwälzung statt. Am 24. April 1999 verabschiedeten die Regierungsvertreter der Nato-Staaten in Washington ein neues «Strategisches Konzept». Mit diesem wurde die Nato zum Angriffspakt. Die Regierungsvertreter ermächtigten sich selbst, Angriffskriege zu führen.[360] Als angeblich ausreichende Gründe für militärische Angriffe werden Bedingungen genannt wie Rohstoffmangel, unzureichende Reformen, Terrorismus.[361]

Sogar der frühere amerikanische Aussenminister Henry Kissinger warnt – aus welchen Gründen auch immer – vor der neuen aggressiven Nato. Die neue Nato-Doktrin bezeichnet er als «erschreckende Revolution»:

«Jene, die für geschichtliche Tatsachen keine Antenne haben, erinnern sich offenbar nicht daran, dass die juristische Doktrin der nationalen Souveränität und das Prinzip der Nichteinmischung am Ende des verheerenden Dreissigjährigen Krieges entstanden sind. Damals waren etwa 40 Prozent der westeuropäischen Bevölkerung im Namen konkurrierender Versionen der universellen Wahrheit ums Leben gekommen. […] Verlieren Grenzen erst einmal ihre sakrosankte Qualität, wie definiert man dann den ‹casus belli› für die humanitären Interventionskriege des neuen Glaubens?»[362]

---

[360] Nach Völkerrecht ist die «neue Nato-Doktrin» null und nichtig. Gültig ist allein der Nato-Vertrag von 1949, der den Verteidigungsfall als einzigen Grund für militärisches Eingreifen anerkennt.

[361] Das Strategische Konzept des Bündnisses. Press Kommuniqué. 24.4.1999. http://www.nato.int./docu/pr/1999/p99-065d.htm, 3.1.2009

[362] Kissinger Henry. Die erschreckende Revolution in der Nato. Welt am Sonntag, 15.8.1999

Nato bombardiert souveränen Staat

Zur gleichen Zeit begann die Nato, den souveränen Staat Serbien zu bombardieren – notabene ohne Mandat der Vereinten Nationen. Dieser Angriff war der erste Aggressionskrieg auf europäischem Boden seit dem Zweiten Weltkrieg – ein schwerer Bruch des Völkerrechts.[363] Dass dieser Krieg in Washington geplant und von Washington aus geführt wurde, bestätigt sogar US-General Wesley Clark, der den Einsatz befehligte.[364] Während drei Monaten bombardierte die Nato Serbien. Dabei griff sie auch zivile Ziele an und setzte in grossen Mengen abgereichertes Uran ein. Die Krebsraten in den bombardierten Gebieten nahmen danach in erschreckendem Ausmass zu.[365]

PR-Agenturen werben für Nato-Krieg

Der Weltöffentlichkeit wurde der Krieg gegen Serbien als «humanitär» verkauft. Zu diesem Zweck wurden Millionenaufträge an die weltgrössten amerikanischen PR-Firmen wie «Ruder Finn» und «The Washington International Group» vergeben.[366] Sie hatten den Auftrag, Kriegslügen gegen Serbien zu verbreiten.[367]

Spin doctors erfanden beispielsweise den sogenannten «Hufeisenplan». Diese Fälschung diente dazu, die angebliche «serbische Alleinschuld» zu beweisen, obwohl es in diesem Krieg Grausamkeiten auf allen Seiten gab. Sogar der deutsche

---

363 Epiney Astrid: Völkerrecht und Anwendung von Militärgewalt. Ein Nachtrag zu den Nato-Angriffen auf Serbien. Neue Zürcher Zeitung, 6.1.2000

364 Vgl. Clark Wesley K. Waging Modern War. New York 2001, S. 19. Der PR-Chef des Weissen Hauses, Joe Lockhart, berichtet, dass Präsident Clinton grössten Wert darauf gelegt habe, die Bombardierung Jugoslawiens als europäische Angelegenheit erscheinen zu lassen und nicht als amerikanischen Krieg. Vgl. Spin-Doktoren. Marionettenspieler der Macht. Arte, 22./29.6.2005

365 Vgl. Caldicott Helen. Atomgefahr USA. Die nukleare Aufrüstung der Supermacht, München 2003, S. 266 ff.

366 Becker, Jörg & Beham Mira: Operation Balkan. Werbung für Krieg und Tod. Baden-Baden 2006

367 Die Nato gibt Fälschung zu. Badische Zeitung, 7.1.2000

Verteidigungsminister Rudolf Scharping benutzte den erlogenen «Hufeisenplan». Er behauptete:

> *«Endlich haben wir [mit dem ‹Hufeisenplan›] einen Beweis dafür, dass schon im Dezember 1998 eine systematische Säuberung und die Vertreibung der Kosovo-Albaner geplant worden waren.»* [368]

Später wurde der angebliche «Hufeisenplan» in aller Öffentlichkeit als Lüge enttarnt – ohne Konsequenzen für den deutschen Verteidigungsminister.[369]

Eine weitere PR-Aktion war die Gleichsetzung der Serben mit den Nazis. Diesen Spin hatte der Chef des amerikanischen PR-Konzerns «Ruder Finn» verbreitet. Später brüstete er sich:

> *«[Das] war ein grossartiger Bluff. In der öffentlichen Meinung konnten wir auf einen Schlag die Serben mit den Nazis gleichsetzen. […] Wir haben das meisterhaft geschafft […] Wir haben drei grosse jüdische Organisationen in unserem Sinn beeinflusst […] Die emotionale Wirkung war so stark, dass niemand mehr eine gegenteilige Meinung vertreten konnte.»* [370]

Diese Fälschungen und Lügen im Dienst des Nato-Angriffs auf Serbien müssten auch die Schweiz interessieren. Nicht zuletzt deshalb, weil die Schweiz Mitglied der Nato-Unterorganisation PfP ist. Angriffskriege, gerechtfertigt durch PR-Lügen, verletzen die Charta der Vereinten Nationen und die humanitäre Tradition der Schweiz. Daraus folgt, dass wir uns dringend von der Nato und von PfP distanzieren müssen.

---

[368] Loquai Heinz. Der Kosovo-Konflikt – Wege in einen vermeidbaren Krieg. Baden-Baden 2000, S. 138

[369] «Warum kann ein Bundesminister nachweislich und ungestraft lügen?» fragen Becker und Beham. In: Becker, Jörg & Beham Mira, a.a.O., S. 43, FN 5

[370] Priskil Peter & Alexander Dorin. In unseren Himmeln kreuzt der fremde Gott. Verheimlichte Fakten der Kriege in Ex-Jugoslawien (Kroatien, Bosnien und Kosovo). Birsfelden/Lörrach 1999, S. 66 ff.

Erste Armeeabstimmung (2001)

Doch der Bundesrat tat das Gegenteil. Ungeachtet der unheilvollen Entwicklung in der Nato legte er dem Parlament kurze Zeit später eine Revision des Militärgesetzes vor, welche eine weitere Nato-Annäherung ermöglichte.[371] Die Gesetzesrevision sollte die Bewaffnung von Schweizer Truppen im Ausland ermöglichen und die militärische Zusammenarbeit mit Nato-Staaten fördern.[372] Ausserdem sollte die militärische Entscheidungskompetenz des Bundesrates ausgeweitet werden. Der Gesetzesvorschlag lautete:

48a Abs. 1 (neu): Der Bundesrat kann im Rahmen der schweizerischen Aussen- und Sicherheitspolitik internationale Abkommen abschliessen über:

die Ausbildung von Truppen im Ausland;

die Ausbildung ausländischer Truppen in der Schweiz;

gemeinsame Übungen mit ausländischen Truppen.

Art. 66a (neu): Der Bundesrat bestimmt im Einzelfall die Bewaffnung, die für den Schutz der [...] Truppen sowie für die Erfüllung ihres Auftrages erforderlich ist.

Art. 66b Abs. 1 (neu): Zuständig für die Anordnung eines Einsatzes ist der Bundesrat.

Widerstand gegen Armeevorlage

Parlamentarier von links bis rechts waren gegen die Nato-Annäherung. In der Parlamentsdebatte warnte Nationalrat Josef Zisyadis (PdA):

«Anstatt aus den Lektionen des Kosovokrieges zu lernen und sich Zeit zum Nachdenken einzuräumen, schlägt uns der Bundesrat – ein Jahr nach Beginn des Kosovokrieges – vor, das Militärgesetz zu ändern – ohne in Betracht zu ziehen, was die humanitäre und pazifistische Tradition unseres Landes gebieten würde. [...] jene Kreise,

---

[371] Propaganda-CD sorgt für Aufruhr. SonntagsZeitung, 6.5.2001

[372] Die Bewaffnung von Auslandtruppen war vorher nur zum Selbstschutz erlaubt gewesen. Vgl. Erläuterungen des Bundesrates zur Abstimmung über das Militärgesetz, S. 5

die sich gegen die Bombardierungen der Nato im vergangenen Jahr erhoben haben, wollen Ihren sogenannten «Friedensförderungsdienst» nicht, Herr Bundespräsident. [...]. Hinter diesem schönen Wort versteckt sich die einzige Absicht, die Schweiz unter amerikanischem Schirm zu integrieren.»[373]

Nationalrat Hans Fehr (SVP) stellte fest:

«Letztlich soll die Schweizer Armee Nato-unterstellungsfähig und Nato-unterstellungswillig gemacht werden. [...] Der Fahrplan ist klar. Darum muss ich sagen, dieser Fahrplan ist falsch.»[374]

Opposition von links bis rechts

Nationalrat Ulrich Schlüer (SVP) hielt entgegen, dass die Schweiz mit dem neuen Gesetz in neutralitätswidriger Weise in Kriege verwickelt werden könnte:

«Der Bundesrat [ist] mit dem aus der Neutralität resultierenden Auftrag [betraut], [...] dieses Volk nicht ungewollt in Kriege zu verwickeln.»[375]

Nationalrat Bernhard Hess (SD) kritisierte, dass die Schweiz mit dem neuen Militärgesetz zur «Marionette» der Grossmacht USA würde:

«Wir sagen nein zur Preisgabe unserer immerwährenden bewaffneten Neutralität, die sich seit Jahrhunderten als Sicherheits- und Friedensmodell bewährt hat. [...] Wir wollen auch keineswegs zu Marionetten der Grossmächte, besonders der USA, werden. [...] Die Pläne des VBS sind klar neutralitätswidrig.»[376]

Nationalrätin Franziska Teuscher (Grüne) nahm ebenfalls gegen die «militärische Kumpanei mit den Nato-Staaten» Stellung:

---

[373] Josef Zisyadis. Nationalratsdebatte, 14.3.2000 (Übers. J. B.)
[374] Hans Fehr. Nationalratsdebatte, 14.3.2000
[375] Ulrich Schlüer. Nationalratsdebatte, 14.3.2000
[376] Bernhard Hess. Nationalratsdebatte, 14.3.2000

Die Vorlage «stellt kaum einen solidarischen Beitrag der Schweiz zu einer internationalen Friedens- und Sicherheitspolitik dar. […] Bundesrat Ogi hat immer wieder behauptet, es gehe […] um die Öffnung der Schweiz […]. Die Frage lautet aber: […] Welche Öffnung wollen wir? […] Mit der vorliegenden Gesetzesänderung setzt der Bundesrat […] klar auf die falsche Karte, nämlich auf die Nato […]. Was die Welt von der Schweiz am wenigsten braucht, sind Soldaten. Was sie am dringendsten braucht, sind mehr Ressourcen und mehr politischer Wille […] zum Abbau der Gewaltursachen […]. [Die Gesetzesvorlage bedeutet] militärische Kumpanei mit den Nato-Staaten.» [377]

Nationalrat Jean-Claude Rennwald (SP) merkte besorgt an, dass die schweizerische Aussenpolitik immer mehr in Richtung Nato «abdrifte»,[378] während Nationalrat Remo Gysin (SP) vor einer Unterwerfung unter das amerikanische Weltmachtstreben warnte:

«[Wir haben] hier eine tendenzielle Annäherung an die Nato […] und wir sehen, dass die Nato vor allem in Kosovo internationales Recht und auch die Uno übergangen hat. Das Hegemonialstreben der USA in der Nato ist schlicht unerträglich.» [379]

Bundesrat manipuliert Parlament

Diesen Argumenten hatte der VBS-Vorsteher nichts entgegenzusetzen. Deshalb griff er zu Psychotechniken, und zwar zu hypnotischen Worthülsen. Mit billigen Schlagworten lullte er die Parlamentarier ein:

«Die Welt öffnet sich für uns nur, wenn wir uns für die Kooperation mit der Welt […] öffnen. […] Wer zur Stabilität in Krisenregionen beiträgt, profitiert eben selber von der Stabilität. […] Wenn Stabilität und Sicherheit gefordert sind, greift die Staatengemeinschaft heute zunehmend zu kooperativen Formen […]. Es sind unsere

---

[377]   Franziska Teuscher. Nationalratsdebatte, 14.3.2000

[378]   Jean-Claude Rennwald. Nationalratsdebatte, 14.3.2000 (Übers. J. B.)

[379]   Remo Gysin. Nationalratsdebatte, 14.3.2000

Nachbarn [...], mit denen wir [...] als gleichberechtigter Partner [...] kooperieren.»[380]

Als weitere Psychotechnik benutzte Bundesrat Ogi «Gruppendruck durch vorgetäuschten Konsens». So behauptete er: «Der Bundesrat geht davon aus, dass das Schweizervolk dieser Vorlage zustimmen wird.»[381] Diese haltlose Behauptung täuschte Einverständnis der Mehrheit vor und diente dazu, im Parlament Meinungsdruck zu erzeugen. In Wirklichkeit hatte das Volk eine ganz ähnliche Vorlage kurz vorher abgelehnt.[382] Das wusste Adolf Ogi.

Blossstellen und Ausgrenzen

Bundesrat Ogi brachte auch die Methode «Blossstellen und Ausgrenzen» oder «Negative Campaigning» zum Einsatz. Er griff gezielt einen der Kritiker namentlich heraus und schulmeisterte ihn von oben herab:

> *«Herr Fehr und andere haben wiederum erwähnt, wir würden einen weiteren Schritt in Richtung Nato machen. Ich betone und wiederhole hier zum x-ten Mal: Wir brauchen keinen Nato-Beitritt, wir wollen keinen Nato-Beitritt, und wir planen auch keinen Nato-Beitritt!»*[383]

Mit dieser Formulierung erzeugte Bundesrat Ogi den Eindruck, Nationalrat Fehr habe die Vorlage nicht ganz richtig verstanden. Er machte ihn damit lächerlich und stellte ihn bloss. Das ist «Negative Campaigning», ein unerhörtes Vorgehen eines Bundesrates gegenüber einem Parlamentarier.

---

[380] Adolf Ogi. Nationalratsdebatte, 14.3.2000

[381] Adolf Ogi. Nationalratsdebatte, 14.3.2000

[382] Abstimmung vom 12.6.1994 über das «Bundesgesetz über schweizerische Truppen für friedenserhaltende Operationen» im Ausland («Blauhelme»)

[383] Adolf Ogi. Nationalratsdebatte,14.3.2000

Spalten und drohen mit Ausschluss

Die wichtigste Psychotechnik in dieser Abstimmungskampagne aber war das «Spalten». Indem Adolf Ogi zielgerichtet und einseitig nur den SVP-Vertreter erwähnte, erweckte er den Eindruck, nur ganz wenige «Rechte» seien gegen die Vorlage. In Wirklichkeit waren die Kritiker auf der linken Seite zahlreicher. Doch mit dem manipulativen Manöver wollte Adolf Ogi die Linke davon abhalten, sich kritisch mit der Vorlage zu befassen.

Weiterer Meinungsdruck wurde durch «Drohen mit Ausschluss» erzeugt. So kündigte Ogi unheilvoll an: «Man steht abseits und gehört vielleicht bald nicht mehr dazu.»[384] Damit schürte er die Angst, die Schweiz würde von den anderen Nationen im Stich gelassen, falls sie nicht ja sage. Das Gegenteil ist der Fall. Andere Länder achten die Schweiz gerade wegen ihrer Unabhängigkeit und Eigenständigkeit.

Offenbar tat die Bundesratspropaganda ihre Wirkung, die Mehrheit des Parlaments stimmte der Vorlage zu. Das Referendum wurde sofort ergriffen und die Volksabstimmung auf den 10. Juni 2001 angesetzt.

Bundesrat manipuliert Volksabstimmung

Nun brachte der Bundesrat alle propagandistischen Mittel zum Einsatz. An rund 50 öffentlichen Veranstaltungen machte er Werbung für das neue Militärgesetz. Das Abstimmungsbüchlein strotzte vor hypnotischen Worthülsen. Die Hauptmanipulation aber war, jeden Zusammenhang zur Nato zu verneinen.

Eine besonders fragwürdige Aktion wurde öffentlich: Das VBS hatte eine Propaganda-CD-Rom an 150 ausgewählte National- und Ständeräte und rund 1500 Offiziere versandt. Sie enthielt pfannenfertige Referate und Powerpoint-Präsentatio-

---

[384] Adolf Ogi. Nationalratsdebatte, 14.3.2000

nen, welche die Vorlage in den höchsten Tönen anpriesen.[385]

Die Empfänger der CD-Rom sollten diese benutzen, um Propaganda zu machen. Die 1500 Offiziere wurden sogar ausdrücklich aufgefordert, ihre Truppen damit zu schulen. Damit stiftete die oberste Behörde sie dazu an, das Dienstreglement zu verletzen. Denn dieses verbietet es Truppenkommandanten, ihre Truppen während des Militärdienstes politisch zu beeinflussen.[386]

Ist das VBS ein Werbebüro?

Die CD enthielt eine Flut von einlullenden Phrasen wie:

- Bewaffnete Auslandeinsätze sind «Teil unserer gelebten, solidarischen und weltoffenen Neutralität»;
- Bewaffnete Auslandeinsätze sind «neutralitätsrechtlich unbedenklich»;
- Bewaffnete Auslandeinsätze sind «nichts anderes, als [was] unsere Vorfahren in den vergangenen Jahrhunderten» getan haben.[387]

Mit diesen hypnotischen Botschaften sollte den Stimmberechtigten eingeträufelt werden, die Vorlage sei harmlos und befinde sich im Einklang mit schweizerischen Werten und Traditionen. Parlamentarier und Milizoffiziere waren empört und warfen dem Bundesrat vor, er sei mit dieser Werbeaktion zu weit gegangen. Es sei «nicht Aufgabe von Bundesstellen, Abstimmungspropaganda zu machen», betonten sie, und ausserdem sei das VBS «kein PR- und Werbebüro».[388]

---

[385] Teilrevision Militärgesetz-Abstimmung vom 10. Juni 2001 (CD). Herausgeber: Generalsekretariat VBS, Koordinations- und Auskunftsstelle Abstimmungen, 3003 Bern

[386] Propaganda-CD sorgt für Aufruhr. SonntagsZeitung, 6.5.2001

[387] Teilrevision Militärgesetz-Abstimmung vom 10. Juni 2001 (CD). Herausgeber: Generalsekretariat VBS, Koordinations- und Auskunftsstelle Abstimmungen, 3003 Bern

[388] Propaganda-CD sorgt für Aufruhr. SonntagsZeitung, 6.5.2001

Medien decken geheime VBS-Pläne auf

Nun durchbrachen einige Medien die offizielle Sprachregelung des VBS und machten dessen heimliche Pläne öffentlich. Das Wochenmagazin «Facts» zum Beispiel schrieb:

> *«Die Schweiz und Adolf Ogis Armee mausern sich, von der Öffentlichkeit weitgehend unbemerkt, zum absolut verlässlichen Nato-Partner [...]. Die Schweizer Armee [ist] de facto längst auf Nato getrimmt. [...] ‹Wir müssen uns schrittweise Richtung Nato-Beitritt bewegen› [behaupten VBS-nahe Kreise]. Das tut Ogi, aber sagt es nicht. Um den Marsch nach Brüssel zu tarnen, hat er den Nato-Begriff ‹Interoperabilität› importiert.»*[389]

Auch Radio DRS legte die Verschleierungstaktik des Bundesrates offen. Anlässlich der ersten Nato-Übung in der Schweiz hatte Bundesrat Adolf Ogi Nato-General Emmanouil Mantzanas einen Bergkristall überreicht. Radio DRS fragte Adolf Ogi:

> *«[Herr Bundesrat,] wenn wir ‹out of area› gehen, über die Landesgrenze hinaus, dann sind wir im Gebiet der Nato. Und wenn Sie dort Kriegsführung machen, dann muss man sich dem Nato-Kommando unterstellen?»*
>
> *Adolf Ogi: «Nein, nein und nochmals nein!»*
>
> *Radio DRS: «Wie würde denn das aussehen, wenn Sie ‹nein› sagen?»*
>
> *Adolf Ogi: «Es ist so, dass man mit jenem Land, welches es betreffen würde, einen Vertrag abschliessen könnte, eine Abmachung treffen. Haben Sie es jetzt verstanden?»*
>
> *Radio DRS: «Jawohl, Herr Bundespräsident. Nur ausgerechnet der Empfänger des Bergkristalls sieht es etwas anders.»*
>
> *General Mantzanas: «Die Nato führt das Kommando. [...] Für die Verteidigung des Nato-Territoriums sind die Nato und die Nato-Länder verantwortlich.»*[390]

---

[389] Zurlinden Urs. Adolf Ogis Nato-Truppe. In: Facts 25/2000
[390] Schweizer Fernsehen DRS. Die Rundschau, 8.11.2000

Weitere Vernebelungsaktion

Eine weitere Vernebelungsaktion wurde von der «Weltwoche» publik gemacht. Und zwar hatte der Bundesrat – abgeschirmt von der Öffentlichkeit – einen Geheimvertrag mit der Nato unterschrieben. Darin verpflichtete er sich zur Erfüllung von 33 «Kooperationszielen». Als der Skandal bekanntwurde, verlangte ein Nationalrat Einblick. Doch das VBS wollte den Geheimvertrag nicht herausrücken. Um dennoch Transparenz vorzutäuschen, erfand es wechselnde Ausflüchte. Dazu die «Weltwoche»:

> *«Die vage gehaltene Antwort sollte die Absicht des VBS verschleiern, das Dokument eben doch unter Verschluss zu behalten. Vielleicht aus Angst, es könnte angesichts der bevorstehenden Abstimmung über die Bewaffnung von Schweizer Truppen als Munition gegen die Landesregierung verwendet werden.»[391]*

Auch die «Basler Zeitung» stellte die Desinformationspraxis des VBS fest:

> *«Das revidierte Militärgesetz [...] [habe] ‹nichts mit der Nato zu tun›, versichern offizielle Stellen immer wieder. Ein internes Dokument beweist das Gegenteil. ‹Die Armee [sei] [...] als Gesamtsystem auf Interoperabilität auszurichten›, [steht dort]. [...] Es gehe bei der ‹Schaffung mentaler und prozessorientierter Interoperabilität› der neuen Armee um nichts weniger als ‹um die Angleichung der Strukturen und Prozesse an die Nato›.»[392]*

Militärvorlage vor dem Aus

Nachdem die Medien die verdeckten Pläne des VBS offengelegt hatten, nahm die Skepsis gegenüber dem neuen Militärgesetz zu. Zehn Tage vor dem Urnengang schien die Abstimmungsvorlage chancenlos.

---

[391]   Furrer Martin. Vorauseilend gehorsam. Sechs Seiten sind nicht die Wahrheit. Weltwoche, 50/2000

[392]   Ramseyer Niklaus. Armee zwischen «Kriegsgenügen» und «Fitness for Mission». Basler Zeitung, 23.4.2001

Da startete der Bundesrat eine konzertierte Attacke. Um eine Ablehnung des neuen Militärgesetzes zu verhindern, griffen gleich mehrere Mitglieder des Bundesrates die Gegner der Vorlage als «schrill» und «diffamierend» an.[393] Sie behaupteten, diese würden «die politische Kultur unseres Landes […] in einer Weise» vergiften, «die nicht mehr tolerierbar» sei.[394] Dabei nahmen die Bundesräte einseitig nur auf die Inserate und Plakate der SVP und der AUNS Bezug.[395] Das übrige Meinungsspektrum, insbesondere die linke Kritik, wurde komplett ausgeblendet.[396] Mit diesem «Negative Campaigning» wurde der landesweite Widerstand gegen die Militärvorlage entkräftet.

Altachtundsechziger manipuliert Genossen

Speziell auf die Linke zielte die Propagandarede des Altachtundsechzigers Moritz Leuenberger. Auf einer grossen Gewerkschaftsversammlung in Bern setzte er die Nein-Parole zum neuen Militärgesetz mit der SVP/AUNS gleich.[397] In Wirklichkeit wusste Bundesrat Leuenberger genau, dass die linken Gegner der Vorlage eine eigene Kampagne mit eigenen Argumenten führten.[398] Diese Argumente hätten die Genossen sehr wohl überzeugen können.

Eine weitere Unredlichkeit des sozialdemokratischen Bundesrats war, den «Antikapitalismusreflex» der Linken zu missbrauchen. Heuchlerisch erklärte Leuenberger: «Auf eine sol-

---

[393] Bundeskanzlei, KID-Bericht, S. 70 f.

[394] Bundeskanzlei. KID-Bericht, S. 69 ff.

[395] AUNS = Aktion für eine unabhängige und neutrale Schweiz

[396] In Wirklichkeit bestand die Opposition aus einem breiten Meinungsspektrum und verschiedenen Gruppierungen, darunter die «Aktion Aktivdienst», aktive sowie hochrangige ehemalige Milizoffiziere, das parteiunabhängige «Eidgenössische Komitee für eine direktdemokratische, neutrale und souveräne Schweiz›, die linksnationale «Bewegung Neutrale Schweiz» (Kriens), die «Médecins du Monde» sowie die GSoA

[397] Leuenberger Moritz. Referat am Kongress des Schweizerischen Eisenbahn- und Verkehrspersonal-Verbandes. Bern, 31.5.2001

[398] Leuenberger Moritz. Das Böse, das Gute, die Politik. Rede am Symposium des Lucerne Festival Luzern, 6.9.2002

che Propaganda – finanziert von einigen Milliardären – kann es an der Urne nur eine Antwort geben.»[399] In Wirklichkeit hatte eine Grossbank dem linken (!) Ja-Komitee eine Spende für den Abstimmungskampf zukommen lassen.[400] Ausserdem unterstützte économiesuisse, Lobbyorganisation des globalisierten Grosskapitals, die Bundesratspropaganda mit einer eigenen aufwendigen Ja-Kampagne.

Abstimmung über Armeevorlage von 2001 war unfair

Die konzertierte Propagandaaktion des Bundesrats, insbesondere die Manipulation von Moritz Leuenberger, war für den Ausgang der Abstimmung wohl entscheidend. Leuenberger gab selbst zu:

> «*Militärgesetzvorlage 2001. Abstimmungsgetöse. Die Rechte war dagegen, ein […] Teil der Linken ebenfalls. Als sozialdemokratischer Bundespräsident wandte ich mich gegen die diffamierende Kampagne der Rechten und setzte die Kampagne mit der Nein-Parole gleich. Ich errichtete der zweifelnden Linken so eine moralische Barriere, gegen die Vorlage zu stimmen, weil sie sich sonst im Lager der (rechten) Gegner befunden hätte. Der Appell war aber eine verführerische Verkürzung, denn die linken Gegner führten eine eigene Kampagne. Diese Intervention scheint für die knappe Annahme der Vorlage entscheidend gewesen zu sein.*»[401]

Von der Bundeskanzlei wurde bestätigt, dass die Stimmen des Kantons Bern, insbesondere die der rot-grünen Stadt Bern, den Ausschlag für das äusserst knappe Ja-Resultat gegeben

---

[399] Leuenberger Moritz. Referat am Kongress des Schweizerischen Eisenbahn- und Verkehrspersonal-Verbandes. Bern, 31.5.2001

[400] Lang Josef. «The long global war» und die Schweizer Linke. Europa-Magazin 2/2006, S. 7: «Die Frage, worin das Interesse einer [UBS] […] liegt, Schweizer Truppen ins Ausland zu entsenden, wurde bislang nie ernsthaft diskutiert», bemerkt der Historiker und Nationalrat Josef Lang

[401] Leuenberger Moritz. Das Böse, das Gute, die Politik. Rede am Symposium des Lucerne Festival Luzern, 6.9.2002

hatten.[402] Für ein Nein hätten gesamtschweizerisch nur rund 20 000 Stimmen gefehlt![403] Offensichtlich war die Manipulation des Bundesrats so kurz vor der Abstimmung für die Annahme dieser Militärvorlage entscheidend. Das Abstimmungsresultat kann deshalb nicht als gültig anerkannt werden. Die Abstimmung müsste unter fairen Bedingungen wiederholt werden.

Zweite Armeeabstimmung: Armee XXI (2003)

Die Militärabstimmung vom Juni 2001 war jedoch nur ein Teilschritt zur Annäherung der Armee an die Nato gewesen. Der nächste Teilschritt fand mit der Abstimmung vom 18. Mai 2003 über die «Armee XXI» statt. Inzwischen hatte Samuel Schmid das VBS übernommen. Die Vorlage «Armee XXI» beinhaltete:

- eine massive Verkleinerung der Armee;[404]
- eine massive Verjüngung der Armee;[405]
- eine Unterhöhlung des Milizprinzips durch die Einführung einer Quote von 15 Prozent «Durchdienern»;[406]
- die Reduktion und zum Teil Auflösung ganzer Truppengattungen wie Gebirgstruppen, Radfahrertruppe, Flughafen-Alarmformation, Rettungstruppen, Sanität;[407]

---

[402] «Die beiden Militärvorlagen wurden [...] äusserst knapp angenommen. [...] Entscheidend waren die Ja-Stimmen der rot-grünen Stadt Bern und des Kantons Bern.» Vgl. Bundeskanzlei. KID-Bericht, S. 69, 71

[403] Bei der Bewaffnungsvorlage standen 963 385 Nein-Stimmen gegen 1 002 298 Ja-Stimmen, das heisst bei lediglich 19 471 mehr Nein-Stimmen wäre die Vorlage abgelehnt worden

[404] Erläuterungen des Bundesrates zur Abstimmung über die Armee XXI, S. 5

[405] Die Dienstpflicht sollte in der Regel mit 30 Jahren enden. Vgl. Erläuterungen des Bundesrates zur Abstimmung über die Armee XXI vom 18. Mai 2003, S. 5

[406] Zur Problematik der Durchdiener vgl. weiter oben

[407] Der Milizoffizier Mike Schneider berichtet, wie bei der Militärübung «Aeroporto 05» praktisch nichts mehr funktionierte. Schneider kommandierte eine Übung des Führungskaders des Bataillons, das heute den Flughafen Kloten schützen soll. Infolge der Auflösung aller bestehenden Strukturen fand ein unwiederbringlicher Verlust von Orts- und Personenkenntnissen statt, was zur Folge hat, dass heute im Ernstfall der Flughafen nicht mehr wirksam geschützt werden kann. Vgl. Gafner Beni, a.a.O., S. 165–178

- die Abschaffung der bisherigen Korps, Divisionen und Regimenter und Ersatz durch die Nato-Kategorien «Bataillone» und «Brigaden»;[408]
- die Unterhöhlung der Bedingung eines Uno- oder OSZE-Mandats für bewaffnete Auslandeinsätze;[409]
- die Aufhebung der Mitsprache des Volkes in grundlegenden Armeefragen.[410]

Anpassung an Nato-Normen bis ins Detail

Diese Neuerungen zielten alle nur darauf ab, die Armee nach Nato-Normen umzubauen. Ständerat Carlo Schmid (CVP) warnte:

«Man übernimmt den Nato-Jargon, man übernimmt die Nato-Signaturen, man nähert sich der Nato-Stabstechnik an. Man […] versucht, die Armee grosso modo auch nach Nato-Muster zu gliedern. […] Seit ‹Partnership for Peace› haben wir auch Verbindungsoffiziere bei der Nato. All das […] führt unsere Armee und vor allem unsere Armeeführung in eine grosse personelle Nähe zum Nato-Establishment und zu einer nicht kontrollierbaren, schleichenden Annäherung […] an die Nato. […]. Eines Tages wird man dem Volk die Frage stellen, warum man nicht der Nato beitreten wolle, man sei ja weitgehend schon Nato-fähig und zu einem autonomen Verteidigungskrieg ohne Nato ohnehin nicht in der Lage.»[411]

Widerstand gegen Armee XXI

Auch der grüne Stadtrat von Bern, Luzius Theiler, warnte vor einer zunehmenden Abhängigkeit von der Nato, den USA und der US-Rüstungsindustrie:

---

408   Erläuterungen des Bundesrates zur Abstimmung über die Armee XXI, S. 5

409   Vgl. Art. 69 der Vorlage

410   Nach Art. 149 können Organisation und Gliederung der Armee, Truppengattungen, Berufsformationen und Dienstzweige, die Altersgrenze für die Militärdienstpflicht, die Dauer der Rekrutenschule, Dauer und Turnus der Wiederholungskurse sowie die Unterstellung von Teilen der Armee unter andere Departemente auf dem Verordnungsweg, das heisst ohne die Möglichkeit eines Referendums, verändert werden

411   Schmid Carlo. Ständeratsdebatte, 12.3.2002

«[Was] bezweckt die Armeereform? Eine weitere Annäherung an die Nato im Zeichen der sogenannten ‹Partnerschaft für den Frieden›. Dazu muss die Schweizer Rüstung der Nato angepasst werden, das heisst, die Schweiz wird völlig abhängig von Waffensystemen aus den USA. Die nur laue Verurteilung des militärischen Überfalles der USA auf den Irak durch Couchepin im Namen des Bundesrates [...] demonstriert krass, wie die schweizerische Politik durch die Armee-XXI-Vorgaben der ‹Interoperabilität› schachmatt gesetzt wird.»[412]

Nationalrätin Valérie Garbani (SP) empörte sich über den Bruch des Versprechens des Bundesrates von 2001, bewaffnete Auslandeinsätze seien nur mit Uno- oder OSZE-Mandat möglich:

«Im Rahmen der Debatte über die bewaffneten Auslandeinsätze haben zuerst Herr Bundesrat Ogi und dann Herr Bundesrat Schmid hoch und heilig versprochen, man würde sich in keiner Weise der Nato annähern. Auf Druck prominenter Sozialdemokraten akzeptierte der Bundesrat die Bedingung, dass Auslandeinsätze nur mit Uno- oder OSZE-Mandat zugelassen würden. [...] Und hier das Ergebnis! [...] Wenn die Nato darum ersuchen würde, dass die Schweiz bewaffnete Soldaten ins Ausland schickt – mit Artikel 69 wäre dies möglich.»[413]

Ehemalige hohe Militärs warnten:

«Die Armee XXI wird die Ausrichtung auf das Militärbündnis [Nato] zementieren und eine de facto mitgliedähnliche Situation schaffen. [...] [Die Nato] führt – unter US-Oberbefehl – auch Kriegseinsätze ausserhalb des Bündnisgebietes und allenfalls auch ohne Uno-Mandat durch.»[414]

---

[412] www.gruenepost.ch, 25.1.2003

[413] Garbani Valérie. Nationalratsdebatte, 11.6.2002 (Übers. J. B.)

[414] Semadeni Erhard. Nato-Anschluss auf Schleichwegen? Armee XXI und Militärgesetz NEIN. www.armee-aktivdienst.ch/seiten/Semadeni.pdf, 3.1.2009. Alt Brigadier Erhard Semadeni war Kommandant der Territorialbrigade 12

Maulkörbe und Ablenkungsmanöver

Der Bundesrat tat alles, um eine Diskussion zu verhindern. Er griff Kritiker an, schwieg sie tot oder liess sie ins Leere laufen. Dass nur ehemalige hohe Militärs öffentlich Kritik an der Vorlage übten, war kein Zufall. Wie Brigadier aD Erhard Semadeni publikmachte, hatte das VBS seinen höheren Truppenkommandanten einen Maulkorb angelegt:[415]

> *«Höheren Kommandanten [wurde] die Teilnahme an kontradiktorischen Diskussionen vom VBS verboten [...] Dieses Redeverbot [...] wirft ein schlechtes Licht auf das Demokratieverständnis von SVP-Bundesrat Samuel Schmid.»*[416]

Als Nationalrätin Garbani im Parlament auf den Bruch des Versprechens des Bundesrates hinwies, Auslandeinsätze seien nur mit Uno- oder OSZE-Mandat möglich, wurde sie von Bundesrat Schmid lächerlich gemacht:

> *«Frau Garbani hat den Hinweis gemacht, dass das hier ein Einfallstor sei, um unter der Führung der Nato allfällige Militäreinsätze zu leisten. Das ist [...] entschuldigen Sie – absurd.»*[417]

In Wirklichkeit stand in der Vorlage tatsächlich, dass die Schweiz «[...] Truppen [...] sowie Material und Versorgungsgüter der Armee zur Verfügung» stellen könne, wenn «einzelne Staaten oder internationale Organisationen» darum ersuchen würden.[418] Ein Uno- oder OSZE-Mandat wird im betreffenden Artikel 69 nicht erwähnt. Davon lenkte Samuel Schmid ab, indem er die Nationalrätin blossstellte und ihr vorwarf, sie würde etwas Absurdes

---

415 «Dieses Redeverbot [...] wirft ein schlechtes Licht auf das Demokratieverständnis von SVP-Bundesrat Samuel Schmid», bemerkte dazu Erhard Semadeni. In: Armee XXI: Maulkörbe und gelenkte Staatspropaganda? Bündner Tagblatt, 4.4.2003

416 Semadeni Erhard, a.a.O.

417 Samuel Schmid. Nationalratsdebatte, 11.6.2002

418 Art. 69 der Vorlage «Armee XXI» ermöglicht, dass «auf Ersuchen einzelner Staaten oder internationaler Organisationen Truppen entsandt sowie Material und Versorgungsgüter der Armee zur Verfügung gestellt werden». Von einem Uno- oder OSZE-Mandat ist in diesem Artikel nicht mehr die Rede.

behaupten. Mit solchen Psychotricks wurde die Parlamentsdebatte gesteuert. In der Folge stimmten beide Räte der Armee XXI zu. Das Referendum wurde ergriffen und kam zustande. Die Volksabstimmung wurde auf den 18. Mai 2003 angesetzt.

Bundesrat manipuliert Volksabstimmung

Von Anfang an setzte die verfassungswidrige Abstimmungspropaganda ein. Sie wurde von Bundesrat Schmid mit der Erklärung eröffnet:

> *«Ich nehme diesen Abstimmungskampf ernst. Gegen 30 öffentliche Auftritte im ganzen Land sind in meiner Agenda bereits vermerkt.»[419]*

Dabei setzte er hemmungslos manipulative Psychotechniken ein, zum Beispiel «Gruppendruck durch vorgetäuschten Konsens»:

> *«Die Schweizerinnen und Schweizer wollen in ihrer Mehrheit – genausowenig wie Parlament und Bundesrat – nicht in die Nato.»[420]*

Damit spiegelte der Bundesrat vor, die Vorlage sei im Einklang mit den Werten und Anliegen der Bevölkerung und beinhalte keine Nato-Annäherung. VBS-intern tönte es aber ganz anders:

> *«Die Armee XXI wird ausschliesslich auf einen Nato-Beitritt ausgerichtet. Die Militärsprache wird nur noch Englisch sein.»[421]*

> *«Die Armee ist als Gesamtsystem auf Interoperabilität auszurichten. […] [im] euroatlantischen Sicherheitsraum kann Interoperabilität nur auf die Nato ausgerichtet sein.»[422]*

---

[419]   Bundesrat Samuel Schmid. «Medienkonferenz Abstimmungskampagne», 17.2.2003

[420]   Bundesrat Samuel Schmid, a.a.O.

[421]   Siegenthaler Urban, Unterstabschef Planung im Generalstab im Kolloquium «Anforderungen an die Armee XXI aus Sicht der Wirtschaft, Politik und Armee». Referat im Bildungszentrum Lilienberg in Ermatingen, 22.9.2000

[422]   Schweizerische Armee. Grundlagen der militärstrategischen Doktrin. Stand Februar 2000, S. 26/28

Bundesrat verunglimpft Kritiker

Diese Information wurde den Stimmberechtigten vorenthalten. Kritiker, welche auf die Nato-Annäherung hinwiesen, wurden von Bundesrat Schmid als Phantasten, Lügner und Einfaltspinsel beschimpft:

«Deshalb ist das Hauptargument der Gegner [es gehe um die Nato] reine Phantasie und an Einfallslosigkeit nicht zu überbieten. [...] Eine Lüge bleibt eine Lüge, auch wenn man sie hundertmal wiederholt. Ebenso unsinnig ist der Vorwurf, die Armee XXI verletze die Neutralität und damit die Verfassung. [...] Das Milizprinzip wird [...] nicht nur gewahrt, sondern in der Substanz verstärkt.» [423]

In den Abstimmungserläuterungen lullte der Bundesrat die Stimmberechtigten ein:

«Ausbildung und Ausrüstung müssen verbessert werden [...] Unverändert bleiben [...] [die Aufträge der Armee], das Milizprinzip und die bewaffnete Neutralität. [...] Die Armee XXI ist die richtige Armee für die Schweiz am Anfang des 21. Jahrhunderts [...]. Sie erfüllt ihren Auftrag, bleibt auf dem Milizsystem aufgebaut und wahrt die bewaffnete Neutralität.» [424]

Milizprinzip aushöhlen

Gleichzeitig wurde die Milizarmee von innen her ausgehöhlt. Denn «Kooperation» mit der Nato im Rahmen internationaler Einsätze ist nur mit Berufstruppen möglich:

Wenn das Milizprinzip nicht aufgegeben wird, steht «die ‹Sicherheit durch Kooperation› innenpolitisch auf schwachen Beinen. [...] Das Milizsystem erschwert [...] die Rekrutierung für internationale Einsätze.» [425]

---

[423] Bundesrat Samuel Schmid, a.a.O.

[424] Vgl. Erläuterungen des Bundesrates zur Abstimmung über die Armee XXI

[425] Borchert Heiko, Eggenberger René. Selbstblockade oder Aufbruch? Die Gemeinsame Sicherheits- und Verteidigungspolitik der EU als Herausforderung für die Schweizer Armee. Österreichische Militärische Zeitschrift, Jan/Feb 2002, S. 7. www.borchert.ch/paper/GESVP_und_Armee.pdf, 3.1.2009

SCHWEIZERISCHE ARMEE
ARMEE SUISSE
ESERCITO SVIZZERO
ARMADA SVIZRA

XXI

Grundlagen der militärstrategischen Doktrin

Stand Februar 2000

Grundlagen der militärstrategischen Doktrin / Stand Februar 2000

Seite 1/1

Vertrauliches Dokument, das die Ergebnisse der internen Besprechungen und Diskussionen der VBS-Kader zur Armeeplanung wiedergibt

SCHWEIZERISCHE ARMEE
ARMEE SUISSE
ESERCITO SVIZZERO
ARMADA SVIZRA

Vorbemerkungen

Die vorliegenden "Grundlagen der militärstrategischen Doktrin", Stand Februar 2000, sind eine überarbeitete und ergänzte Fassung des Vorgabepapiers vom 29.10.1999, welches dadurch ersetzt wird. Das Papier verarbeitet die Ergebnisse der Besprechungen und Diskussionen zum Vorgabepapier (insbesondere diejenigen aus der GL und den Besprechungen mit den HSO) und enthält erweiterte und konkretisierte Vorgaben aus dem Bereich "Strategische Doktrin" für die Konzeptionsstudien 2 bis 7.

Der vorliegenden "Grundlagen" geben lediglich den Zwischenstand des iterativen Arbeitsprozesses an der Konzeptionsstudie 1 wieder und sind als Zwischenprodukt zu verstehen, das zwar die allgemeine Denkrichtung skizziert, aber keinesfalls in allen Einzelheiten als abgeschlossen zu betrachten ist. Unter anderem sind auch Begriffe wie "Krisenreaktionskräfte", "Hauptverteidigungskräfte" etc bis zur Fertigstellung der Konzeptstudie 1 noch gründlich zu überdenken.

Im Sinne der generellen Ausrichtung des Projektes Armee XXI auf Interoperabilität wurde - wenn immer möglich - auf Unterlagen der NATO basiert. Wo dies nicht möglich war, wurde nach optimalen nationalen Lösungen bei europäischen Staaten mit ausgewiesener Einsatzerfahrung auf dem entsprechenden Gebiet gesucht. In diesem Zusammenhang wurde auch darauf verzichtet, die englischen Bezeichnungen in jedem Fall durch deutsche zu ersetzen

Das sagte man allerdings nicht offen, denn man wollte eine Grundsatzdiskussion vermeiden. Das VBS zog es vor, die Stimmberechtigten «psychologisch» auf eine stark verkleinerte Berufsarmee vorzubereiten:

> *«Das grosse Ausmass der nationalen und gesellschaftlichen Identifikation des Schweizervolkes durch die Miliz-Armee macht die Reform zu einem brisanten politischen Thema. […] ohne eine gründliche psychologische Vorbereitung macht die öffentliche Meinung nicht mit.»*[426]

Landesverteidigung von innen her zersetzen

Ähnlich ging man bei der Landesverteidigung vor. Den Stimmberechtigten wurde gesagt, die Armeeaufträge blieben erhalten. In Wirklichkeit wurde für den Verteidigungsfall gar nicht mehr geplant:

> *«Die autonome Landesverteidigung macht weder Sinn, noch ist sie finanzierbar.»*[427] *Für die «autonome Verteidigung der Schweiz» ist die Armee XXI «nicht konzipiert».*[428] *Weil die Verteidigungsaufgabe «zunehmend bedeutungslos» geworden ist, geht die Planung «weg von der ausschliesslichen Konzentration auf die Landesverteidigung».*[429]

Diese Zitate hoher VBS-Funktionäre zeigen, dass Bundesrat Samuel Schmid die Stimmberechtigten mit seinen manipulativen Behauptungen hinters Licht führte.

Neutralität schleichend abschaffen

Auch bezüglich der Neutralität wurde das Volk irregeführt. VBS-intern hiess es unverblümt: «Es macht heute keinen Sinn

---

[426] Thalmann Anton. Die Reform des Wehrwesens in der Schweiz. Referat am «PfP Planning Symposium. Oberammergau, Bayern, 18./19. Januar 2001

[427] Welti Philippe, stellvertretender Generalsekretär VBS und Leiter der Schweizerischen Sicherheits- und Verteidigungspolitik. Zitiert in: Zurlinden Urs. Adolf Ogis Nato-Truppe. Facts 25/2000

[428] Schweizerische Armee. Grundlagen der militärstrategischen Doktrin. Stand Februar 2000, S. 30

[429] Thalmann Anton, a.a.O.

mehr, neutral zu sein.»[430] Doch man wusste, dass 90 Prozent der Schweizerinnen und Schweizer an der Neutralität festhalten wollen.[431] Deshalb arbeitete man daran, diese schleichend abzuschaffen:

> *«Die Aufgabe der Neutralität stand aus Gründen der Innenpolitik nicht zur Diskussion. Die Referendumshürde war zu hoch, da das Schweizervolk immer noch an diesem in der Vergangenheit so erfolgreichen Grundsatz hing.»[432] Deshalb muss man «die Neutralität, an der kein Bedarf mehr besteht, sanft einschlafen lassen». [433]*

Indoktrination der Jugend

Um die Abstimmung zu «gewinnen», scheute sich das VBS nicht, auch die Jugend zu beeinflussen. Hochglanzbroschüren und CD zur Armee XXI wurden an Schulen mit Schülern im stimmfähigen Alter verschickt, an Maturitätsschulen, Berufsschulen, Lehrerseminare.[434] Das Propagandamaterial wurde im Rahmen von Pflichtfächern behandelt und anschliessend geprüft![435] Gute Noten gab es nur bei VBS-konformen Antworten. Der Vorgang ist bedenklich und erinnert an totalitäre Regime.

---

430 Eggenberger René. Nürnberger Sicherheitstagung. Vgl. Nürnberger Nachrichten, 16.9.02

431 Dies zeigte eine Umfrage der Militärakademie an der Eidgenössischen Technischen Hochschule (ETH) Zürich. Die Untersucher stellten sogar fest, dass die Zustimmung zur Neutralität den höchsten Grad erreicht hatte, seit gemessen wird. Vgl. Engeler Urs P. Los Rambolinos, Weltwoche, 35/2006

432 Thalmann Anton, a.a.O.

433 Thalmann Anton an einem Podiumsgespräch in Bern, 23.6.1999

434 Brief des Stellvertretenden Generalsekretärs des VBS, Dr. M. Seiler, an die Schulleitungen von Maturitätsschulen, Fachhochschulen, Diplommittelschulen, Berufsschulen und Pädagogischen Hochschulen, 17.2.2003

435 An der Pressekonferenz des «Jugendkomitees für eine bessere Armeereform» legte Albert Leimgruber (Berufsschüler, «Young4Fun») den Anwesenden Auszüge aus Armee-XXI-Prüfungen vor, welche an Schulen durchgeführt worden waren, darunter eine bewertete Prüfung vom 27.2.03 an der Gewerblichen Berufsschule St. Gallen im Fach «Allgemeinbildung». Vgl. Medienmitteilung des «Jugendkomitees für eine bessere Armeereform», 8.4.2003

DER STV.GENERALSEKRETÄR
DES EIDG. DEPARTEMENTS FÜR VERTEIDIGUNG,
BEVÖLKERUNGSSCHUTZ UND SPORT

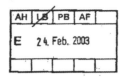

AH	LB	PB	AF	
E	2 4. Feb. 2003			

An die Schulleitungen von

- Maturitätsschulen
- Fachhochschulen
- Diplommittelschulen
- Berufsschulen und
- Pädagogischen Hochschulen

3003 Bern, 17. Februar 2003

Sehr geehrte Damen und Herren

Das Eidg. Departement für Verteidigung, Bevölkerungsschutz und Sport (VBS) hat im Hinblick
auf die Einführung von Armee XXI eine Informationsbroschüre und eine interaktive Lern - CD
produziert, die vor allem jungen Erwachsenen eine erste Annäherung an die neue Armee
ermöglichen soll. Wir gestatten uns, Ihrer Schule je ein Exemplar der Broschüre und der Lern -
CD zuzustellen. Für weiterführende Informationen verweisen wir auf die beiliegende
Pressemitteilung.

Mit freundlichen Grüssen

Dr. M. Seiler

Beilagen:
- Broschüre „Sicher mit uns"
- Lern - CD „Armee XXI"
- Pressemitteilung

Brief des VBS an die Schulleitungen von Schulen mit Schülern im stimmfähigen Alter (dem
Brief lag VBS-Propagandamaterial für die Armee XXI bei)

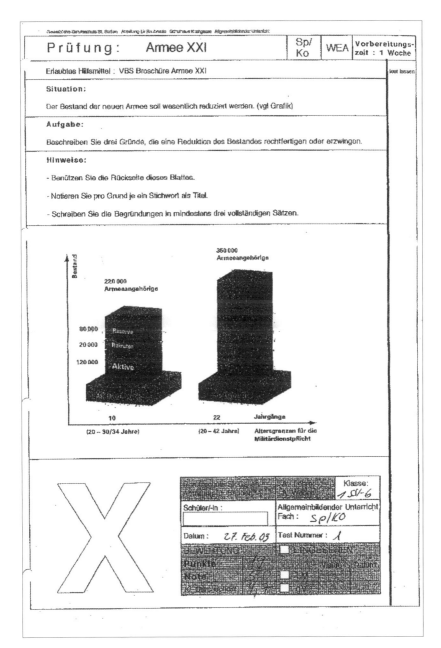

| Prüfung: Armee XXI | Sp/Ko | WEA | Vorbereitungszeit : 1 Woche |

Erlaubtes Hilfsmittel : VBS Broschüre Armee XXI

Situation:

Der Bestand der neuen Armee soll wesentlich reduziert werden. (vgl Grafik)

Aufgabe:

Beschreiben Sie drei Gründe, die eine Reduktion des Bestandes rechtfertigen oder erzwingen.

Hinweise:

- Benützen Sie die Rückseite dieses Blattes.

- Notieren Sie pro Grund je ein Stichwort als Titel.

- Schreiben Sie die Begründungen in mindestens drei vollständigen Sätzen.

Prüfung, die an der Gewerblichen Berufsschule St. Gallen auf der Grundlage des VBS-Propagandamaterials kurz vor der Abstimmung durchgeführt wurde

Ebenso demokratiewidrig war die Beeinflussung der Militärdienstpflichtigen durch ihre militärischen Vorgesetzten: Pünktlich vor dem Eintreffen der Abstimmungsunterlagen erhielten die Unteroffiziere, Gefreiten und Soldaten der Jahrgänge 1961–1964 einen Brief von ihrem Kreiskommandanten mit dem Titel: «Entlassung aus der Militärdienstpflicht». Darin wurde den Briefempfängern versprochen, sie würden Ende des Jahres aus der Dienstpflicht entlassen, falls das neue Militärgesetz angenommen würde.

Abstimmung über Armee XXI war unfair

Nach der massiven und einseitigen Behördenpropaganda und Desinformation wurde die Vorlage am 18. Mai 2003 in der Volksabstimmung angenommen. Den wenigsten Stimmberechtigten war bewusst, dass sie damit einer Annäherung an die Nato zustimmten. Es wurde ihnen auch nicht gesagt. Wichtige Tatsachen wurden verschwiegen, Kritiker wurden mit Psychotechniken angegriffen und ausgegrenzt. Deshalb kann auch dieses Abstimmungsresultat nicht als gültig anerkannt werden. Auch diese Volksabstimmung müsste unter fairen Bedingungen wiederholt werden.

Nach der Abstimmung – weitere Schritte längst geplant

Schon lange vor der Abstimmung über die Armee XXI war geplant, dass der Armeeumbau nach der Abstimmung rasant und in «rollender Planung» weitergehen sollte – in Richtung Nato-Integration:

> Die «im Anschluss an die Armee XXI einsetzende Streitkräfteentwicklung [muss] ungleich revolutionärer ausgestaltet werden. [...] Die Zukunft erfordert [...] eine permanente Veränderung und erzwingt damit den Übergang zur ‹rollenden Planung› [...] Der Weg zur **Integrationsarmee** mit konsequenter Beteiligung an internationalen Einsätzen [ist] vorgezeichnet [...]. Die künftig zu planende

Armee (Army After Next) [muss] durch konsequente politische Ent-scheidungen» umgesetzt werden.[436]

Den Stimmberechtigten wurde diese Planung vor der Abstimmung jedoch nicht transparent gemacht.[437]

Angriff auf Neutralität und Milizprinzip mit Psychotechniken

Um der angestrebten Nato-«Integrationsarmee» oder «Army After Next» näherzukommen, braucht es manipulative Psychotechniken wie «Gruppendruck» oder «Blossstellen» («Naming und Shaming»). Armeeplaner schreiben:

Es wird «erforderlich sein, einen entsprechenden Gruppendruck (peer group pressure) aufzubauen. [...] [Dieser kann] dadurch verstärkt werden, dass [...] eine Arbeitsgruppe von Militärplanern eingerichtet wird, die [...] durch ‹naming and shaming› Versäumnisse transparent macht bzw. zu deren Behebung auffordert.»[438]

Auch die Neutralität und das Milizprinzip werden mit Psychotechniken angegriffen:

«Die Schweizer Sicherheitspolitik [ist] seit Jahren in einem ‹goldenen Käfig› gefangen», der aus «Neutralität, Milizsystem, Konkordanz und Ressourcenplafonds» besteht [...]. [Dieser Käfig muss] politisch ‹gesprengt› werden [...]. Damit wird der Weg frei für die tatsächlich erforderlichen Veränderungen.»[439]

---

[436] Borchert Heiko, Eggenberger René. Selbstblockade oder Aufbruch? Die Gemeinsame Sicherheits- und Verteidigungspolitik der EU als Herausforderung für die Schweizer Armee. Österreichische Militärische Zeitschrift, Jan/Feb 2002, S. 3 und 14. www.borchert.ch/paper/GESVP_und_Armee.pdf, 3.1.2009 (Hervorh. J. B.). Borchert war politischer Berater und PR-Berater des VBS für die Armee XXI. René Eggenberger, Oberst im Generalstab, war Chef der Abteilung Prospektivplanung

[437] Erläuterungen des Bundesrates zur Abstimmung über die Armee XXI

[438] Borchert Heiko, Eggenberger René, a.a.O., S. 7

[439] Borchert Heiko, Eggenberger René, a.a.O., S. 2f. und 15

Wie weiter oben erwähnt, handelt es sich beim Ausdruck «goldener Käfig» um eine Psychiatrisierung.[440] Damit wird die mehrheitlich positive Einstellung der Schweizerinnen und Schweizer zur Neutralität und zum Milizprinzip als «krankhaft» verunglimpft. Die Vorgehensweise zeigt, wie weit sich die VBS-Strategen von demokratischen Grundsätzen entfernt haben.

Spezialeinheit nach US-Vorbild

Tatsächlich hat das VBS hinter dem Rücken der Bevölkerung die «revolutionäre Streitkräfteentwicklung» schon weiter vorangetrieben als viele ahnen. Abgeschirmt von der Öffentlichkeit wurde zum Beispiel eine Geheimtruppe für riskante Spezialaufträge im In- und Ausland installiert.[441] Sie ist den berüchtigten «Special Forces» der US-Armee nachgebildet, die rund um den Globus Aufträge erledigen und die das Licht der Öffentlichkeit scheuen.[442]

Gemäss «Weltwoche» wird die neue Schweizer Geheimtruppe in abgelegenen Militärcamps in Mittelamerika, Mexiko und den Wäldern Guatemalas von US-Militärs und CIA-Spezialisten «für Nahkämpfe und verdeckte Operationen» ausgebildet.[443] Die Trainingscamps werden «auf Wunsch und nach Vorgabe der Kooperationspartner» – also der USA – geheimgehalten.[444] Eine solche Truppe ist ein Novum in der Schweiz und ein Fremdkörper in der Demokratie.

---

[440]   Vgl. Kapitel 4: Manipulative Psychotechniken

[441]   Medieninformation des VBS, 16.08.2007: Das Armee-Aufklärungsdetachement 10 ist einsatzbereit. http://www.vbs.admin.ch/internet/vbs/de/home/documentation/news/news_detail.14071.html, 3.1.2009

[442]   www.waffenhq.de/specials/specfor.htm

[443]   Engeler Urs P. Los Rambolinos, Weltwoche, 35/2006

[444]   Sprecher des VBS, zitiert nach: Engeler Urs P. Los Rambolinos, Weltwoche, 35/2006

Kollaboration mit der Nato

In militärischen Wiederholungskursen werden Milizsoldaten nach Nato-Normen getrimmt.[445] Viele dieser Trainings sind auf «Auslandeinsätze unter schwierigsten Verhältnissen» zugeschnitten.[446] Die Evaluierungen werden zuweilen von ausländischen Militärs überwacht, die Auswertungsbogen nach Brüssel geschickt – zur «Selbst-Evaluierung», wie das VBS behauptet.[447] Die vom Bundesrat vor den Abstimmungen über die beiden Militärvorlagen stets bestrittene Nato-Integration wurde somit auf vielen Ebenen bereits vollzogen.[448]

Zudem ist die Schweiz zum Trainingsgelände ausländischer Armeen verkommen. Regelmässig trainieren militärische Spezialeinheiten aus den USA, aus Israel, England, Deutschland und anderen Nato-Staaten in der Schweiz.[449] Die britischen Royal Marines führen ihre Trainings zum Teil gemeinsam mit Schweizer Truppen durch[450] und bereiten sich auf ihre Kriegseinsätze in Afghanistan und im Irak vor.[451] Da die Schweizer Alpen den zerklüfteten Gebirgen Afghanistans ähneln, eignen sie sich besonders gut für die Kriegstrainings.[452]

Über all diese Aktivitäten erfährt die Öffentlichkeit so gut wie nichts. Nur ab und zu dringt ein «Bröcklein» Wahrheit an die Öffentlichkeit. Dies, obwohl der Bundesrat in seinem eigenen

---

[445] Auf Nato-Standard getrimmt. Evaluation von Schweizer WK-Soldaten anhand von Checklisten der Nato. Freiburger Nachrichten, 4.12.2007

[446] Die Armee im Kampf um Glaubwürdigkeit. Neue Zürcher Zeitung, 24.11.2007

[447] Auf Nato-Standard getrimmt, a.a.O.

[448] Nationalrat Joseph Lang: «Die Übungsanlage bestätigt, dass die Armeeführung die schleichende Integration in die Nato vorantreibt.» Vgl. Auf Nato-Standard getrimmt, a.a.O.

[449] Israel ist zwar nicht Nato-Mitglied, gehört aber zur Nato-Unterorganisation «Nato Mediterranean Dialogue». Die israelische Armee lässt ihre Elite-Einheiten und ihre besten Scharfschützen in den Schweizer Alpen trainieren. Vgl. Riesenwirbel und Israels Elitetruppen. Blick, 8.2.2007

[450] Facts, 19/2002, S. 26, zitiert nach: www.haefely.info/gesellschaft+politik_armee-XXI.htm; Tequila statt Taliban. Blick Online, 29.12.2007

[451] Schweizer Fernsehen DRS 1, Rundschau, 24.10.2007. Wenn es keinen Krieg gibt, muss man ihn inszenieren. Britische Soldaten aus Afghanistan trainieren in der Schweiz für den Krieg.

[452] Facts, 19/2002, a.a.O.

«Leitbild» behauptet, er informiere die Öffentlichkeit, «ohne Wichtiges wegzulassen oder Negatives zu verschweigen».[453]

Geheime Absprachen der Luftwaffenchefs

Auch unseren Luftraum stellt das VBS fremden Armeen zur Verfügung.[454] Als im April 2007 ein Tornado-Kampfjet der deutschen Luftwaffe in eine Felswand im Berner Oberland raste und abstürzte, spielte das VBS den Vorfall herunter und sprach von einem ganz normalen «bewilligten Navigationsflug».[455]

Auch beim Absturz eines deutschen Helikopters vom Typ CH-53 im Titlisgebiet im November 2008 beschwichtigte das VBS sofort, es habe sich um ein «bewilligtes Weiterbildungstraining» der deutschen Luftwaffe gehandelt.[456] Das VBS erwähnte aber nicht, dass die deutsche Bundeswehr dringend Übungsmöglichkeiten im Gebirge für ihre Beteiligung am Nato/US-Krieg in Afghanistan benötigt.[457]

Im Zusammenhang mit dem Tornado-Unfall erklärten Mitglieder der Sicherheitspolitischen Kommissionen der Räte, sie hätten von solchen «bewilligten Flügen» nichts gewusst. Empört forderte Nationalrat Ulrich Schlüer: «Kumpelei der Flugwaffenchefs und ihre Abmachungen müssen auf den Tisch.» Nationalrat Paul Günter meinte: «Von Übungsflügen in dieser Art habe ich noch nicht gehört». «Das riecht ein bisschen nach Ausbildung für Einsätze in Afghanistan», ergänzte Nationalrat Boris Banga.[458]

---

[453] Bundeskanzlei. Leitbild S. 4

[454] Prekäre deutsche Bündnissolidarität. Verlängerter Afghanistan-Einsatz. Neue Zürcher Zeitung, 13.10.2007

[455] VBS-Medieninformation 17.04.2007. Voruntersuchung zum Tornado-Absturz abgeschlossen

[456] VBS-Medieninformation 28.11.2008. Deutscher Militärhelikopter verunfallt – ein Mechaniker verletzt

[457] Im Dezember 2002 wurden sieben deutsche Soldaten Opfer eines Absturzes eines Helikopters vom Typ CH-53 in Afghanistan. Bewährt habe sich der Helikopter hingegen bei Einsätzen in der Elbe-Ebene, schreibt die Neue Zürcher Zeitung: Unfall eines Transporthelikopters der Bundeswehr im Titlisgebiet. Neue Zürcher Zeitung. 29.11.2008

[458] Blick, 14.4.2007; Jungfrau-Zeitung, 13.4.2007

… damit es innenpolitisch keinen Widerstand gibt

Die zunehmende Verstrickung der Schweiz in die Nato zeigt, dass die Abstimmungsversprechen in den Jahren 2001 und 2003 nur gegeben wurden, um den Widerstand gegen die Nato-Annäherung niederzuhalten und die Diskussion zu unterdrücken – ganz nach dem Motto des damaligen Bundesrates Adolf Ogi:

> «*Wir Politiker haben den Auftrag [...], eine Politik zu entwickeln [...] wie ein Bergler: ein Schritt – abgesichert, damit es innenpolitisch keine Diskussionen gibt [...] keinen Widerstand.*» (*Bundesrat Adolf Ogi, Vorsteher VBS[459]*)

«Entwicklungsschritt 2008/2011» – nächster Schritt in Richtung Nato

Bereits propagieren die Armeeplaner den nächsten Nato-Integrationsschritt, den «Entwicklungsschritt 2008/2011». Der Begriff «Entwicklung» in diesem Zusammenhang ist manipulativ. Die hypnotische Worthülse «Entwicklungsschritt» gaukelt nämlich vor, es handle sich um einen natürlich fortschreitenden und unvermeidlichen Vorgang, der sich unabhängig vom Eingreifen des Menschen vollziehe und den man nicht aufhalten könne. Widerstand scheint zwecklos. Das ist eine Manipulation nach dem «Tina»-Prinzip.[460]

Das Wort «Entwicklung» vermittelt gleichzeitig eine positive hypnotische Botschaft. Es erinnert an heranwachsende Kinder, die erfreuliche und natürliche Entwicklungsfortschritte machen. Der «Entwicklungsschritt 2008/2011» ist aber nicht natürlich und genau genommen auch kein Entwicklungsschritt. Es handelt sich im Gegenteil um einen raffiniert eingefädelten weiteren Teilschritt zur Umgestaltung der Schweizer Armee in eine Nato-Truppe.

---

[459]   Samstagsrundschau. Radio DRS 1, 28.2.1998
[460]   Zum «Tina»-Prinzip vgl. Teil I, Kapitel 4: Manipulative Psychotechniken

Scheinargumente bemänteln Nato-Anschluss

Im ersten Entwurf beinhaltete der «Entwicklungsschritt 2008/2011» eine Verdoppelung der Auslandtruppen und eine Halbierung der Verteidigungsarmee.[461] Zwei Hauptargumente dienten als Begründung: «Finanzknappheit» und «Terrorismusgefahr».[462] Beide Argumente werden im folgenden analysiert.

Das erste Argument – «Finanzknappheit» – ist offensichtlich vorgeschoben. Es ist durchaus umstritten, ob die Armee 2008/2011 kostengünstiger wird. Allein die unverhältnismässig hohen Saläre für die Auslandeinsätze sind Kostentreiber.[463]

Zudem gibt das VBS bedenkenlos Steuergelder für überflüssige Aktivitäten aus wie Propagandabücher für abtretende Armee-Chefs,[464] eine ständig wachsende Flut von unnötigen Werbe-Broschüren und CD, reisserisch aufgemachte «Armeetage», Pop-Konzerte, Auftritte an Züspa und Olma und ähnliches.

Auch das zweite Argument – «Terrorismusgefahr» – überzeugt nicht. So konnte nicht einmal Bundesrat Schmid selbst plausibel darlegen, wie eine Halbierung der Verteidigungsarmee und eine Verdoppelung der Auslandtruppen den Terrorismus eindämmen sollen:

«Es gelang Bundesrat Schmid […] nur teilweise, die Vorstellungen über neue Armeeaufgaben im Bereich der Raumsicherung [zur Sicherung vor möglichen Terroranschlägen] überzeugend zu konkretisieren.»[465]

---

461 Beglinger Martin. Bruderkrieg. Das Magazin, 3.11.2005, S. 19

462 VBS: Bericht über die Anhörung zur Teilrevision der Verordnung der Bundesversammlung über die Organisation der Armee. Bern, 17.05.06

463 Der durchschnittliche Bruttolohn eines Swisscoy-Angehörigen lag im November 2002 bei 7300 Franken monatlich. Bei der Allianz-Gesellschaft wurden Erwerbsausfälle für Jahresbruttolöhne zwischen 125 600 Franken und 250 000 Franken versichert. Zudem haben Swisscoy-Angehörige in gewissen Kantonen ihr Einkommen steuerfrei, wenn sie lange genug in Kosovo bleiben und ihren Wohnsitz dorthin verlegen. Vgl. Gafner Beni. Die Swisscoy sitzt in Kosovo fest. In: Weltwoche, 40/2006

464 Samuel Schmid will Buchkauf abklären lassen. Breite Kritik an Keckeis-Publikation. Neue Zürcher Zeitung, 19.11.2007

465 Neue Zürcher Zeitung, 7.6.2007 und 21.2.2007

Beide Argumente erweisen sich somit als Scheinbegründungen. Letzteres, das Schüren von Terrorangst, um verdeckte politische Ziele zu erreichen, ist eine bekannte Manipulationsstrategie.

Schüren von Terrorangst als Manipulationsstrategie

Das Erzeugen von Angst zur Durchsetzung politischer Ziele, auch «Strategie der Spannung» genannt, ist eine kriminelle, aber gängige Methode, die von den USA und der Nato seit Jahrzehnten praktiziert wird.[466] Nach dem Zweiten Weltkrieg baute die Nato unter Leitung der amerikanischen und britischen Geheimdienste in den westeuropäischen Ländern Geheimarmeen auf, sogenannte «Stay-behind»-Armeen. Mit Hilfe gedungener, oft rechtsextremer Täter führten diese Geheimtruppen der Nato blutige Terroranschläge aus, bei denen bewusst viele Unschuldige geopfert wurden. Die Schuld schob man immer den Kommunisten oder Sozialisten in die Schuhe. Deshalb heissen diese Anschläge «Operationen unter falscher Flagge» («false flag operations»). Das Ziel war, durch künstlich hervorgerufene Terrorangst politischen Druck zu erzeugen, um Regierungen zu verhindern oder zu stürzen, welche den USA nicht genehm waren (zum Beispiel in Griechenland oder in Italien).[467]

Heute fragen sich viele, ob nicht auch die Anschläge auf das World Trade Center und das Pentagon am 11. September 2001 solche «Operationen unter falscher Flagge» waren – geplant und ausgeführt mit Wissen oder gar nach Anweisung der US-Administration oder von Teilen von ihr – mit dem Ziel, die völkerrechtswidrige Bombardierung Afghanistans als gerecht-

---

[466] Jürgen Elsässer vertritt die These und belegt sie mit einer Fülle von Dokumenten, dass die Terror-Attacken in Madrid 2004 und in London 2005 (mit zusammen fast 250 Todesopfern) in enger Zusammenarbeit mit US-amerikanischen und britischen Geheimdiensten durchgeführt wurden mit dem Ziel, Europa in den US-Krieg gegen den Islam hineinzuziehen. Vgl. Elsässer Jürgen. Terrorziel Europa. Das gefährliche Doppelspiel der Geheimdienste. Salzburg 2008

[467] Ganser Daniele. Nato – Geheimarmeen in Europa. Inszenierter Terror und verdeckte Kriegsführung. Zürich 2008. Ganser war an der Eidgenössischen Technischen Hochschule Zürich und an der Universität Zürich tätig und lehrt heute an der Universität Basel.

fertigt erscheinen zu lassen. Der frühere italienische Staatspräsident Francesco Cossiga stellte fest:

In Kreisen der Geheimdienste sowie «der Demokraten in Amerika und Europa, vor allem aber in italienischen Mitte-Links-Kreisen, ist bekannt, dass die verheerenden Anschläge [vom 11. September 2001] von der amerikanischen CIA und vom Mossad [israelischer Geheimdienst] mit Hilfe der Zionisten geplant und ausgeführt wurden, um die arabischen Länder zu beschuldigen und die westlichen Länder zu überzeugen, dass der Irak und Afghanistan angegriffen werden müssten.» [468]

Dieser Meinung sind immer weitere Kreise.[469] Dass einigen ein solcher Zusammenhang so unglaubwürdig erscheint, ist eigentlich erstaunlich. Denn es ist allgemein bekannt, dass die US-Regierung auch im Vorfeld des Irak-Krieges im Jahr 2003 gelogen hat. Die Kriegsgründe waren alle erfunden oder gefälscht. Gefälschte Kriegsgründe für einen Krieg mit unzähligen Todesopfern – Irakern und eigenen Soldaten.

Die Erklärungen der US-Administration für die Ereignisse des 11. September, den offiziellen Grund für den Krieg gegen Afghanistan, sind derart widersprüchlich, unglaubwürdig und zum Teil nachweislich falsch, dass sie keiner ernsthaften Überprüfung standhalten.[470] So ist beispielsweise nachgewiesen,

---

[468]   «Da ambienti vicini a Palazzo Chigi, centro nevralgico di direzione dell'intelligence italiana, […] Tutti gli ambienti democratici d'America e d'Europa, con in prima linea quelli del centrosinistra italiano, sanno ormai bene che il disastroso attentato è stato pianificato e realizzato dalla Cia americana e dal Mossad con l'aiuto del mondo sionista […] per mettere sotto accusa i Paesi arabi e per indurre le potenze occidentali ad intervenire sia in Iraq sia in Afghanistan». Corriere Della Sera, 12.12.2007, Online-Ausgabe vom 30.11.2007. www.corriere.it/politica/07_novembre_30/osama_berlusconi_cossiga_27f4ccee-9f55-11dc-8807-0003ba99c53b.shtml

[469]   Vgl. zum Beispiel. Architects & Engineers for 9/11 Truth. www.ae911truth.org, 12.11.2008

[470]   Vgl. Ganser Daniele. Der erbitterte Streit um den 11. September. Tages-Anzeiger, 9.9.2006. Ders. Was ist dieser «Krieg gegen den Terrorismus»? Allgemeine Schweizerische Militärzeitschrift. Vgl. Sniegoski Stephen J. Der 11. September und die Ursprünge vom «Krieg gegen den Terrorismus», Teile 1–6. *Zeit-Fragen*, 22.4./29.4./6.5./13.5./21.5./3.6.2002 (Sniegoski ist Amerikaner und Historiker)

dass die amerikanischen Geheimdienste die Hauptverdächtigen der Terrorattacken schon lange vor dem 11. September als Terrorismusverdächtige kannten. Sie begleiteten und observierten diese während ihrer ganzen Vorbereitungsarbeiten. Doch seltsamerweise wurden diese verdächtigen Personen nie verhaftet![471] Stutzig macht auch die Tatsache, dass die US-Administration bis heute keine unabhängige Untersuchung des 11. September zulässt. Statt dessen werden Kritiker als «Verschwörungstheoretiker» oder «Sektierer» psychiatrisiert.[472]

Wenn Bundesrat Samuel Schmid im Jahr 2006 das Argument «Terrorismusgefahr» anführt, um die unpopuläre «Armee 2008/2011» zu propagieren, so fragt man sich, ob nicht auch er zum Werkzeug der Nato/US-«Strategie der Spannung» wurde.[473]

«Aufwuchs» – ein Täuschungsmanöver für das Parlament

Eine weitere Manipulation des VBS zur Propagierung der «Armee 2008/2011» ist das «Aufwuchskonzept».[474] Der Begriff spiegelt vor, eine auf Minimalbestände zusammengestutzte Rumpfarmee («Aufwuchskern») könne in kürzester Zeit so aufgestockt werden («aufwachsen»), dass sie wieder in der Lage sei, das Land zu verteidigen. Das glaubt in Wirklichkeit nicht einmal das VBS:

«Allerdings entlarvte eine erst auf Druck von aussen erstellte Studie [des Planungsstabs des VBS] [...] das Aufwuchs-Versprechen

---

[471] Elsässer Jürgen. Wie der Dschihad nach Europa kam. Gotteskrieger und Geheimdienste auf dem Balkan. Wien 2005, S. 196

[472] Wissenschaft gegen Verschwörungstheorie. Nachwehen des 11. September 2001 in Amerika. Neue Zürcher Zeitung, 23.11.2008

[473] Bundesrat Schmid verkündete, dass die Schweiz seit dem 11. September 2001 auch aus der Luft bedroht sei. Vgl. Ohne Kooperation ist der Luftraum nicht zu sichern. Bundesrat Samuel Schmid zum Schutz der Euro 08 vor terroristischen Bedrohungen. Neue Zürcher Zeitung, 29.10.2007

[474] Das «Aufwuchskonzept» wurde schon bei der Propaganda für die Armee XXI benutzt.

als reine Illusion. Der Wiederaufbau einer einsatzfähigen Armee würde nicht nur atemberaubende 40 Milliarden Franken und mehr kosten [...]. Er wäre überdies wehrtechnisch gar nicht machbar: Das notwendige Rüstungsmaterial kann auf dem internationalen Markt nicht innert nützlicher Frist beschafft werden. Das Konzept ‹Aufwuchs› ist eine reine Täuschung des Parlaments.[475]

Verfassungswidriger «Entwicklungsschritt 2008/2011»

Da die Armee 2008/2011 nicht mehr fähig ist, das Land zu verteidigen, wurde ihr von vielen Verfassungswidrigkeit vorgeworfen. Um diesen Vorwurf zu entkräften, beauftragte das VBS zwei Juristen, ein Gutachten zu machen. Die bezahlten Gutachter kamen zum Schluss, der Entwicklungsschritt 2008/2011 sei «verfassungskonform». Zu diesem erstaunlichen Resultat gelangten sie, indem sie den Verteidigungsbegriff einfach umdrehten und mit einem neuen Inhalt füllten (Reframing):

Der Verteidigungsauftrag der Armee folgt «einem traditionellen Verständnis» und bezeichnet «die militärische Verteidigung als Antwort auf einen konventionellen kriegerischen Angriff». Doch der Verteidigungsbegriff muss heute «weiter gefasst [werden] und notwendigerweise offen [sein] für den Einbezug der Abwehr neuer Bedrohungsformen».[476]

Mit dieser Begriffsumdeutung folgten die beiden Juristen dem Vorbild der antiken Sophisten, welche die Zuhörer mit sprachlicher Raffinesse und Wortverdrehung in die Irre führten.[477]

Spin doctor manipuliert Opinionleaders

Ein Referat von Staatssekretär Michael Ambühl, das dieser vor Opinionleaders hielt, zielte darauf ab, diesen «Multipli-

---

[475] Engeler Urs P. Los Rambolinos, Weltwoche, 35/2006

[476] Lienhard Andreas und Häsler Philipp. Verfassungskonformer Entwicklungsschritt 2008/2011. Ergebnisse eines Rechtsgutachtens für das Verteidigungsdepartement. Neue Zürcher Zeitung, 7.3.2007

[477] Pieper Joseph, a.a.O. Vgl. dazu auch Kapitel 2: Manipulation der Sprache

katoren» den Ausbau der Kapazitäten für militärische Einsätze im Ausland nahezubringen. Schon der Titel des Referats war eine Manipulation: «Teilnahme der Schweiz an Friedensoperationen».[478] Mit diesem Titel brachte der Staatssekretär den «humanitären Spin» ins Spiel. Ein Sicherheitsexperte an der ETH Zürich charakterisierte diesen so:

«Generell gibt es weder im Parlament noch in der Bevölkerung eine breite Unterstützung für militärische Einsätze im Ausland. Deshalb wird jeder Auslandeinsatz primär als humanitärer und ziviler Einsatz [‹für den Frieden›; J. B.] bezeichnet.»[479]

Die nächste Manipulation war der «Optionen-Trick». Raffiniert bezeichnete Ambühl das Belassen der Kapazitäten für Auslandeinsätze bei 250 Mann als «Option zero». Damit stellte er den Status quo als indiskutable Nullvariante hin. Die umstrittene Verdoppelung auf 500 Mann nannte er «Option mini» und vermittelte so den Eindruck, es handle sich um eine Minimalvariante. Sogar den gigantischen Ausbau auf 1000 Mann liess er noch als «Option midi» durchgehen, während erst der Ausbau auf 2000 Mann(!) die Bezeichnung «Option maxi» erhielt.

Mit dieser Sprachmanipulation wurde die grundsätzliche Diskussion über den Sinn von militärischen Auslandeinsätzen unterbunden. Die vier aufsteigenden Optionen – von «Zero» über «Mini» und «Midi» bis «Maxi» – erweckten den Eindruck, als sei der ständige Ausbau der Auslandtruppen so unausweichlich wie das Aufziehen eines Sturms – entsprechend dem beschriebenen «Tina»-Prinzip.

---

478 Ambühl Michael (EDA). Die Teilnahme der Schweiz an Friedensoperationen. Referat vor der ausserparlamentarischen PSO-Kommission. Bern, 6.9.2006. Mitglied dieser Kommission ist beispielsweise Bruno Lezzi, Redaktor und Militärjournalist der «Neuen Zürcher Zeitung».

479 Afghanistan: ETH-Sicherheitsexperte Victor Mauer über den Streit um Lastenteilung. Mittelland-Zeitung, 25.10.2007

Mit dem Referat setzte Ambühl die Anweisung des VBS-Chefstrategen Christian Catrina um, «die grosse sicherheitspolitische Debatte» sei zu vermeiden, da sie das Risiko einer «Polarisierung der sicherheitspolitischen Meinungslandschaft» in sich berge.[480]

Im Klartext bedeutet das: Chefstrategen wie Catrina wollen nicht, dass die Öffentlichkeit erfährt und diskutiert, was sie im Hintergrund langfristig planen. Statt dessen wird den Menschen häppchenweise jeweils nur der nächste Teilschritt vorgesetzt und mit vorgeschobenen Scheinargumenten propagiert.

Weitere Psychotechniken

Weitere Psychotechniken, die der Staatssekretär anwandte, waren «Negative Campaigning» und «Drohen mit Ausschluss». Ambühl behauptete:

> «Betreffend Friedenseinsätze liegt die Schweiz «auf dem wahrlich nicht sehr schmeichelhaften vorletzten Rang. […] [Sie sollte es sich] nicht leisten, auf längere Frist abseits zu stehen.»[481]

Mit den Ausdrücken «wahrlich nicht sehr schmeichelhaft» und «vorletzter Rang» machte Ambühl «Negative Campaigning» gegen die Schweiz. Zusätzlich brachte er mit der Formulierung, die Schweiz könne es sich «nicht leisten, auf längere Frist abseits zu stehen», eine unterschwellige Ausschlussdrohung ins Spiel.

Auch ermunterte Ambühl die Opinionleaders, weitere «Überzeugungsarbeit» zu leisten. Denn bis zum Ausbau der Auslandtruppen auf 2000 Mann seien «noch einige Etappen zu überwinden». «Hier spielt Ihre Kommission eine wichtige Rolle», spornte er die Meinungsführer an.

---

480 Allgemeine Schweizerische Militärzeitschrift, zitiert nach Weltwoche Nr. 35/2006
481 Ambühl Michael, a.a.O.

Auslandtruppen für Afghanistan?

Obwohl das VBS die ganze Palette manipulativer Psychotechniken auffährt, setzt das Parlament der «Armee 2008/2011» erheblichen Widerstand entgegen. Immer mehr Parlamentarier erkennen, dass es nicht um eine Verbesserung und Modernisierung der Armee geht, sondern um eine Nato-Integration. Zu diesem Zweck sollen die Kapazitäten für Auslandeinsätze ausgebaut und die Armee noch mehr verkleinert werden.

Nationalrat Josef Lang (Grüne Partei) wies in der Parlamentsdebatte auf den Zusammenhang mit dem Krieg in Afghanistan hin:

Die Verdoppelung der Kapazitäten für Auslandeinsätze «bedeutet nicht einen Beschluss, nach Afghanistan zu gehen, aber sie erleichtert diesen Schritt. Und dieser Schritt hängt seit mindestens zwei Jahren in der Luft, weil seitens der USA und vor allem seitens der Nato ein unheimlicher Druck – das ist ein internes Zitat – auf die Schweiz ausgeübt wird.»[482]

Nationalrat Remo Gysin (SP) ergänzte:

«Auslandeinsätze in Afghanistan erfolgen nicht im Interesse der Schweiz, sondern auf Druck der USA und der Nato-Truppen. Die von den USA und der Nato verfolgte militärische Problemlösung führt nicht zu Frieden.»[483]

Diese Sicht wird auch vom Afghanistan-Kenner Professor Albert A. Stahel bestätigt:

«Die USA und im Schlepptau die Nato-Truppen führen einen eigentlichen Bombenkrieg. Inzwischen werden […] sogar gegen Ziele im Westen [Afghanistans] schwere Bomber des Typs B-1B eingesetzt.

---

[482]   Lang Josef. Nationalratsdebatte, 6.6.2007

[483]   Antrag Remo Gysin, Nationalratsdebatte, 6.6.2007

Bei solchen Bombardierungen leidet meistens die zivile Bevölkerung am stärksten.»[484]

Parlamentarier von links bis rechts widersetzen sich

In der gleichen Parlamentsdebatte wandte sich auch Nationalrat Ulrich Schlüer (SVP) gegen die Verdoppelung der Auslandtruppen:

«Mit der Verdoppelung der Auslandeinsätze wird wieder ein Schlag gegen die Miliz geführt, denn für Auslandeinsätze [...] kommen Milizler gewiss nicht in Frage.»[485]

Nationalrätin Francine John-Calame (Grüne) schloss sich an:

«Wir Grüne unterstützen den Minderheitsantrag Schlüer/Lang, denn wir haben uns einer Kollaboration unserer Armee mit der Nato schon immer widersetzt. Der Einsatz von Truppen in kriegsbetroffenen Ländern wie Kosovo und Afghanistan widerspricht unserer Neutralitätspolitik, unserer Aussenpolitik der Guten Dienste und der Friedensförderung. [...] Die hauptsächlichen Opfer der Militäraktionen sind Zivilisten.»[486]

Somit ist der «Entwicklungsschritt 2008/2011» in mehreren Punkten gescheitert. Die Verdoppelung der Durchdiener wurde auf Eis gelegt,[487] und die Verpflichtung für Milizsoldaten, Wiederholungskurse im Ausland zu leisten, wurde vom Nationalrat in der Wintersession 2008 definitiv zurückgewiesen.[488]

---

[484] Stahel Albert A. «Die Neutralität steht auf dem Spiel». Neue Luzerner Zeitung, 25.5.2007. Stahel ist Dozent für Strategische Studien an der Universität Zürich und Geschäftsführer des Forums «Humanitäre Schweiz». www.strategische-studien.com/index.php?id=65

[485] Schlüer Ulrich (SVP). Nationalratsdebatte, 6.6.2007

[486] John-Calame Francine. Nationalratsdebatte vom 6.6.2007 (Übers. J. B.)

[487] Keine rasche Verdoppelung der Durchdiener. Nun tritt auch der Nationalrat auf die Bremse. Vgl. Neue Zürcher Zeitung, 12.12.2007

[488] Kein WK-Obligatorium im Ausland. Nationalrat «torpediert» Revision der Militärgesetzgebung. Neue Zürcher Zeitung, 3.6.2008. Gegen Ausland-WK – aber für WEF-Einsätze. Nationalrat korrigiert Entscheide bei der Militärgesetzrevision teilweise. Neue Zürcher Zeitung, 10.12.2008

Immer weitere Kreise erkennen, dass der ständige Armeeumbau die Armee an den Abgrund[489] und immer näher an die Nato und die USA heranführt. Auch die von Bundesrat Schmid als «Terrorabwehr» propagierte Überwachung des privaten Telefon- und Postverkehrs von Bürgerinnen und Bürgern wurde vom Nationalrat in der Wintersession 2008 zurückgewiesen.[490] Das Gesetz war eine Kopie des amerikanischen «USA Patriot Act»,[491] der – ebenfalls mit der Begründung «Terrorabwehr» – die Freiheitsrechte der US-Bürger drastisch beschneidet.

Die Schweiz setzt ein Zeichen

Die Aufklärungsarbeit verschiedener Persönlichkeiten über die Realität des US/Nato-Krieges in Afghanistan zeigte Wirkung. Im März 2008 zog das VBS die zwei Stabsoffiziere aus Afghanistan zurück,[492] die dort im Rahmen der Nato-Mission «Isaf» stationiert und damit an der völkerrechtswidrigen Besetzung und Bombardierung Afghanistans beteiligt waren.[493]

Mit dem Rückzug der zwei Offiziere setzte die Schweiz gegen innen und gegen aussen ein Zeichen. Sie signalisierte, dass sie den Kriegskurs der Nato nicht länger mitträgt.[494]

Ein nächstes Zeichen könnte der Austritt der Schweiz aus

---

[489] So lautet der Titel von Beni Gafners Buch: Armee am Abgrund, a.a.O.

[490] «Lauschangriff» fällt im Nationalrat durch. Und: Rechtsstaat vor Sicherheit. Beide Artikel: Neue Zürcher Zeitung, 18. 12.2008

[491] USA Patriot Act ist die Abkürzung für «Uniting and Strengthening America by Providing Appropriate Tools Required to Intercept and Obstruct Terrorism». Washington 2001

[492] Vgl. Mitteilung des Eidg. Departementes für Verteidigung, Bevölkerungsschutz und Sport, 21.11.2007

[493] Faktisch gibt es längst keine Trennung mehr zwischen den Militäroperationen der US-Armee (OEF) und der Nato-Armee (ISAF) in Afghanistan. Beide werden vom gleichen US-General befehligt, und zwar von General David McKienan. Bis zum Juni 2008 war es US-General Dan K. McNeill, der das Kommando über die Nato- und die US-Streitkräfte in Afghanistan führte. Nationalrat Alexander Baumann (SVP) hatte bereits am 5.10.2006 in einer Interpellation kritische Fragen zur Beteiligung der Schweiz an den Militäroperationen in Afghanistan gestellt.

[494] «Der Abzug der zwei in Afghanistan eingesetzten Stabsoffiziere wird […] von den Partnerstaaten bestimmt registriert werden», schreibt Bruno Lezzi. Vgl. Die Armee im Kampf um Glaubwürdigkeit. Neue Zürcher Zeitung, 24.11.2007

der PfP sein. Ein solcher Schritt würde auch andere Länder ermutigen.[495] Im Jahr 1996 versicherte alt Bundesrat Adolf Ogi: «Ein Rücktritt von der PfP ist jederzeit ohne Kündigungsfrist möglich.»[496] Bundesrat Ueli Maurer, damals Nationalrat und SVP-Präsident, unterstrich, dass die Beteiligung an der PfP die Neutralität der Schweiz verletze.[497] Kurz vor seiner Wahl in den Bundesrat kam er darauf zurück und meinte, er könne sich durchaus «vorstellen, die Beteiligung am Nato-Programm ‹Partnership for Peace› zurückzufahren».[498] Maurer hielt fest:

> *«Unsere Armee ist durch das Programm ‹Partnerschaft für den Frieden› sehr nahe an die Nato und damit an kriegführende Länder gerückt [...]. Wenn wir uns auf die Grundwerte des Staates besinnen, [...] müssen wir [...] die Mitarbeit in PfP aufkünden.»[499]*

Der Austritt aus der Nato-Organisation PfP würde die schweizerische Neutralität wieder glaubwürdig machen. Unser Land könnte sich wieder ganz seiner eigentlichen Aufgabe im Zusammenleben der Nationen zuwenden: der humanitären Hilfe mit dem Roten Kreuz, der Entwicklungshilfe mit der Deza[500] und der Katastrophenhilfe mit dem Schweizerischen Korps für humanitäre Hilfe (früher Katastrophenhilfekorps). Auch die Guten Dienste der Schweiz als bewährtes Instrument zur

---

[495]   In den Nato-Staaten Dänemark, England und Deutschland formieren sich ebenfalls Bewegungen gegen die Beteiligung Europas an der Grossmachtpolitik der USA und der Nato. David Andersson, britischer Labour-Politiker und Vorsitzender des Aussenpolitischen Unterhausausschusses, spricht bereits vom «Auseinanderbrechen der Nato». Auch Grönland wehrt sich gegen die US-Raketenabwehr. Vgl. http://www.uni-kassel.de/fb5/frieden/themen/ABM-Vertrag/groenland.html

[496]   Antwort des Bundesrates auf die Motion Keller zur «Partnerschaft für den Frieden» (PfP), 11.9. 1996

[497]   Ansprache von Ueli Maurer zur Bundesfeier vom 1. August 2005. www.svp.ch/index.html?page_id=1815&l=2, 16.12.2008

[498]   Tagesschau des Schweizer Fernsehens, 29.11.2008. http://tagesschau.sf.tv/nachrichten/archiv/2008/11/29/schweiz/maurer_will_keine_armeewaffen_im_zeughaus, 16.12.2008

[499]   Ansprache von Ueli Maurer, a.a.O.

[500]   Deza = Direktion für Entwicklung und Zusammenarbeit. Die Deza ist die Agentur für internationale Zusammenarbeit im Eidgenössischen Departement für Auswärtige Angelegenheiten.

Kriegsprävention könnten wieder vermehrt zur Verfügung gestellt werden.

Denn die Bundesverfassung verpflichtet uns:

«Die Schweizerische Eidgenossenschaft […] setzt sich ein […] für eine friedliche und gerechte internationale Ordnung.» Sie *«trägt namentlich [bei] […] zur Linderung von Not und Armut in der Welt, zur Achtung der Menschenrechte und zur Förderung der Demokratie, zu einem friedlichen Zusammenleben der Völker.»*[501]

---

[501] Bundesverfassung Art. 2, Abs. 4; Art. 5; Art. 54, Abs. 2

Ausblick

Zum Abschluss möchte ich darlegen, was mich als Autorin bewogen hat, dieses Buch zu schreiben. Der Grund ist meine Sorge um die direkte Demokratie – die Sorge, dass der gleichwertige demokratische Dialog durch die beschriebenen Manipulationspraktiken zerrüttet und zersetzt wird. Das darf nicht sein.

Das «Modell Schweiz» mit all seinen Wesenszügen – wie direkte Demokratie, Kantonssouveränität, Gemeindeautonomie, Neutralität – stellt in der heutigen Welt ein Friedensmodell und ein Kleinod dar, das unbedingt erhalten werden muss. Ich bin überzeugt, dass die grosse Mehrheit der Schweizerinnen und Schweizer dies ebenfalls will. Das «Modell Schweiz» findet auch international Beachtung und Wertschätzung. Es könnte Lösungsansätze und Auswege aus der heutigen Gewalt, Ungerechtigkeit und Armut weisen.

Nach solchen Auswegen zu suchen – dazu verpflichtet uns auch die Bundesverfassung. Sie verlangt – wie im Buch zitiert –, dass sich die Schweiz für eine friedliche und gerechte internationale Ordnung einsetzt, dass sie zur Linderung von Not und Armut in der Welt beiträgt, dass sie ein friedliches Zusammenleben der Völker fördert und für die Achtung von Demokratie und Menschenrechten eintritt.

Diese Verpflichtungen gelten auch innerhalb des Landes. Denn eine Politik, die den Menschen dient, braucht ethische Grundsätze und muss sich an bewährten rechtlichen Normen orientieren. Auch der Bundesrat sollte wieder mehr zu sich selber und zur Schweiz stehen. Er sollte wieder den Mut finden, offen und ehrlich – und ohne PR-Berater – zu den Menschen zu sprechen. Man kann nämlich jede Vorlage und jedes Geschäft so erklären, dass man es versteht. Das käme viel besser an, und die so oft beklagte Politikverdrossenheit würde sofort aufhören. Auch die realen Machtverhältnisse müsste uns der Bundesrat offen darlegen, dann könnten alle mitdenken und gemeinsam nach Lösungen suchen.

Damit komme ich auf ein letztes und mir sehr wichtiges Anliegen zu sprechen, die Jugend. Denn auf sie kommt die Verantwortung zu, die Gesellschaft der Zukunft zu gestalten. Das beste Fundament dafür sind gefühlsmässig verankerte positive Grundwerte wie Mitmenschlichkeit, Gerechtigkeit, Gleichwertigkeit, Ehrlichkeit, Hilfsbereitschaft, Mut. Solche Werte müssen im Erziehungsprozess vermittelt und vorgelebt werden. Sie stärken die Persönlichkeit.

Auf dieser soliden Grundlage baut die so wichtige staatsbürgerliche Bildung auf. Neben der Kenntnis und Wertschätzung der politischen Institutionen und Traditionen unseres Landes gehört dazu auch das Wissen um die beschriebenen Manipulationsmechanismen. Die Kenntnis dieser Verfahren versetzt die Jugend in die Lage, die notwendige kritische Distanz zu solchen Methoden einzunehmen und sie als verwerfliche Machtinstrumente zu erkennen.

Literatur

Adler Alfred. Wozu leben wir? Frankfurt: Fischer 1999

Arbeitsgemeinschaft für Personale Psychologie. Grundlagen einer
Personalen Psychologie. Wattwil: APP 2001 (Bestellung
über Telefon +41 71 988 79 71)

Bandler Richard & Grinder John. Reframing. Ein ökologischer Ansatz
in der Psychotherapie (NLP). Paderborn: Junfermann 1995

Bandler Richard. Time for a Change. Lernen, bessere Entscheidungen
zu treffen. Neue NLP-Techniken. Paderborn: Junfermann 1995

Barben Judith. «Die PR-Lawine des Bundes eindämmen».
Der Bundesrat soll nicht mehr als die Verfassung einhalten.
In: Neue Zürcher Zeitung, 30.4.2008

Barben Judith. How Spin Doctors Manipulate Language – Some Swiss
Examples, In: Merkel Bernd, Russ-Mohl Stephan & Zavaritt
Giovanni (Hrsg.), a.a.O., S. 143–148

Barben Judith. Manipulation durch Sprache. In: Zeit-Fragen, 27.6.2005

Barben Judith. Spin doctors in der Schweiz. Wie der Bundesrat die
Abstimmung über die neue Bundesverfassung manipulierte.
Hüttwilen 2007 (Bestellung über Telefon +41 52 740 04 75
oder E-Mail infospin@gmx.ch)

Barben Judith. Wie der Bundesrat die Schweiz in die Nato verstrickt.
In: Gegenwart, 3/2008

Becker, Jörg & Beham Mira. Operation Balkan. Werbung für Krieg und
Tod. Baden-Baden: Nomos 2006

Behnke, Klaus & Fuchs Jürgen (Hrsg.). Zersetzung der Seele. Psychologie und Psychiatrie im Dienste der Stasi. Hamburg: Rotbuch 1995

Bernays Edward. Propaganda (1928). New York: Ig Publishing 2005

Bernays, Edward (Ed.). The Engineering of Consent. Norman: University of Oklahoma Press 1955

Bolzli Marina. Heikle Analysen im Kommabereich. Kritik an GFS-
Leiter Claude Longchamp. In: Zeitung im Espace Mittelland,
25.10.2007

Boos Susan. Die Meistermanipulatoren. In: WOZ. Wochenzeitung,
    Nr. 51 und 52/2006

Bordat Josef. Gerechtigkeit und Wohlwollen. Das Völkerrechtskonzept
    des Bartolomé de Las Casas. Dissertation. Aachen 2006

Boyle Francis A. The Criminality of Nuclear Deterrence. Could the U.S.
    War on Terrorism go Nuclear? Atlanta: Clarity Press Inc. 2002

Bruch Hilde. Der goldene Käfig. Frankfurt: Fischer 1982

Brzezinski Zbigniew. Die einzige Weltmacht. Amerikas Strategie der
    Vorherrschaft. Frankfurt: Fischer 1999

Bundeskanzlei. Das Engagement von Bundesrat und Bundesverwaltung
    im Vorfeld von eidgenössischen Abstimmungen. Bericht der
    Arbeitsgruppe erweiterte Konferenz der Informationsdienste
    (AG KID). Bern 2001

Bundeskanzlei. Information und Kommunikation von Bundesrat und
    Bundesverwaltung. Leitbild der Konferenz der Informationsdienste
    (KID). Bern 2003

Caldicott Helen. Atomgefahr USA. Die nukleare Aufrüstung der Super-
    macht, München: Heinrich Hugendubel 2003

Chopard Mélanie. Comunicazione pubblica del Governo Svizzero
    e Spin doctoring. Bachelor-Arbeit an der Universität Lugano.
    Lugano 2005

Clark Ramsey. Wüstensturm. US-Kriegsverbrechen am Golf (englische
    Originalausgabe 1992). Viöl: Ganzheitliche Forschung 2003

Clark Wesley K. Waging Modern War. New York: Public Affairs 2001

De Zayas Alfred Maurice. Heimatrecht ist Menschenrecht. München:
    Universitas 2001

Der Spiegel. Public Relations – Meister der Verdrehung. 31/2006

Dietz Larry. Psychological Operations. Interview von Naef Wanja Eric,
    in: Infocon Magazine Issue One, October 2003. www.iwar.org.uk/
    infocon/psyop-dietz.htm, 31.12.2008

Elsässer Jürgen. Terrorziel Europa. Das gefährliche Doppelspiel der
    Geheimdienste. Salzburg: Residenz 2008

Elsässer Jürgen. Wie der Dschihad nach Europa kam. Gotteskrieger
    und Geheimdienste auf dem Balkan. Wien: Niederösterreichisches
    Pressehaus 2005

Engeler Urs Paul, Somm Markus. Unser Wille geschehe. In: Weltwoche, 38/2004

Engeler Urs Paul. Der Schattenstaat. Weltwoche, 44/2006

Foa Marcello. Gli stregoni della notizia. Da Kennedy alla guerra in Iraq o come si fabbrica informazione al servizio dei governi. Mailand: Guerini e Associati 2006

Forster Peter. Die verkaufte Wahrheit. Wie uns Medien und Mächtige in die Irre führen. Frauenfeld: Huber 2005

Forsyth Frederick. Scotland Yard bei Tony Blair. In: Welt am Sonntag, 23.7.2000

Gafner Beni. Armee am Abgrund. Einsiedeln: Balmer 2007

Ganser Daniele. Nato – Geheimarmeen in Europa. Inszenierter Terror und verdeckte Kriegsführung. Zürich: Orell Füssli 2008

Gasser Adolf. Gemeindefreiheit als Rettung Europas. Grundlinien einer ethischen Geschichtsauffassung. Basel: Bücherfreunde 1947

Gasser Adolf. J. J. Rousseau als Vater des Totalitarismus? In: Ders. Ausgewählte historische Schriften, 1933–1983. Basel: Helbling & Lichtenhahn 1983, S. 180–183

Gingrich Newt. Language: A Key Mechanism of Control. Information Clearing House 1996. www.informationclearinghouse.info/article4443.htm, 2.1.2009

Grossman Dave & DeGaetano Gloria. Wer hat unseren Kindern das Töten beigebracht? Stuttgart: Freies Geistesleben 2002

Higham Charles. Trading with the Enemy. The Nazi-American Money Plot 1933–1949. New York: Dell Pub Co 1984

Hofer Walther & Reginbogin Herbert R. Hitler, der Westen und die Schweiz 1936–1945. Zürich: Verlag Neue Zürcher Zeitung 2001

International Herald Tribune. Lying for the commander in chief, 29.4.2008

Jarren Otfried. Soll und Grenzen der Staatsinformation. In: Neue Zürcher Zeitung, 4.2.2005

Jarren Otfried. Zurückhaltende Mitwirkung im Diskurs. In: Neue Zürcher Zeitung, 30.4.2008

Jost Beat. Interview mit Online-Ausgabe der Rhonezeitung. http://archiv.rz-online.ch/news2006/Nr15-20apr/09.htm, 2.1.2009

Kappeler Beat. Warum tappen Manager stets ins Fettnäpfchen?
   In: Weltwoche, 1/2000
Kinsley Michael: The Great Spin Machine. In: Time, 17.12.2000
   (Übers. J. B.)
Kirchgässner Gebhard, Feld, Lars P. & Savioz Marcel R. Die direkte
   Demokratie: Modern, erfolgreich, entwicklungs- und exportfähig.
   Basel: Helbing und Lichtenhahn 1999
Kriele Martin. «Wahrheit» in Funk und Fernsehen. Köln: Bachem 1992
Kunczik Michael. Politische Kommunikation als Marketing. In: Jarren
   Otfried, Sarcinelli Ulrich & Saxer Ulrich. Politische Kommunika-
   tion in der demokratischen Gesellschaft. Opladen: Westdeutscher
   Verlag 1998, S. 330–341
Lazarsfeld Paul F. & Merton, Robert K. Massenkommunikation, Publi-
   kumsgeschmack und organisiertes Sozialverhalten. In: Aufermann
   Jörg et al. (Hrsg.). Gesellschaftliche Kommunikation und Informa-
   tion. Frankfurt: Athenäum 1973, S. 447–470
Le Monde diplomatique. Politischer Berater – ein Metier ohne Grenzen,
   6.8.1999
Letsch Hans. Wie viel Führung erträgt unsere Demokratie? Bülach
   2005 (Bestellung über Telefon +41 62 822 02 02)
Loquai Heinz. Der Kosovo-Konflikt – Wege in einen vermeidbaren
   Krieg. Baden-Baden: Nomos 2000
Lüthi Sabine. Und wieder zwei Frontenwechsel. In: Tages-Anzeiger,
   26.4.2001
Machiavelli Niccolo. Der Fürst (1513). Stuttgart: Reclam 1961
McNair Brian. An Introduction To Political Communication. London:
   Routledge 2007
Merkel Bernd, Russ-Mohl Stephan & Zavaritt Giovanni (Hrsg.).
   A Complicated, Antagonistic & Symbiotic Affair. Journalism,
   Public Relations and Their Struggle for Public Attention. Lugano/
   Milano: Universität Lugano, European Journalism Observatory &
   Schweizer Journalistenschule MAZ 2007
Neue Zürcher Zeitung. «Pferderennen-Journalismus» ohne Halfter,
   23.2.2002

Neue Zürcher Zeitung. Oft bloss nachgeplappert. Starke Wirkung politischer Öffentlichkeitsarbeit auf die Medien, 2.2.2007

Neue Zürcher Zeitung. Ungebremste PR-Lawine des Bundes, 22.4.2004

Neue Zürcher Zeitung. Zwischen Ärgernis und Notwendigkeit. Umstrittene Informationstätigkeit von Bundesrat und Verwaltung, 6.5.2008

Nye Joseph S. Bound to Lead. The Changing Nature of American Power. New York: Basic Books 1992

Nye Joseph S. Propaganda Isn't the Way: «Soft Power». In: International Herald Tribune, 10.1.2003

NZZ am Sonntag. Bundes-PR vor Abstimmung, 25.6.2006

Orwell George. 1984. Berlin: Ullstein 1976

Pieper Joseph. Missbrauch der Sprache – Missbrauch der Macht. Zürich: Arche 1970

Piotrowski Christa. Die Wahrheit drehen und wenden. In den USA floriert das Geschäft der Schönfärber. In: Neue Zürcher Zeitung, 16.7.2000

Priskil Peter & Alexander Dorin. In unseren Himmeln kreuzt der fremde Gott. Verheimlichte Fakten der Kriege in Ex-Jugoslawien (Kroatien, Bosnien und Kosovo). Birsfelden/Lörrach: A.D. 1999

Rachmanova Tania & Mitchell Paul. Spin-Doktoren. Marionettenspieler der Macht. Fernsehdokumentation über die Geschichte der politischen Public Relations. In: Arte, 22./29.6. 2005

Rybarczyk Christoph. Great Communicators? Der Präsident, seine PR, die Medien und ihr Publikum. Eine Studie zur politischen Kommunikation in den USA. Hamburg: LIT 1997

Schadt Thomas. Der Kandidat. Gerhard Schröder im Wahlkampf 98. Dokumentarfilm über den Wahlkampf von Gerhard Schröder. SWR und ARD I. Odyssee-Film 1998

Schwager Susanna. Fleisch und Blut. Das Leben des Metzgers Hans Meister. Zürich: Chronos 2004

Seiler Hansjörg. Der Bundesrat sollte nicht Partei sein. In: Neue Zürcher Zeitung, 16.7.2003

Sigg Oswald. Behördenkommunikation und politischer Journalismus. Immer mehr staatliche Information – immer weniger Politik in den Medien. In: Neue Zürcher Zeitung, 14.2.2007

Sonntagszeitung. Propaganda-CD sorgt für Aufruhr, 6.5.2001

Spoerri Theodor. Kompendium der Psychiatrie. Basel: Karger 1975

Stahl Thies. Neurolinguistisches Programmieren (NLP). Was es kann, wie es wirkt und wem es hilft. Mannheim: PAL 1992

Stutzer Alois & Frey Bruno S. Stärkere Volksrechte – Zufriedenere Bürger: eine mikroökonometrische Untersuchung für die Schweiz. In: Swiss Political Science Review 6(3) 2000:1–30

Vanoni Bruno. Kampf gegen Volksinitiative mit Steuergeldern vorbereitet. In: Tages-Anzeiger, 26.6.2006

Wiler Zeitung. Stadtrat übt Zurückhaltung, 3.3.2008

Zurlinden Urs. Spin Doctors. Den richtigen Dreh zur richtigen Zeit. In: Facts, 24.12.1996